한국의 교양을 읽는다

4

사회편

한국의 교양을 읽는다

4

사회편

강호영 지음

휴머니스트

《한국의 교양을 읽는다》 시리즈 머리말

오늘 우리에게
한국적 교양은 무엇인가?

《세계의 교양을 읽는다》가 프랑스의 바칼로레아를 통해 교양을 읽고자 했던 시도였다면, 《한국의 교양을 읽는다》는 한국의 '바칼로레아'를 통해 '한국의 교양'을 읽고자 하는 시도이다. 그러나 한국의 '바칼로레아', 즉 한국 대학의 '논술 문제'에서 한국의 교양을 읽을 수 있을지를 고민하기에 앞서 '한국적 교양은 있는가?', 즉 우리 모두가 합의할 수 있는 가치가 있는지, 있다면 그것이 무엇인지, 그것을 어떻게 찾아야 할지 고민스러웠다.

이런 고민에도 불구하고 한국적 교양의 단서를 '대학 논술 문제'에서 찾아보려고 한 이유는 대학이 그 시대와 사회에서 진보적인 곳이며, 현실에 뿌리를 두고 과거의 해석을 통해서 미래 지향적 표준을 제시하는 곳이라는 믿음 때문이다. 교양을 다른 말로 하면 '무엇을 묻고, 어떻게 답하는가?'이다. 즉 물음의 내용과 답변의 방식에서 우리는 시대와 그 사회의 가치를 읽을 수 있고, 표준을 감지할 수 있다고 믿었다. 그래서 논술 기출 문제를 분석하여 오늘 이 시점에서 시대와 사회가 우리에게 던지고 있는 질문을 가려 뽑고 그 물음에 답해 보려 노력했다.

책을 만들고 나서 우리는 '과연 한국적 교양이란 무엇이고, 한국적 교양은 있는가?'라는 질문 앞에 다시 놓였다. 오천 년이 넘는 유구한 역사 위에서, 동아시아 한 편에서 세계 속의 한국인으로 살아가기 위해서, 인류 보편적 가치관을 지닌 "남을 이해하고 마음이 풍요로운" 교양인으로 거듭나기 위해서, 나아가 모두가 행복해지는 그런 지구촌을 만들기 위해서, 오늘 우리가 추구해야 할 한국적 교양은 무엇인가?

많은 질문을 하고 수많은 답안을 작성하는 연습을 통해 성장했다는《세계의 교양을 읽는다》를 엮은 최영주 교수의 경험에 비추어 한국의 젊은이들이 이 책을 읽은 후 "이 질문들을 모르고 그냥 지나쳤더라면 나의 삶은 완전히 다른 모습이었을 것"이라고 생각할 수 있다면 다행이겠다. 부끄럽지만 용기 있게도 감히 '한국의 교양'이라는 제목을 단 책을 내놓으면서 독자들이 한국의 교양을 읽고 나름대로 수많은 답안을 작성해 보길 바란다. 나아가 그 수많은 답안들이 모두가 공유할 수 있는 한국의 교양을 만들어 가는 데 작지만 소중한 밑거름이 되길 또한 기대한다.

기획위원 – 강호영, 김보일, 우한기, 이상준

《한국의 교양을 읽는다》 사회편 머리말

일상적 사회의 비참함과 매혹, 그 양면성 사이에서

1

인간은 자유로운 존재다. 자유는 인간의 존재 가치이기도 하다. 그런데 인간은 자유라는 무거운 짐을 감당할 능력이 없다. 사르트르(Jean-Paul Sartre)는 인간의 자유를 '저주'라고 표현했다. 사실 그렇다. 미하엘 엔데(Michael Ende)가 《자유의 감옥》에서 제시한 상황을 생각해 보자. 신성을 모독했던 인샬라는 감옥에 갇혀 간수의 혼란스런 목소리를 들었다. 그는 111개의 문 중 자신을 구할 단 한 개의 문을 선택해야 했다. 인간에게 선택의 자유는 참으로 무거운 짐이다. 110개의 문 중 하나를 골라 스스로를 구하지 못할 가능성이 훨씬 많기 때문이다.

에리히 프롬(Erich Fromm)의 《자유로부터의 도피》를 읽고 세상이 다르게 보였다. 풀리지 않던 숙제였던, 자유 의지를 지닌 개인들이 왜 독재자를 옹호하고 그 밑에서 스스로 구속 받으면서 사는지가 프롬의 글을 보면서 하나씩 풀리는 듯했다. 자유는 개인이 책임지고 감당하기에는 너무 큰 짐이었던 것이다. 그래서 사람들은 신체의 자유를 얻기 위해 정신적 자유를 포기하고 있었나 보다.

또 한편으로 자유는 평등과 갈등을 일으키면서 많은 사회 문제를 야기한다. 사상, 학문, 표현, 신체, 직업 선택 등의 자유권이 개인의 평등권과 충돌하게 되었을 때, 우리는 어떠한 가치를 더 중요시해야 하는가? 그리고 평등의 개념 정립이 현대 사회를 살아가는 사람들의 행동 양식에 얼마나 큰 영향을 미치고 있는가를 살펴보는 것도 재미있는 일이다. 아리스토텔레스(Aristoteles)의 평등 개념을 적용해야 할 때도 우리는 보통 형식적 평등을 요구할 때가 많다. 이 때문에 차별이나 갈등으로 이어지는 경우를 주변에서 찾아보는 것은 어려운 일이 아니다.

2

우리는 항상 타인의 시선을 의식하지 않고 자유로운 선택을 하면서 살고 있는가? 그렇지 못하다는 것을 알면서도 개인이 사회의 구속으로부터 벗어나지 못하는 이유는 무엇일까? '나' 라는 존재는 가족, 이웃, 국가 등 많은 사람들과의 관계 속에서 의미를 얻기 때문이 아닐까. 관계를 맺지 못할 때, 인간은 존재 가치를 잃고 만다.

인간이 관계를 맺고 사는 사회는 '국가' 라는 조직에 의해 통제되고 있다. 그리고 그 국가는 통치 권력에 의해 지배당하고 있다. 과연 그 국가라는 틀 안에서 자율적인 질서 확립이 가능할까? 조직

안에서 개인의 존재감이란 것은 정말 '참을 수 없는 가벼움' 인가. 영국의 제레미 벤담(Jeremy Bentham)이 제안한 '원형 감옥', 또는 미셸 푸코(Michel Paul Foucault)의 《감시와 처벌》에서 보듯, 오늘날 사회에서 개인의 자유 의지는 허구에 불과하게 되었다. 권력은 다수를 통제하고, 다수는 권력 밑에서 자유를 버리고 신체의 안전을 도모하며 살아간다.

개인들이 관계 맺고 살아가는 '사회' 를 이해하기 위해 통찰력 깊은 철인들의 사상을 접하면서 사회가 달리 보였다. 그리고 안개가 걷히자 그 끝에는 '개인의 죽음' 이라는 두려운 결과가 기다리고 있었다. 보지 말았어야 할 결과를 보고 만 것이다. 렉 휘태커의《개인의 죽음》을 '분서갱유(焚書坑儒)' 라도 하고 싶은 심정이다. 또한 앙리 르페브르의《현대 세계의 일상성》을 통해 일상적 사회의 비참함과 매혹이라는 양면성을 보게 되었다. 사회에 대한 이런 비관적인 생각들을 접할 때마다 절망을 느껴야 하는 것은 큰 고통이 아닐 수 없다. 하지만 어디 고통 없이 성찰이 있겠는가? 그리고 성찰 없이 변화가 있겠는가?

3

개인, 가족, 사회, 국가, 권력, 사회 질서, 통치, 지도자, 자유, 평등, 자본주의, 소비, 분배, 민주주의, 대중 사회, 교육 등 사회의 문제들은 우리의 삶과 직결되어 있다. 이러한 문제들 중에서 개인인 '나' 와 무관한 것이 단 하나라도 있는가? 따라서 사회를 이해하는 일은 곧 자기 자신을 이해하는 것이기도 하다.

현대 사회는 자본주의 체제라는 바탕 위에 정치, 경제, 사회, 문화를 구축해 가고 있다. 애덤 스미스(Adam Smith)의 《국부론》이 사회의 작동 원리를 설명해 주는 최고의 참고서가 된 것도 이 때문이다. 결국 사회의 모든 주제들은 우리에게 매우 매혹적인 도전 과제들이다.

이 책에서 다룬 사회와 관련한 주제들은 오랫동안 논술 지도를 해 온 경험을 바탕으로 추출한 논제들이기도 하다. 그런 점에서 이 책이 동시대를 살아가는 사람들뿐만 아니라 특히 논술을 준비하는 학생들에게도 큰 도움이 되었으면 하는 바람이 간절하다.

큰 포부를 가지고 덤벼든 일이었지만, 책을 쓴다는 일이 마음처럼 쉽지 않았음을 고백한다. 처음부터 일을 기획하고 독촉한 강봉구 편집장이 아니었다면 이 책은 아마도 빛을 보지 못했을 것이다. 휴머니스트 출판사의 이재민 편집주간을 비롯하여 알게 모르게 격려해 주시고 애써 주신 분들 덕분에 무사히 일을 마칠 수 있었다. 진심으로 감사드린다.

2006년 11월

강호영

차례

일러두기

- 〈세계의 교양을 읽는다〉 시리즈가 프랑스의 대입 자격 시험인 '바칼로레아'를 통해 세계의 교양을 읽고자 하는 문제 의식이 있었다면, 〈한국의 교양을 읽는다〉 2, 3, 4, 5권은 '21세기에 세계를 살아갈 한국인의 눈으로 한국의 교양을 읽는다.'라는 문제 의식을 가지고 한국적 교양의 담론을 담아내기 위해 1990년대 중후반부터 우리나라의 각 대학에서 실시된 논술 기출 문제를 기초 자료로 삼았다.
- 우리나라의 논술 문제는 여러 가지 제시문을 이해한 후에 제시된 두세 가지의 제시문을 연결하여 자신의 의견을 서술하는 형식으로 출제되고 있다. 앞으로의 논술 문제는 '통합 교과적' 성격을 띠게 될 것이나 제시문의 독해(이해)를 전제로 자신의 생각을 서술하는 기본 형식을 여전히 유지할 것이다. 기출 문제는 각 논제 뒷부분에 있는 '기출문제 둘러보기'에서 확인할 수 있다.
- 논제는 시대의 흐름을 반영할 수밖에 없다. 따라서 네 명의 기획위원과 편집자가 모여 1990년대 중후반 이후부터 최근까지의 각 대학 논술 기출 문제를 분석하고, 그 중에서 세계 속의 한국인으로서 살아갈 우리가 지금 가져야 할 교양을 대표할 수 있는 논제를 고르고, 그것을 다시 네 분야－과학, 문화, 사회, 인문－로 나누었다. 그리고 필자의 관심 영역과 전문 분야를 고려하여 한 분야씩 맡아 집필하였다.
- 논제에 대한 답변은 각 분야의 필자가 비교적 모범 답안을 작성하기 위해 노력하였으나 구성과 편집에 있어 저자의 주관이 개입되었다.
- 지면의 한계 상 많은 논제를 다룰 수 없으므로, 대표 논제와 연관하여 더 생각해 볼 논제나 논제와 연관한 배경 지식 등을 '더 생각해 봅시다'라는 코너로 두었다.

01 세계화와 민족주의는 공존할 수 있는가?

현대인들은 늘 시간과 전쟁을 벌인다.
전 세계인들의 상당수는
점심 시간에 같은 일을 한다.
가게에 들어가 자연스럽게 줄을 선 다음
원하는 메뉴를 골라 돈을 지불한다.
그리고 잠시 서서 기다렸다가 곧 햄버거와
음료가 놓인 쟁반을 받아든다. 쟁반을 들고
빈 자리에 가서는 최대한 빨리 음식을 먹는다.
식사 중에는 휴대폰으로 업무를 본다.
식사를 끝낸 다음에는 가서
쓰레기를 종류에 따라 분리하여
쓰레기통에 버린다.
쓰레기통 옆에 설치되어 있는
수거대에 쟁반을 올려 놓고 나서
가게 문을 열고 나선다.
……
그가 점심을 먹기 위해 가게에
머문 시간은 고작 10분을 넘지 않는다.

세계화란 무엇인가?

우리는 이러한 광경을 맥도날드에서 매일 볼 수 있다. 맥도날드는 다국적 기업 맥도날드 사가 운영하는 패스트푸드 점으로, 전 세계 121개국에 2만 9천 개의 맥도날드 매장을 가지고 있다. 이 회사가 오늘날 전 세계의 음식 문화를 선도하고 있다. 맥도날드가 산재한 각국에서는 이제 더 이상 자국의 전통 음식을 고집하지 않는다. 음식 문화가 세계화되고 있는 것이다

세계화란 정치·경제·사회·문화 등 모든 분야에서 국경을 넘어 전 세계가 하나의 조직과 문화로 통합되는 현상을 말한다. 그러나 조직과 문화가 통합된다는 것은 자국의 특수한 문화적 전통과 민족의 정체성을 잃게 된다는 것을 의미한다.

세계화는 환경 문제나 인권 문제 같은 인류 공통의 문제, 혹은 세계 윤리의 측면에서 매우 긍정적 영향을 미치고 있다. 세계화는 자국의 인습을 버리고 선진적이며 이상적인 문화를 받아들이도록 하기 때문이다. 그런데 오늘날의 세계화는 서구, 특히 미국의 문화가 전 세계에 전파되는 것을 의미하고 있으며, 필연적으로 시장 자유화를 동반하는 상업화를 의미하는 것이 되었다. 더욱이 자국의 전통문화를 버리고 서구의 저질 문화를 받아들이게 되어 전 세계

가 하향 평준화되고 있다는 비판도 뒤따르고 있다. 만약 이러한 방식으로 세계화가 진행된다면, 후진국의 모든 분야가 선진국에 종속되는 결과를 가져올 것이 뻔하다는 측면에서 세계화의 어두운 그림자가 있다.

세계화는 자본의 자유가 가장 본질적이며 근본적인 요인이라는 지적과 함께 제국주의의 이데올로기에 불과하다는 비판적 시각도 있다. 비판론자들은 세계화를 '미국화'와 동의어로 간주하며, '결국 미국의 주도 아래 세계가 통합되는 팍스 아메리카나(Pax Americana) 체제가 구축'될 것이라고 우려하고 있다.

최연구는 〈세계화와 민족주의, 그 갈등과 공존의 전망〉이라는 글을 통해 미국의 보수적인 국제 정치학자 즈비그뉴 브레진스키가 《거대한 체스판(The grand Chessboard)》에서 '오늘날의 미국은 유사 이래 최초의 진정한 세계 제국'이라고 역설한 부분을 인용하면서, 그의 이야기를 세계화와 연결시켜 보면 미국 주도의 세계화가 팍스 아메리카나를 지향하고 있음이 분명히 드러난다는, 매우 의미 있는 지적을 하였다.

세계화 시대에 나타나는 현상들

온 지구인들이 캘리포니아 식 생활 방식에 길들여지고 있다. 이제 진지하고 무거운 것들의 시대는 가고, 가볍고 빠른 것들의 시대가 왔다. 국제 무대에서 가장 강력한 힘을 발휘한 것은 소련의 '스탈린'이 아니라, 바로 미국의 '미키 마우스'였다. 매스미디어 왕국에는 해가 질 날이 없다.

지구인들은 아침에 일어나 CNN이 보여 주는 세계의 소식을 전해 듣는다. 그 지구인은 직장에 출근해서 전 세계가 하나의 네트워크로 묶여 있는 인터넷에 들어가 세계 곳곳의 지점과 업무 연락을 한다. 그리고 그곳의 상황을 파악한다. 전자 우편이나 국제 전화를 이용하여 거래를 하고, 다국적 기업인 물류 유통회사가 상품을 전 세계 곳곳에 배달해 준다. 그들에게는 국경이 없다. 퇴근 후, 미국 헐리우드에서 제작된 영화를 한 편 보고 나서, 맥도날드에 들어가 패스트푸드로 배를 채운다. 필요하면 휴대폰을 이용하여 연락을 하고, 집으로 돌아와 M-TV를 통해 음악 방송을 보면서 잠이 든다. 전 세계 60억의 사람들이 매일 똑같은 일상 속에서 살아간다.

인터넷은 세계화를 촉진시키는 가장 효율적인 도구이다. 인터넷을 통해 사람들은 '국경 없는 시대'를 경험하고 있으며, 사람들은 이제 지구 반대편의 나라를 이웃집보다 더 가까이 느끼며 살고 있다. 이제 물리적인 거리는 의미가 없어졌다. 이미 시공간을 초월한 시대에 살고 있는 것이다. 초고속 인터넷망인 광케이블이 세계 곳곳에 거미줄처럼 연결되기 때문에 비행기를 타고 먼 나라까지 직접 찾아갈 필요가 없어졌다. 다만 특별한 체험을 위해 직접 방문을 원한다면 인터넷으로 비행기표를 예매하고, 호텔을 예약하고, 인터넷 뱅킹을 이용하여 비용을 지불한 뒤 그 나라를 다녀오면 된다.

외국에 여행 가서 의사소통의 불편함을 걱정할 필요도 없다. 왜냐하면 세계 여러 나라의 언어가 빠르게 통합될 것이기 때문이다.

알래스카 토착어 연구소 소장 M. 크라우스 같은 언어학자들은 오늘날 사용하는 언어의 90%가 100년 내에 그 운명을 다할 것이라고 예언하고 있다. 그 결과 세계는 수세기 내에 단일 언어권이 될 것으로 판단하고 있다. 한국어를 포함하여 전 세계 6,000여 언어가 대부분 지구상에서 사라지게 된다는 것이다. 그 단일 언어권의 주인공은 영어가 되기 쉽겠지만, 중국어나 힌두 어, 스페인 어 또는 아랍 어가 될 수도 있다. 언어학자인 D. 크리스털은 이것을 "지금까지 이 행성이 경험했던 것 중에서 가장 큰 지적 재앙"이 될 것이라고 예언했다. 그러나 그런 우려에도 불구하고 우리가 전 세계 어디로 여행을 가더라도 인류 공용어인 영어로 쉽게 의사소통을 할 수 있을 것이며, 인터넷을 사용할 때도 언어로 인한 불편함은 완전히 사라지게 될 것이다.

우리나라의 일부 대학들은 미국의 주요 대학들과 MBA 과정 교류 협력을 체결하였다. 미국과 한국의 학생들이 화상 통신을 이용하여 같은 시간에 수업을 진행한다. 미국 교수가 영어로 하는 강의를 한국의 학생들도 화상을 통해 보고 듣고, 의문이 있으면 바로 화상을 통해 미국의 교수에게 질문을 하면 된다. 수업 중에는 미국의 학생들과 한국의 학생들이 화상을 통해 서로 열띤 토론을 벌이기도 한다. 이렇게 범지구적이고 세계화된 문화는 디지털 위성 통신의 발달과 항공이나, 초고속 열차 등 교통의 발달에 의해 촉진되고 있다.

이 뿐만 아니다. 정치, 경제, 사회, 문화 등 전 분야에 걸쳐서 세계가 공통된 하나의 생활양식으로 통일되어 가고 있다는 증거들은 곳곳에서 쉽게 발견할 수 있다.

세계화의 함정

우리 사회에는 세계화를 당연한 것으로 받아들이는 사람들이 늘어나고 있다. 세계화를 거부하는 것은 거대한 시대의 물결을 맨손으로 막으려 했던 흥선 대원군처럼 역사의 발전을 가로막는 일이라고 주장하고, 더 나아가 세계화를 거부하면 국제 사회에서 고립되고 문명은 퇴보하고 말 것이라고 생각한다. 이처럼 세계화를 당연한 것으로 받아들이는 사람들은 단 한순간이라도 세계화의 부정적 영향에 대해 생각해 보지 않는다. 그런 의미에서 한스 피터 마르틴과 하랄트 슈만이 함께 지은《세계화의 덫》은 세계화가 가져올 부정적 영향에 대해 분석하고 세계화가 나아갈 바람직한 방향을 생각해 보게 하는 명저다.

이 책의 저자들은 일단 세상이 20대 80의 사회라고 정의한 뒤, 온 세상이 모두 하향 평준화되고 있는 것에 대한 반성을 촉구한다. 반성해야 할 세계화된 분야는 우선 세계 금융 시장이라는 것이 이들의 주장이다. 세계 금융 시장은 '수천 억의 이윤 사냥'을 하는 사냥터이다. 국제통화기금(IMF)의 구제 금융을 받아야 했던 우리나라와 마찬가지로 러시아, 브라질, 인도 등은 워싱턴 북서쪽에 위치한 IMF 건물 13층에 있는 미셸 캉드쉬 총재 앞에서 굽실거려야 했다. 이렇게 금융 시장의 독재자들은 전 세계 국가와 시장을 장악하고 있으며, 국가주의적 경향을 약화시키고 시장의 힘을 강화시킨다.

다국적 기업들이 안정되고 평화로운 미래를 만들어 줄 것이라는 기대는 이제 버리는 것이 좋다. 거대 기업들은 '효율성'을 최대 미덕으로 삼고 끊임없이 경영 혁신을 해 나가고 있다. 결국 그곳에서 일하는 사람들은 항상 구조 조정을 두려워하면서 불안한 생활을 해야만 하는 처지에 놓이게 된다.

그렇다면 세계화는 부자들을 위한 것인가, 아니면 가난한 자를 위한 것인가. 세상 사람들의 상위 20%는 새 시대를 열기 위해 정신 없이 쫓아다니고 있다. 하지만 남 밑에서 땀 흘려 일하면서 벌어먹고 살아야 하는 80%의 보통 사람들에게 세계화는 허상에 불과하다. 지구촌이 세계화 되었어도 그들에게 국경이나 민족이라는 개념은 여전히 쉽게 소통할 수 없는 장벽에 불과하다. 물리적인 이동은 편리해졌지만 돈을 벌기 위해 국경을 넘나드는 제3세계 노동자들에게는 언제나 '불법 체류자'라는 딱지가 붙어다닐 뿐이다. 즉 그들은 세계화의 화려함 뒤에 숨어 사는 아직 세계화되지 못한 종족들이라고 할 수 있다. 따라서 세계화를 부자들의 잔치라고 단언하는 것도 무리는 아니다.

중산층이 소멸하고 있는 오늘날 사회에서 세계화 옹호론자들은, 세계화 시대에는 능력 있는 사람들만이 자신을 구할 수 있다는 선전을 늘어놓고 있다. 20%의 상위 계층이 80%의 하위 계층을 부려서 이익을 창출하고 있고, 해고라는 수단으로 하위 계층의 삶을 좌지우지하는 현실에서 과연 능력 있는 사람은 누구를 지칭하는 것인가? 그들은 세계화된 시대에서 이런 논리를 유포시켜 그들만의 제국을 건설하고 철저한 관리를 통해 하위 계층의 접근을 차단하고 있다. 이것이 세계화된 시대에 여전히 세계화될 수 없는 하위 계층들의 비극이다.

세계화의 어두운 그림자는 세계화에서 소외될 수밖에 없는 하위 계층과 세계화의 논리에 부화뇌동(附和雷同)하는 불쌍한 글로벌 플레이어들뿐만 아니다. 세계 시장의 경쟁 심화, 국민 주권의 상실, 정치의 추락 등의 문제가 세계화의 뒤에 감춰진 '덫'이라고 할 수 있다.

세계화와 민족주의는 공존할 수 있는가

《우리 눈으로 본 세계화와 민족주의》의 저자 김영명은 한국 정부가 이해하는 세계화는 대외적인 시장 개방, 기업과 금융의 투명성 제고, 주로 인력 감축으로 나타나는 기업과 각 기관들의 구조 조정, 무분별한 영어 사용, 미국 문화의 적극적인 수용 등이라고 지적한 뒤, 우리나라의 세계화를 미국식의 경제, 사회, 문화 구조에 대한 추종, 즉 미국화를 의미하는 것이라고 단언하고 있다. 그 결과 사회적 불평등이 증가하고 경제, 문화 등 폭넓은 분야에서 대미 종속이 심화되었다고 주장한다. 세계화가 미국화를 의미하는 것으로 해석하는 경향은 이미 세상에 널리 퍼져 있는 일이기도 하다.

신자유주의적 시장 논리를 바탕으로 한 세계화 전략은 시대적,

사상적 조류가 되었다. 그렇다 하더라도 세계화 전략은 강자의 논리임을 부정할 수 없기 때문에 우리 입장에서는 세계화를 매우 비판적인 입장에서 검토하고 수용했어야 했다. 그러나 우리에게 그런 노력은 부족했다.

민족주의란 민족에 기반을 둔 국가의 형성을 지상 목표로 하고, 이것을 창건(創建)·유지·확대하려고 하는 민족의 정신 상태나 정책 원리 또는 그 활동을 의미한다. 우리나라의 민족주의 이론을 선도한 이용희 교수와 차기벽 교수는 한국 민족주의의 과제를 근대화, 민주주의, 통일로 보고 그 달성 방안에 대해 고민하였다. 한동안 민족주의론은 학계나 사회 일반에서 뭔가 좋은 것으로 통했다. 그러나 시대가 변하고 세계화 바람과 함께 민족주의는 부정적인 것으로 인식되었으며, 오히려 극복되어야 한다는 논의가 힘을 얻고 있다. 일반적으로 민족주의 비판론의 주요 내용은 첫째, 대내억압, 특히 소수자의 권리 억압, 둘째, 국제 분쟁 유발, 셋째, 대외팽창으로 요약할 수 있다. 이중에 우리나라의 민족주의는 '대내적 억압성'에 초점이 맞춰져 논의되어 왔다.

세계화 시대에 민족의 동질성과 고유성을 유지하기는 매우 어려운 일이다. 그렇지만 세계화의 중심에 서 있는 미국의 심장부에 이라크의 테러가 감행되었다는 것은, 민족주의적 사고를 지닌 이들과 집단이 세계화를 추진하는 세력들과 심한 갈등을 일으키고 있다는 것을 확인시켜 주고 있다. 세계 여러 민족들은 세계화 시대에 맞서 민족의 정체성을 잃지 않으려고 눈물겹게 노력하고 있다. 특히 신자유주의자들이 '국가주의'를 불의와 비효율의 근원이라고 공격하는 요즘에도, 보스니아 내전이나 르완다 내전과 같은 민족간 분쟁은 여전히 계속되고 있다.

한국 민족주의는 허약하기 짝이 없다. 민족주의의 핵심 과제는 민족의 정체성 정립과 국가 주권의 확립일 것인데, 우리는 역사적으로 일제의 강점을 막지 못했고, 민족 분단을 막지 못했으며, 대외 종속을 탈피하지 못했고, 통일 국가를 형성하지 못했고, 세계화 시대에 민족의 정체성도 지키지 못했다. 물론 정치적 민주화에 기여한 공도 크지만 이제 그 한계를 극복하기 위해서는 '닫힌 민족주의'를 버리고 '열린 민족주의'를 추구해야 한다.

열린 민족주의란 민족의 주체성을 유지하고 다양성을 인정하는 태도에서 나온다. 즉 세계화의 시각에서 우리나라를 들여다보는 것이 아니라, 주체성을 유지하고 다양성을 인정하면서 우리의 시각으로 세계를 보는 것이다.

기출문제 둘러보기

2006 이화여대 수시 2학기 |

민족 개념의 성격이 한국 사회에서 어떻게 변화해 왔는지를 (가), (나), (다)를 모두 활용하여 서술하시오.

제시문 (가) 민족 개념에 대한 논의는 크게 두 갈래로 나누어진다. 하나는 민족의 영속성을 강조하는 논의이다. 이것은 종족적 모델로, 종족적 공동체가 가지는 항구적인 특징에 주목한다. 즉 종족적 경향을 강조하는 민족 개념이다. 이러한 주장을 펴는 입장에서는 민족을 혈통, 인종, 조상, 문화, 영토, 언어, 관습 등 공동의 역사적·사회적 가치를 소유한 원초적인 유대 관계를 강조하는 종족적 형태로 본다. 다른 하나는 민족을 근대화의 부산물로 간주하는 논의이다. 이것은 시민적 모델로, 민족은 계약적 형태이고 정치적 실재이다. 이에 따르면, 민족은 결코 영원한 실체가 아니며 근대화와 도시화라는 특정한 역사적 조건 속에서 출현한 일종의 공동체이다. 여기에서 중요한 것은 민족 공동체에 기꺼이 귀속되고자 하는 민족 성원의 주관적 의지, '함께 하고픈 의지'이다.

제시문 (나) 1980년대 출생자를 대상으로 한 2005년 갤럽 조사에 의하면, 국제결혼에 대하여 66.8%가 거부감이 없다고 대답했다. 거부감이 있다는 응답(33.2%)의 거의 두 배이다. 성별에 관계없이 비슷한 응답 비율을 보였다. 여성은 65.7%, 남성은 68.3%가 거부감이 없다고 응답했다. 이는 10년 전에 비해 크게 달라진 것이다. 1994년 12월 같은 기관이 실시한 여론 조사에서 당시 20대는 64.7%가 국제결혼에 거부감이 있다고 응답했던 반면,

35%는 거부감이 없다고 응답했었다. 영어 공용화에 대한 의견에서도 유사한 변화가 나타났다. 영어를 국어와 공식적으로 함께 쓰자는 데 반대가 약간 더 많았지만(55.5%), 찬성이 42.8%나 됐다.

제시문 (다) 오늘날 우리 한국인들은 '전환기의 교차하는 흐름' 속에 서 있다. 우리는 오랫동안 서구 문명의 제도, 관행, 가치 등을 수용하면서 거의 자동적으로 서구 문명을 보편적이고 우월한 것으로 받아들이는 세계관, 곧 서구 중심주의를 내면화해 왔다. 예를 들면 1991년 이라크와 미국 사이에 1차 걸프 전이 일어났을 때, 국내 방송사들은 아무런 편집이나 정리 없이 미국의 CNN을 거의 그대로 방영했다. 텔레비전 보도는 물론 주요 일간지 역시 독자적 시각을 결여한 채 서구의 매체에 의존하여 보도했기 때문에, 일부 국민들은 미군이 이라크 군을 이기자 '우리'가 적군을 무찌르고 전쟁에서 승리하는 듯한 착각에 빠지기도 했다. 그런데 1990년대 중반을 지나면서 냉전의 종언, 한국 사회의 산업화 및 민주화에 대한 한국인들의 자긍심 등에 힘입어 서구 중심주의에 침윤된 우리의 삶이나 학문에 의미심장한 변화의 조짐이 나타났다. 서구 문물의 홍수에도 불구하고 한국인의 정체성을 찾고자 하는 노력들이 여러 영역에서 가시적으로 나타나고 있는 바, 오랫동안 잊혔거나 폐기되었던 전통적인 것, 한국적인 것 또는 우리 것에 대한 관심과 향수가 조금씩 살아나고 있으며, 대중적인 차원에서도 이런 흐름이 감지되고 있다.

더 생각해 봅시다

'붉은 악마'의 축구 응원은 국가주의적 발상인가?

2006년 독일 월드컵 기간 동안 우리는 밤잠을 설치면서 거리가 아니면 안방에서 축구 국가 대표팀의 경기를 지켜보고 승리를 기원하였다. 국민의 78%가 월드컵 덕에 행복했다는 여론 조사 기관의 발표가 주요 일간지에 보도되기도 했다.

2002년 한일 월드컵 당시에 세계인들이 우리에게 놀란 것은 4강에 오른 축구 실력이라기 보다는 '붉은 악마' 응원이었다. 2006년 독일 월드컵 당시 독일 현지 교민들과 원정 응원단이 90분간 쉼 없이 열광적으로 응원하는 모습은 '우리가 하나'라는 강한 민족적 자긍심을 느끼게 하였다. 이제 외국 언론들은 한국의 '붉은 악마' 응원을 한국의 대표 브랜드로 여기고 있다.

그런데 이런 '붉은 악마 현상'을 '국가주의' 혹은 '과잉 민족주의'의 한 형태로 보는 견해가 있다. 과연 이러한 현상은 낡은 국가주의의 한 형태인가, 아니면 민족적 열정의 산물인가. 실제로 한국팀이 16강에 진출하지 못하고 귀국하자, 사람들은 언제 그랬느냐 싶게 금방 일상으로 돌아와, 월드컵을 잊고 살아갔다. 이러한 현상은 사람들이 열광했던 것이 세계인의 제전인 월드컵 축구가 아니라, 한국팀이 출전했기 때문에 이기기를 바라는 국가주의적 애국심이었음을 반증하는 것이라는 견해에 힘을 보태 주고 있다. 열정의 차이는 있겠지만, 월드 베이스볼 클래식(WBC) 대회나 올림픽 대회 때 우리나라 사람들이 우리나라 경기에 열광적인 응원을 보이는 것도 국가적 애국심 때문이라고 볼 수 있다. 멋진 경기를 하여 국제 무대에서 우리나라의 이미지를 제고시켜 보자는 생각보다는 우리나라가 다른 나라와 싸우니까 무조건 이겨야 한다는 생각이 우선이다. 솔직히 말해 축구의 묘미는 잘 모른다. 그냥 우리가 이겼으면 좋겠다는 의식뿐이다.

1970년 월드컵 지역 예선 때문에 온두라스와 엘살바도르 간 전쟁이 일어났다. 극도로 흥분한 응원단이 난동을 부리고 난투극이 벌어지자 결국 양국 간 전쟁으로 비화한 것이다. 그야말로 축구 전쟁이라고 해도 과언이 아니다. 뿐만 아니라 1950년 브라질 월드컵에서는 개최국인 브라질이 우루과이에 비기기만 해도 우승하는 상황에서 우루과이에게 역전패하자 집집마다 반기가 걸리고 권총 자살하는 이가 속출했다고 한다. 또 1982년 월드컵에서는 브라질이 이탈리아에 패배하여 4강 진출이 좌절되자 브라질 국민 32명이 자살했고, 1994년 미국 월드컵 때는 자책골을 넣어 16강 진출이 좌절된 후 자국으로 돌아온 콜롬비아의 에스코바르라는 선수가 조직폭력배에게 살해당하는 사건이 벌어지기도 했다. 이렇게 월드컵의 역사 속에는 국가주의 혹은 과잉 민족주의에 의한 비극이 함께 하고 있다.

멋지게 열심히 싸웠고 최선을 다했다는 사실은 그들에게 중요하지 않았다. 단지 졌다는 사실, 그 하나만이 중요할 뿐이었다. 이러한 국가주의적 발상은 선수들에게도 마찬가지였다. 어떻게든 이기기 위해 선수들 역시 비신사적인 행위도 서슴지 않았다.

세계화 시대에 국가주의는 낡은 것으로 받아들여진다. 국가주의는 국가의 가치와 이익을 모든 가치나 개인의 이익보다 우선한다는 점에서 전체주의적 성격을 띠고 있기 때문이다. 또한 세계화 시대는 자유주의적 사고가 중심 사상이기 때문이기도 하다.

거의 모든 스포츠 경기가 이런 국가주의적 사고를 바탕으로 이뤄진다고 해도 지나친 말은 아닐 것이다. 그러나 만약 월드컵이 국가 대항전이 아니라 팀을 국가별로 구성하지 않고, 무작위로 섞어서 A팀, B팀, C팀 등으로 조직해서 24개팀을 구성하여 경기를 치루는 방식이었다면 지금의 월드컵의 명성은 없었을 것이다. 월드컵 응원이 세계화 시대에 걸맞지 않는 국가주의적 발상에서 비롯된 것이기는 하지만 그로 인해 훨씬 재미있었고 국민 대다수가 행복을 느꼈다면, 그 자체로도 의미 있는 일은 아니었을까?

'붉은 악마'의 응원은 스포츠와 국가주의적 사고가 절묘하고 적당하게 결합한 사례이다. 왜냐하면 그로 인해 전쟁이 벌어졌거나 난투극이 벌어진 것이 아니었으며, 오히려 사람들을 행복하게 해주었기 때문이다.

02

개인은 다수의 행복을 위해 희생되어도 좋은가?

자유는 천부적 권리다.
자유가 인간의
기본권이라는 것에
이의를 제기할 사람은 없다.
다만, 다른 가치에 비해
우선이냐,
아니면 나중이냐
하는 순위에 대한
차이만 있을 뿐이다.
그런데,
자유가 누구나 인정하는
기본권이라면
지금쯤 우리 인류는
유토피아에서 자유롭게
살고 있어야 마땅한 일이 아닌가.
과연 지금 인간은
자유를 누리며
행복하게 살고 있는가?

개인은 죽었다

20세기 프랑스의 철학자 미셸 푸코(Michel Foucault)는《감시와 처벌》에서 근대 사회를 감금의 사회, 관리 사회, 처벌 사회, 감시 사회라고 설명하고 있다. 푸코는 이미 이전의 책인《광기의 역사》에서 인간의 역사는 '이성'이 '광기' 중심의 사회를 탄압해 왔다고 규정한 바 있다. 푸코는 감옥의 출현과 함께 도입된 규율, 훈련, 교정, 관찰 등의 방법이 감옥 밖의 사회에서도 그대로 적용되었다고 주장한다. 소수의 지배자들은 이러한 권력의 기술을 이용하여 인간을 착취해 왔으며, 이러한 사회 권력과 인간의 관계는 감옥 안, 감시자와 죄수의 관계와 같다는 것이다. 즉 사회가 감옥과 동일한 구조를 이루고 있다는 설명이다. 예를 들면 학교나 군대와 같은 조직은 규율에 의해 통제되면서 그 규율을 내면화하는 구조를 지니고 있는데, 이는 감옥과 다를 바가 전혀 없다는 것이다.

푸코는 이 책에서 18세기에 유행하던 공개 처형 방식이 19세기에 감금 제도로 바뀌게 된 것은 권력자들이 위기의식을 느껴 권력의 효율적 메커니즘을 위해서 처벌 방식을 바꾸었기 때문이라고 주장했다. 처형과 같은 가혹한 신체적 형벌 대신 신체를 길들이는 방식을 취함으로써 억누르는 지배 방식에서 '생산하고 길들이는 권력'형 지배 방식으로 전환하였다는 것이다.

'넓게 본다.'는 뜻의 팬옵티콘(panopticon)은 1791년 영국의 공리주의 철학자 제레미 벤담(Jeremy Bentham)이 고안한 '원형 감옥'을 말한다. 푸코는 이 '원형 감옥'에서 근대 사회의 감시 구조가 가지는 상징성을 발견하였다.

모두 안쪽을 향한 채 원형으로 배치되어 있는 높은 건물은 관리라는 행정적 기능, 감시라는 치안 유지적 기능, 단속과 검사라는 경제적 기능, 복종과 노동의 장려라는 종교적 기능 등을 두루두루 함께 갖도록 만든 것이었다. 그 중앙 건물에서 모든 명령이 지시되고, 모든 활동이 기록되며, 모든 과오가 포착되고 평가된다. 그 모든 일은 정확한 기하학적 배치만 그 바탕으로 한다면 즉각 실행될 수 있을 것이다. 원형 감옥의 중앙에는 감시탑이 설치되어 있어 한눈에 죄수들을 감시할 수 있다. 여기서 중요한 것은 죄수들은 간수를 볼 수 없지만 간수는 죄수들을 볼 수 있다는 것이다. 따라서 간수가 보고 있는가와 상관없이 죄수들은 항상 간수들이 자신을 감시하고 있다고 믿고 행동한다. 일종의 자동 통제 시스템이라고 할 수 있다. 이러한 감시 방법은 감옥 밖에도 그대로 적용될 수 있다.

새로운 감시 기술은 점점 개인의 사적인 공간을 축소시켜 왔다. '공개 처형'과 같은 신체적 억압이 줄어들기는 했지만, 개인이 자유를 누릴 수 있는 혼자만의 공간도 없다. 개인은 이미 죽고 없다.

사회는 살아있다

사회의 실체는 무엇인가? 사회는 개인이 모인 집합체이다. 개인들은 서로 어떤 관계를 맺고 살아간다. 그 개인들이 모여 상호 관계를 맺고 살아가는 모임체를 우리는 '사회'라고 부른다. 여기서 '개인'을 쏙 빼 보자. 무엇이 남는가? 개인이 빠진 사회는 허상에 불과하다. 흔히 사회 문제란 것도 개인의 잘못에서 비롯된 것이다. 이를 사회 명목론이라고도 하고 사회 유명론이라고도 하는데, '개인'만 있을 뿐 사회는 이름뿐이라는 입장이다. 그러나 이런 입장, 즉 개인 중심의 사고는 지나친 자유방임주의를 불러와 공공의 이익을 침해하기도 한다. 또한 개인이 각자 자기중심으로 행동하다 보면 사회는 혼란에 빠지기 쉽다.

어떤 숭고한 목표를 이루기 위해 자신의 목숨을 스스로 끊는 동물이 사람 말고 또 있을까? 제 2차 세계 대전 당시 일본은 초강대국인 미국을 상대로 전쟁을 하였다. 전쟁 발발 후 시간이 흘러 패전이 확실해졌을, 그때 등장한 것이 일본의 가미가제〔神風〕 특공대다. 대부분 지원병으로 이루어진 가미가제 특공대의 전투원들에게는 유사시 전투기에서 탈출할 낙하산이 지급되지 않았으며, 돌아올 연료도 제공되지 않았다. 결국 그들은 전투기와 함께 미군을 향해 돌진해 자폭하고 말았다.

이런 사건은 당시 개인주의적 사고가 만연해 있었던 미국인에게는 충격 그 자체였다. 이에 미 국무부는 문화 인류학자인 베네딕트 교수에게 일본에 대한 연구를 의뢰하였다. 그 결과로 나온 책이 베네딕트의《국화와 칼》이다. '국화'는 '평화'를 상징하고, '칼'은 전쟁을 상징한다. 이 책의 제목은 일본인의 이중성을 의미한다. 친절하고, 평화를 사랑하던 일본인들의 내면에는 자신을 희생할 수도 있다는 무사 정신이 있었다. 군국주의 시대 일본인들은 전체를 위해서는 자신의 목숨을 가볍게 여겼던 듯하다.

사람의 인체는 작은 세포들이 모인 복잡한 구조체이다. 이 세포들은 몇 개쯤 죽어도 금방 재생된다. 그런데 이 세포들이 모여 복잡한 구조를 형성하면서 인체에 비로소 생명이 깃든다. 살아 움직이는 것이다. 정말 신비스러운 일이다. '사회'도 인체와 마찬가지로 '개인'이라는 세포들이 만들어 낸 살아 있는 생명체다. 그러나 개인들은 자신이 속한 사회라는 거대 생명체를 통제하기 어렵다. 그럼에도 불구하고 개인은 사회를 떠나 존재할 수 없다. 더욱이 사회문제는 개인의 책임이기보다는 사회 구조나 제도 탓으로 여긴다. 이러한 견해를 '사회 실재론'이라고 한다. 사회 실재론이란 '사회'라는 거대한 생명체가 실재한다는 입장으로, 사회 유기체설이 이를 뒷받침하고 있다.

가미가제 특공대원들의 행동은, 생명을 구하기 위해서 신체의 일부를 잘라 내는 것처럼, 사회를 위해서 개인들을 포기하고 잘라 버릴 수 있다는 입장으로 해석할 수 있다. 사회가 개인의 희생쯤은 대수롭지 않게 여긴 것이다. 히틀러의 전체주의도 이와 별반 다르지 않다. 한마디로 광기의 역사다.

건전한 사회라면 개인과 사회가 조화와 균형을 이루어야 한다.

개인이 희생되어서도 안 되는 것은 물론, 개인의 이익이 사회의 공익을 해쳐서도 안 된다. 아무리 거대한 생명체라 할지라도 세포 하나 하나가 죽어간다면 결국에는 그 생명 현상이 끝나는 이치와 같다. 사회의 발전과 공익도 중요하지만, 개인이 희생되어서는 안 된다는 것이 이 시대의 윤리라고 하겠다.

개인주의는 사회의 안정을 위협하는가?

개인주의는 '개인'의 자유와 권리를 공익보다 우선시하는 사상이다. 개인주의를 주장한 사상가들은 우리의 삶과 가치를 구성하는 공동체로부터 개인들이 해방될 때 비로소 진정한 자유와 권리를 획득할 수 있다고 믿는다. 개인주의는 초기 고전적 자유주의의 핵심 사상이다. 개인의 자유, 개인의 생명, 개인의 재산, 그리고 개인의 행복을 강조한 자연법 사상에서도 '개인'이 최고의 가치로 중시되었다. 물론 개인을 지나치게 강조하면 '이기주의'로 흐를 수 있다.

반면 전체주의는 전체의 이익과 발전을 위해서 개인이 희생 될 수 있다고 본다. 1930년대의 독일의 나치즘, 이탈리아의 파시즘의 경우가 대표적인 사례다. 전체주의는 강력한 국가 권력이 국민 생활을 간섭·통제하는 사상 및 그 체제다. 전체주의를 신봉하는 이들은 개인은 전체 속에서 비로소 존재 가치를 갖는다고 생각한다. 일반적으로 전체주의는 개인주의와 대립되는 개념으로 이해되고 있다. 즉, 전체주의란 개인의 이익보다 집단의 이익을 강조하여 집권자의 정치 권력이 국민의 정치 생활은 물론, 경제·사회·문화 생활의 모든 영역에 결쳐 전면적이고 실질적인 통제를 가하는 것을 말한다. 전체주의는 파시즘과 공산주의를 포함하고 있지만, 이 양자를 일괄적으로 규정하기는 매우 곤란하다.

20세기는 개인주의와 전체주의가 크게 충돌한 시기였다. 하지만 사회 전체의 공익을 우선시하는 전체주의는 국가 전체의 이익을 위해 개인의 희생을 지나치게 강요하였기 때문에 결국 실패하고 말았다. 무솔리니의 파시즘, 히틀러의 나치즘, 일본의 군국주의, 스탈린의 공산주의 등이 모두 실패했고, 대신 자본주의와 결합한 개인주의는 현대인의 삶에 가장 큰 영향력을 미치고 있는 철학적 사고가 되었다.

본래 개인주의는 국가 권력이나 사람들로부터 부당한 개입을 받지 않고 독립하여 스스로 결정하고 결단하여 주체적으로 사고하고 실천하는 것을 의미한다. 그러나 우리나라에서는 이 용어가 공동체의 이익을 무시하고 개인의 이익만을 추구한다는 이기주의와 구별되지 않고 부정적 의미로 받아들여졌다. 결국 공동체 의식이 사라지고 남이야 어찌 되었든지, 나만 잘 되면 된다는 이기적 사고가 만연하게 되었다. 달리 말하면 타락한 개인주의 사상이 사회에 만연하게 된 것이다.

타인에게 피해를 입히면서까지 개인의 이익을 추구하는 것은 이기주의다. 개인주의는 개인의 이익을 추구하되 타인에게 피해를 입히지 않으려는 사고이다. 타인의 이익도 존중한다는 뜻이다. 따라서 개인주의와 이기주의는 전혀 다른 것이다. 진정한 의미에서 개인주의는 사회의 안정을 위협하지 않는다. 개인이 피해를 입지 않으려하는 바와 마찬가지로 타인들에게 피해를 입히려 하지 않기 때문이다. 오히려 공동체에 이익이 된다고 할 수 있다. 공동체의 이익을 배제하고 개인의 이익만을 극단적으로 추구해서 목적을 이룰 수 있는 경우는 극소수의 특권층에게나 가능한 일이다. 즉 '나라가 망해도 나는 잘 살 수 있다.'는 생각은 무정부주의자나 소수의 특권층에게만 실현 가능한 이야기다. 보통의 사람들에게는 실현될 수 없는 생각이다.

따라서 개인의 이익 추구가 공동체의 안정을 위협해서는 안 되며 반대로 공동체의 이익을 위해 개인의 이익을 침해해서도 안 된다. 타인의 이익을 존중하는 진정한 의미의 개인주의는 사회의 안정을 파괴하지 않는다. 그리고 개인주의의 집합이 공동체 사회일 때, 가장 안정된 사회를 이룰 수 있다. 그런 의미에서 개인주의는 매우 타당한 사회적 사고이다.

사회는 개인의 희생을 강요하는가?

'개인'은 사회 속에서 주체로서 자유롭고 '나'만의 생각을 가질 수 있어야 한다. 그래야 사회 속에서 개인이 행복한 삶을 영위할 수 있다. 그러나 사회가 유지되기 위해서는 개인이 그 사회 안에서 주체로 살아가기 어렵다. 사회 질서에 복종해야만 한다. 그러다 보면 사회 속에서 개인은 존재 가치를 잃고 소외되기 쉽다.

우리가 단 한 가지라도 자기 마음대로 생각하고 행동할 수 있는가? 영국의 경험주의 철학자인 존 로크(John Locke)는 인간은 태어날 때, 백지와 같은 상태라고 주장하였다. 따라서 아동은 좋아하는 형으로 만들 수 있는 밀랍과 같다고 했다. 그 백지 상태인 개인을 누가 채우고, 밀랍을 인형으로 만드는가? 처음에는 부모가 자신들이 어려서 세뇌되었던 그 방식으로 자식의 머리 속에 생활 방식을 주입시킨다. 그리고 학교와 같은 교육 기관에서 사회 규범과 질서를 강제로 주입시킨다. 물론 학교는 국가의 지시를 받아 교육을 시킨다. 토마스 홉스(Thomas Hobbes)는 국가를 '리바이어던'에 비유하였다. 리바이어던은 구약성서 욥기에 나오는 거대한 영생의 괴물 이름이다. 국가라는 이름의 이 괴물은 개인의 힘으로 도저히 이길 수 없는 막강한 권력을 지니고 있다. 국가는 교육 기관을 앞세워 개인을 그가 원하는 모양의 밀랍 인형으로 만들어 간다. 결국 개인의 머리 속에는 그 국가가 요구하는 모든 것이 주입된다. 그런데도 개인이 현대 사회에서 그동안 세뇌된 사회의 모든 규범을 벗어버리고 주체로서 살 수 있다는 말인가?

카뮈(A. Camus)의 소설 《페스트》는 인간이 역경에 처했을 때, 그것을 극복하는 다양한 방식이 있음을 여러 인물 유형을 통해 보여 준다. 오랑 시에 무서운 전염병이 돌자 당국이 마을을 폐쇄하여 출입을 제한하는 조치를 취하게 된다. 마침 취재차 마을을 방문했던 랑베르 기자 역시 마을 밖으로 나갈 수 없었다. 만약 우리가 이러한 상황에 처했을 때, 마을 전체를 폐쇄하고 심지어는 마을에 불을 질러서 사람들을 모두 태워 죽여야 전염병이 퍼지는 것을 막을 수 있다면 어떻게 해야 하는가? 랑베르가 마을을 벗어나려고 도청 비서실장을 만났을 때, 그는 도청 비서실장의 '예외는 만들 수 없다.'는 냉랭한 대답을 듣는다. 도청 비서실장은 전체의 이익을 위해서는 개인이 희생될 수밖에 없다는 입장이다. 비서실장의 입장에서 볼 때에는 몇 사람 쯤 희생되더라도 국가 전체의 안전이 중요했을 것이다.

그러나 랑베르의 입장에서도 이 주장은 옳은가? 나를 포함하여 도시의 주민들이 모두 희생된 뒤 전염병은 사라지고 국가에 평화가 찾아왔다고 하자. 그런데 '나'는 뭔가? 랑베르는 '공공의 복지도 개인의 행복으로 성립된다.'고 말한다. 개인의 행복 없이 국가가 발전한다는 것이 무슨 의미가 있는가?

개인과 사회의 이익이 충돌했을 때, 전체의 이익을 중시하는 도청 비서실장의 입장도 옳고, 개인의 이익을 중시하는 랑베르의 입장도 옳다. 이때 벤담의 '최대 다수의 최대 행복'이라는 공리주의(功利主義)적 관점이 그 대안이 될 수 있는 것이다. 하지만 그것도 최선의 해결책이 될 수는 없을 것이다.

사회가 단순히 개인의 집합이라면 당연히 개인의 이익이 중시되어야 할 것이다. 하지만 사회는 개인과 타인이 서로 밀접하게 얽혀 있으며 사회라는 유기체의 구성 요소라는 '사회 유기체설'의 관점에서 볼 때, 개인과 사회의 이익 중 어느 쪽이 우선인가라는 질문은 영원히 해결할 수 없는 숙제일 수밖에 없다.

기출문제 둘러보기

1999 연세대 정시 |

다음 세 이야기 속의 주인공에게서 공통적으로 나타나는 역할의 특징을 분석하고, 그 사회적 기능과 의미를 다양한 측면에서 1800자 안팎으로 논술하시오.

제시문 (가) 〈중략〉 두 손을 합장하고 하느님 전 비는 말이,
"도화동 심청이가 맹인 아비 해원(解寃)키로 생목숨이 죽사오니, 명천(明天)은 굽어 보사 캄캄한 아비 눈을 불일내(不日內)에 밝게 떠서 세상 보게 하옵소서."
빌기를 다한 후에 선인들 돌아보며,
"평안히 배질하여 억십만금 이문을 내어 고향으로 가올 적에, 도화동 찾아 들어 우리 부친 눈 떴는가 부디 찾아 보고 가오."
뱃머리에 썩 나서서 만경창파(萬頃蒼波)를 제 안방으로 알고 '풍' 빠지니, 잠깐 사이에 바람이 삭아지고 물결이 고요하니, 사공들 하는 말이,
"풍숙낭정(風肅浪靜)하기는 심낭자의 덕이로다."
술 고기 나눠 먹고, 삼승돛 곧 채어 양편 갈라 떡 붙이고 남경으로 향하니라.

—신재효본, 《심청가》

제시문 (나) 아리스티데스가 처음에는 '정의로운 사람'이란 별칭까지 들으며 사람들에게 존경을 받았는데, 뒤에 와서 미움을 받게 된 까닭은 테미스토클레스가 민중에게 아리스티데스는 사사로이 모든 소송 사건을 심리 판결해 재판의 공식성을 없앴으며, 호위병이 없다 뿐이지 독재를 남모르게 행하려 한다는 소문을 퍼뜨

렸기 때문이었다. 게다가 민중도 그 즈음에 와서는 승전국의 국민으로 교만한 마음이 생겨 자기네들보다 높은 지위와 명예를 가진 사람의 명성에 반감을 갖고 있었다. 〈중략〉

아리스티데스 추방 투표 당시, 사람들이 조개껍질에 추방할 사람의 이름을 적었는데, 한 문맹자는 아리스티데스에게 조개껍질을 내밀며 그가 아리스티데스인 줄도 모르고 아리스티데스의 이름을 써 달라고 부탁을 했다. 아리스티데스는 짐짓 놀라며, 그가 당신에게 무슨 피해라도 입혔느냐고 물었다. 그러자 그는,

"아니오, 나는 그를 전혀 모릅니다. 하지만 곳곳에서 정의로운 사람이라고 떠드는 것이 듣기 싫어 그럽니다."

라고 대답했다.

—플루타르크, 《영웅전》

제시문 (다) 프러시아 군대가 르왕 시에 들어왔다.

"프러시아 장교님이 엘리자베드 루세(비계덩어리) 양에게 아직 생각을 바꾸지 않았느냐 물어 보랍니다." 〈생략〉

"그 더러운 짐승 놈한테, 그 멍청이한테, 그 징그러운 프러시아 놈한테 가서 말하세요. 절대로 나는 말을 안 듣겠다고, 알겠어요? 절대로, 절대로, 절대로 말이예요."

뚱뚱한 여인숙 주인이 나갔다. 그러자 사람들은 '비계덩어리'를 둘러싸고 물었다. 〈생략〉

"그 놈이 뭣을 원하느냐구요? 그 놈이 뭘 원하는지 정말 알고 싶어요? 그놈이 나하고 자고 싶대요!" 〈생략〉

그때 폴링뷔 씨가 들어와서 루세 양은 몸이 불편해서 저녁 식탁에 참석하지 못한다고 알렸다. 모두들 귀를 기울이고 있었다. 백작이 그 여인숙 주인에게로 다가서며 아주 낮은 소리로 물었다.

"잘 됐소?"

"네."

그는 일행에게 아무 말도 안하고 단지 고개만 끄덕거렸다. 그러자 모든 사람들의 가슴에서 안도의 큰 한숨이 새어 나오고 얼굴에는 희열이 넘쳤다. 르와조가 외쳤다.

"좋았어! 이 집에 샴페인만 있다면 한턱 쓰겠는데."

그 이튿날, 겨울의 밝은 햇살에 쌓인 눈이 빛나고 있었다. 마침내 말을 매어 단 역마차가 문 앞에서 기다리고 있었다. 〈생략〉 사람들은 마치 그 여자가 치마 밑에 무슨 전염병이라고 가지고 오기나 한 것처럼 그 여자를 멀리하는 것이었다. 모두들 그 여자를 모르는 사람처럼 대했다.

—모파상, 《비계덩어리》에서 발췌, 축약

누군가 당신을 항상 지켜보고 있다

오늘날 사회에서는 발달된 정보화 기기를 이용하여 훨씬 효과적으로 개인을 감시할 수 있다. 조지 오웰이 《1984》에서 선보인 사회 통제를 위한 전자 기기인 '텔레스크린'은 오늘날 CCTV와 같은 형태로 응용될 수 있을 것이다. CCTV가 설치된 곳에서 사람들은 누군가 자신을 감시하고 있다고 생각하고 행동할 것이다. 사실은 담당자가 식사를 위해 외출 중이어서 아무도 보고 있는 사람은 없는데도 말이다.

1997년 미국 매사추세츠 주의 한 가정에서 생후 8개월 된 남자 아기가 살해된 사건이 발생했다. 이 아기를 돌보았던 젊은 영국인 유모는 살인 혐의를 받았다. 이 일로 인해 많은 가정에서는 유모 감시 카메라를 집에 은밀하게 설치하였다. 1인치의 마이크로 비디오 카메라가 등장했기 때문에 아무도 모르게 집에 설치할 수 있었다. 그리고 이 카메라로 촬영된 영상은 비디오테이프에 녹화하거나 컴퓨터에 연결하여 실시간으로 볼 수 있기 때문에, 아기의 부모가 직장에서도 유모를 항시 감시할 수 있다.

CCTV는 시민들의 안전을 보장하고 있다. 우리나라 서울시 강남구에 설치된 범죄 감시용 CCTV도 그러한 경우다. 사생활 침해라는 논란도 있지만, CCTV가 설치된 곳에 범죄 발생률이 낮다는 것은 분명 이 기기의 효과가 있다는 것을 증명하고 있다. 그런데 이 카메라가 '몰카'로 이용되고 있다는 사실을 아는 사람은 얼마나 될까? 여자 화장실에서 몰카가 발견되었다는 보도가 있었다. 도난 방지를 위해 목욕탕 탈의실에 CCTV가 설치되어 있다는 보도도 있었다. 물론 업주는 그 사실을 손님에게 알리지 않았다.

지구의 둘레를 순환하는 수많은 인공위성 중에는 첩보 위성도 상당수 포함되어 있는데, 이 위성들은 초정밀 카메라를 부착하고 있어서 땅위에 세워진 자동차의 번호판 번호를 식별해 낼 수 있다. 물론 앞으로 더 정밀해질 것이다. 인공위성이 보내 준 영상을 통해 정찰 임무를 수행하던 누군가가 심심해서 이 위성을 이용하여 잠시 어떤 가정집을 살펴보고 있을지도 모른다. 아니면 거리의 연인들을 지켜보고 있을 수도 있다. 물론 그 연인들은 거리의 또다른 CCTV에 촬영되고 있을 수도 있다. 아니면 건물 안에서 몰카에 의해 촬영될 수도 있다. 기술의 발달로 옷을 투시하는 카메라도 등장했다. 그리고 카메라는 단추 등으로 위장이 가능하다.

2005년 우리나라 국회에서는 성폭력 범죄자에게 전자 팔찌를 채워 위성 위치 확인 시스템(GPS, Global Positioning System)을 이용하여 감시하자는 법안이 제출되었다. 이 전자 팔찌는 성범죄자의 위치와 심장 박동수가 갑자기 빨라지는 등의 이상 징후를 경찰에 즉각 통보하는 기능을 가지고 있다. 물론 전자 팔찌가 아니라도 누구나 지니게 된 현대인의 필수품인 휴대 전화를 소지한 사람은 자신의 위치가 항상 GPS를 통해서 노출되어 있는 셈이다.

영화 〈투르먼 쇼〉에 나오는 주인공 투르먼은 시청자(감시자)들이 자신을 지켜보고 있다는 사실을 전혀 깨닫지 못한다. 그는 어려서부터 감시와 통제에 길들여졌기 때문에 불편함조차 느끼지 못한다. 어느 날부터 이상한 일들이 가끔씩 발생한다. 투르먼 쇼 프로그램을 만드는 제작진과 배우들의 실수 때문이다. 투르먼은 결국, 모든 사실을 알게 된다. 자신이 태어나면서부터 지금까지 모든 인생이 24시간 생중계되고 있었다는 것을. 전 세계인들이 자신이 태어나면서부터 지금까지 일어난 모든 일을 TV를 통해 지켜보고 있었다는 것을 알게 된 것이다. 그리고 자신의 가족을 포함한 모든 이들, 즉 아내, 거리의 사람들, 상인들, 직장의 직원들, 친구들이 모두 다 배우였다는 것도 알게 된다. 자기 자신만 모르고 있었던 것이다.

권력의 감시를 받는 개인들은 쉽게 길들여진다. 아니, 자신이 감시를 받고 있으며 길들여지고 있다는 사실 자체를 인식하지 못한다. 투르먼 식으로 길들여진 개인이 감시와 통제를 벗어나고자 하는 일은, 매우 두렵고 고통스러운 일이다. 마치 새장 속의 새가 새장 밖으로 나가 자유롭게 살려 할 때 겪게 되는 두려움과 마찬가지다. 투르먼이 자신을 감금하고 있었던 스튜디오를 벗어나려 할 때 총감독은 그에게 말한다. "지금 이 밖을 나가면 이 씨헤븐보다 더한 고통이 뒤따르고, 모든 책임은 그대가 지어야한다."

지금 이 순간에도 공익이라는 미명 하에 개인의 프라이버시권은 심각하게 훼손되고 있다.

03

자본주의 사회에서 공동선의 추구가 왜, 필요한가?

서울에서 젊은이들이 많이 모이는
H 대학 앞 거리에 가면 대학생으로
보이는 젊은이들이 길거리에서
자신이 만든 액세서리나 간단한 옷
혹은 생활 소도구 등을 싸게 팔고 있다.
그런 이들이 의외로 많다.
이 젊은이들이 파는 것들은 공장에서
만든 것보다 정교하지는 못해도
나름대로 세련된 제품들이다.
이들은 들고 나온 것은 대부분 원재료를
D 시장 등에서 매우 싸게 구입하여 조립한 것들이다.
파는 가격에 비하면 원가는 거의 들지 않은 것들이다.
하지만 원재료 값이 100원인데 조립하여
1,000원에 팔았다고 해서 그들을 사기꾼,
혹은 도둑이라고 생각하는 사람은 없다.
이윤으로 남게 된 900원 속에는 그 젊은이의
노동력이 포함되어 있기 때문이다.
이 젊은이들은 자본주의적 사고를 가진 이들이다.

자본주의란 무엇인가?

이 젊은이들 중 일부는 자기가 만든 제품이 잘 팔려 좀더 크게 일을 벌려 보고 싶을 것이다. 그는 은행에서 얼마간의 돈을 빌려 공장으로 사용할 작은 사무실을 임대하고, 구인 광고를 내서 일할 사람을 구할 것이다. 물론 그들에게는 임금이 지급될 것이다. 사장이 된 이 젊은이는 원재료비와 사무실 임대료, 그리고 노동자의 임금을 지급하고도 많은 이윤을 남기게 될 것이다. 사실 그가 가지게 된 이윤은 노동자들이 창출해 낸 것이다. 이 회사의 총매출을 노동자 수로 나눈다면 노동자 1인당 생산액이 나올 것이다. 그런데 노동자 한 사람이 한 달에 만 원을 벌어들였는데, 사장은 그에게 오천 원을 임금으로 지급했다면, 그 나머지 오천 원은 누가 가져갔겠는가? 노동자들은 자신이 받은 임금액 이상의 가치를 창출하고 있음이 분명하다. 즉, 자신이 받은 임금보다 훨씬 많은 생산을 하여 '잉여 가치(剩餘價值)'를 만들어 내고 있다. 사장은 도둑이다. 남이 가져야 할 이익을 빼앗아갔으니 말이다.

그런데 자세히 들여다보면, 그 회사에서 일하는 노동자들 역시 자신의 노동력을 팔아 이윤을 추구하는 사람들이다. 그들이 가진 상품은 바로 노동력이다. 그들은 노동력 이외에 토지나 자본 같은 고품질의 생산 수단을 소유하지 못한 이들이다. 노동력이라는 상품의 가치는 사람마다 다르다. 결국 사장이든지 노동자든지 상품 생산을 통해 최대의 이윤을 추구하고 있는 곳이 바로 공장이요, 기업이다. 이러한 일이 매우 조직적이고, 합법적으로 이뤄지는 곳이 바로 자본주의 사회다.

자본주의라는 말은 보통 이윤 획득을 위한 상품 생산을 의미하기도 하고, 사회주의적 계획 경제에 대하여 사유 재산제에 바탕을 둔 자유주의 경제라는 뜻으로도 쓰인다. 다시 말하면 상품 생산을 통한 이윤 추구가 합법적인, 유통 경제 조직을 말한다.

자본주의의 가장 중요한 특징은 사유 재산을 인정한다는 것이다. 사유 재산제라는 것은 경제 주체가 경제적 가치를 취득하고 사용하며 처분할 수 있는 권리가 있다는 것을 인정하는 제도다. 그리고 생산 수단을 국가가 소유하는 공산주의와는 달리 자본주의 제도 하에서는 사적 소유가 가능하다. 한편 마르크스(K. H. Marx)는 자본주의의 특징을 "이윤 획득을 목적으로 상품 생산이 이루어진다는 점, 노동력이 상품화된다는 점, 생산이 무계획적으로 이루어진다는 점" 등이라고 말했다.

시장의 자율적 기능, '보이지 않는 손'

A씨는 부동산 중개업소에 찾아가 아파트를 한 채 구입하려고 한다. 중개인에게 물어 보니, 집이 몇 채 나와 있었다. 이사철이 아니

어서 집을 구하는 사람도 별로 없다 한다. A씨는 팔려고 내놓은 집들 중에서 가장 싼 것을 살 수도 있었지만 한두 달을 더 기다려 보기로 했다. 다행히 집을 찾는 사람은 거의 없었고 팔려는 사람은 더 늘어났다. A씨가 다시 중개업소를 찾아갔을 때, 집주인들은 이미 가격을 더 내려놓은 상태였다. A씨는 아주 좋은 조건에 집을 싸게 사들였다. 얼마 후 이 아파트 근처에 지하철역이 생겨 교통이 편리해지자, 집을 사려는 사람이 많아졌다. 집주인들은 내놓았던 매물을 거둬들였다. 사려는 사람은 많은데, 팔려는 사람은 없었다. 팔려고 이미 마음먹었던 사람들도 더 가격이 오르면 내놓으려고 기다렸다. 가격이 무척 올랐다.

이 경우 이 집의 가격을 누가 결정했는가? 집주인인가? 사려는 사람인가? 아니면 중개인인가? 집주인이 비싸게 내놓는다고 거래가 되었을까? 가격을 결정한 것은 집을 사려는 수요와 팔려는 공급 사이의 줄다리기 끝에 시장이 스스로 결정한 것이다. 애덤 스미스(Adam Smith)는 이러한 시장의 자율적 기능을 '보이지 않는 손'이라고 표현하였다. 그리고 그는 시장의 자율성을 최대한 존중하여야 한다고 믿었다.

애덤 스미스는 1776에 출판된 그의 저서 《국부론》에서 정부의 간섭 없이, 즉 정부의 행위를 재산권의 보호에만 국한시키고 경쟁적인 시장이 자유로이 스스로 기능할 수 있도록 한다면 매우 효율적이고 조화로운 경제 체제가 이루어질 수 있다고 하였다. "우리가 저녁을 기대할 수 있는 것은 백정이나, 술 만드는 사람이나, 빵 굽는 사람들의 자비 때문이 아니라 그들 스스로 자신의 이익을 추구하기 때문이다." 스미스가 한 이 말은 개인이 이기적으로 물질적 이득을 추구하도록 허용한다면 '보이지 않는 손', 즉 시장이 개인을 사회적으로 바람직한 방향으로 행동하게 한다는 것이다. 시장은 소비자가 원하는 생산물을 원하는 양만큼 생산하게 하고, 재화 생산을 가장 효율적인 방법으로 수행하도록 한다.

스미스는 완전 자유 시장 경제 체제를 선호하였다. 또 정부의 간섭을 반대하였다. 시장은 '이기심'과 '경쟁'을 이용하여 매우 적절하게 국가의 부(富)를 증대시킨다. 경쟁적인 시장에서 가장 효율적으로 자원이 배분된다. 시장에서 더 이상 수요가 생기지 않는다면 그 상품은 공급을 줄이다가 사라질 것이며, 새로운 수요는 새로운 공급을 낳을 것이다. 인간은 본성적으로 이기적이고 냉정하며 계산적이기 때문에 그 이기심을 시장은 잘 이용하여 국가의 부를 키워나간다.

공익을 목적으로 사는 사람은 매우 드물 것이다. 사관학교에 가서 군사 기술을 습득하여 국민의 생명과 재산을 지키겠다는 사람도 사실은 직업 군인의 사회적 지위와 보수 등이 매력적이어서 개인에게 크게 이득이 되기 때문에 그 길을 선택했을 가능성이 높다. 선택의 과정에서 공익보다는 개인의 이기심이 더 크게 작용한 것만큼은 분명해 보인다. 하지만 국가적으로 볼 때, 그 이기심이 결국 국민의 생명과 재산을 지키는 일이 된다. 국가에 이익이 되는 것이다.

만약 어떤 개인이 출세하기 위해 밤낮을 가리지 않고 신제품을 만들고, 그 제조 기술을 터득했다고 하자. 결국 그는 임금이 인상되고 승진하여 지위도 높아질 것이다. 물론 그는 개인적 이익을 위해 노력하였다. 하지만 그의 노력은 국가에도 크게 이익이 된다. 그동안 수입에 의존했던 것을 국내에서 생산하게 되고, 그 제품을 수출까지 하게 되어 국가의 부가 크게 증대되었기 때문이다. 이처럼 개인의 사적인 이익 추구 과정에서 효과적으로 공익이 증진되는 경우가 자유 시장 경제 체제에서는 흔히 발생한다.

노동은 지금 위기인가?

자본주의는 상품 생산을 통해 합법적으로 이윤을 추구하는 제도다. 그런데 상품을 생산하기 위해서는 자본과 노동이 필요하다. 자본가는 제품을 생산하기 위해 노동자의 노동력을 임금을 주고 구입한다. 자본가에게 노동자의 노동력은 하나의 상품으로 인식된다. 그런데 노동력은 매우 특수한 상품이라 할 수 있다. 노동자는 자신의 가치를 넘어서는 잉여 가치를 만들어 내기 때문이다. 말하자면 노동력은 잉여 가치의 원천인 셈이다. 노동력은 자연을 가공할 수 있는 잠재적 능력이다. 이 잠재적 능력을 실제로 발휘하는 일이 노동이다. 노동자는 이 노동력을 보유한 사람이다. 노동자는 그 노동력을 자신의 소유로 인정받는다는 점에서 고대의 노예와 다르다. 노동자는 자본가에게 자신의 노동력을 상품으로 판매한다. 그 대가는 임금이다. 노동자가 노동력을 제공하여 임금을 받는 경제 체제가 바로 자본주의의 특징이다.

노동이 상품의 잉여 가치를 만들어 낸다. 자연 상태의 원재료를 형태를 바꾸어 그 본래의 가치보다 더 큰 가치를 만들어 내는 것이 노동 활동이다. 자본가는 이미 그 노동력을 임금을 주고 샀기 때문에 그 노동이 만들어 낸 잉여 가치를 가질 권리를 갖는다.

자본가가 원재료를 구입하는 데 100원을 썼다고 하자. 그 재료를 가공하여 상품으로 만든 노동자에게 300원의 임금을 지급한다. 그 상품이 시장에서 1,000원에 팔렸다고 하자. 그렇다면 노동자는 600원의 잉여 가치를 만들어 낸 것이다. 그 잉여 가치인 600원은 당연히 자본가가 가져간다. 그 이유는 자신이 산 노동자의 노동력으로 만들어 낸 가치이기 때문에 그의 소유가 되는 것이다. 자본주의 제도에서는 자본가가 그 600원을 가져가는 것은 당연한 일이다.

그런데 마르크스는 《자본론》을 통해 자본가가 노동자의 잉여 가치를 착취한 것이라고 주장하였다. 이는 근대 자본주의 사회가 고대 노예제 사회에서 노예의 잉여 가치를 착취한 것과 크게 다르지 않다고 본 것이다. 그 착취 방식만 달라졌을 뿐이라는 것이다.

노동자는 다른 생산 수단을 가지지 못했기 때문에 자신의 노동력을 팔아 살아간다. 그나마 임금을 받아 안정되게 살아가는 것만 해도 다행이다. 그 노동자의 노동력은 자신의 육체에서 나온 것이다. 따라서 노동자가 가장 귀중하게 생각하는 것은 자신의 몸이다. 자신의 몸은 노동력의 원천이기 때문이다. 그런데 몸이 상해서 더 이상 노동 행위를 할 수 없게 된다면 어떻게 될까? 그가 유일하게 지닌 생산 수단을 잃게 되는 것이다. 그렇게 되면 그 자신은 물론 가족까지도 삶을 영위할 수 없게 된다. 혹은 다른 이유로 더 이상 자신의 노동력을 팔 수 없게 되었을 때, 그의 삶은 거기서 멈추게 되는 것이다.

한편, 비정규직 노동자의 경우 비록 당장에 노동력을 팔고는 있지만, 불안정한 고용 형태로 인하여 생활의 안정을 기할 수 없다. 비정규직 노동자는 한시적 근로자 또는 기간제 근로자, 단시간 근로자, 파견·용역·호출 등의 형태로 근무하는 노동자 등 고용이 불안정한 상태에 있는 근로자를 말한다. 2003년 8월 통계청이 실시한 경제 활동 인구 조사에 의하면 비정규직은 전체 근로자의 36.6%인 548만 3천 명에 이르고 있다. 이는 1997년 외환 위기 이후 기업들이 구조 조정을 쉽게 하기 위해 비정규직 노동자를 늘려왔기 때문이다. 게다가 비정규직 노동자는 정규직에 비해 임금 수준이 61.3%에 불과하며, 각종 사회 보험 가입률도 저조하여 기업들은 정규직 노동자보다는 언제든지 정리 해고가 가능한 비정규직 노동자를 선호하게 된 것이다.

비록 정규직 노동자라 하더라고 고용이 안정되어 있는 것은 아니다. 일본의 도요타 자동차 회사처럼 평생 고용이 보장된 회사는 이제 찾아보기 힘들다. 일본도 장기 불황에서 탈출하기 위해 '평생 고용제'를 포기한 상황이다. 우리 사회 일각에서는 '사오정'(45세가 정년퇴직), '이구백'(20대의 90%가 백수), '십장생'(10대들도 장차 백수를 생각해야 한다), '낙바생'(낙타가 바늘구멍 통과하기보다 어렵게 취업한 학생) 등의 신조어가 유행하고 있다. 30, 40대에 아무런 준비가 없이 실직을 당한 가장은 범죄를 일으키거나 자살 혹은 가정을 떠나기도 한다.

제레미 리프킨(Jeremy Rifkin)은 《노동의 종말》에서 미래에는 고도로 발달한 기계와 컴퓨터에 의해 인간의 노동력이 더 이상 필요 없게 되는 세상이 올 것이라고 예언했다. 소수의 뛰어난 두뇌들, 즉 물리학자, 컴퓨터 공학자, 고도의 기술자, 생물학자, 경영자 등 우수 두뇌의 집약적 노동만으로도 충분하기 때문이다. 인류 10%만의 노동으로 충분한 세상에서 나머지 90%는 실업 상태에서 하는 일 없이 무료하고 비참하게 살아갈 것이라고 예고했다.

노동자에게 유일한 생산 수단인 노동력을 팔 수 없는 상황은 곧 죽음을 의미하는 것이다. 그래서 최장집 교수와 같은 진보적 학자들은 노동 없는 경제, 시장의 발전은 무의미하다고 주장하고 있다.

자본주의 사회에서 왜, 공동선이 필요한가?

자본주의 사회는 개인의 '이기심'으로 남이 만들어 낸 잉여 가치를 빼앗고, 공익보다는 자신의 이익을 추구하는 것이 합법화된 제도이다. 그리고 자신의 이익을 취하기 위해 자유 경쟁이 보장된 체제이다. 자유 경쟁 체제에서 타인의 이익을 빼앗기 위해서 이뤄지는 활동은 비도덕적 행위일 때가 많다. 게다가 자신의 이익을 위해 돈이 된다면 그 무엇이든지 상품으로 만들어 팔 수 있다.

자본주의 사회에서는 돈이 된다면 영혼이라도 팔 수 있다는 사람들이 생긴다. 어떤 부부는 자신들의 성행위를 동영상으로 촬영하여 인터넷에 올려놓고 유료로 감상할 수 있게 했다. 그들은 계속해서 여러 편의 동영상을 제작했다. 이유를 묻는 경찰관에게 이들은 '생활비'를 벌기 위해서라고 대답했다. 살인 청부업자들은 돈을 받고 살인을 대행해 주는 사람들이다. 그들이 극악무도한 범죄를 저지르는 이유도 돈을 벌기 위해서다. 한때, 인터넷 자살 사이트가 사회적 물의를 일으킨 적이 있다. 이 사이트의 운영자들은 돈을 받고 자살을 도와주는 일을 했다.

1988년 서울 도심에서 연쇄 인질 강도 사건을 벌인 지강헌은 '유전무죄(有錢無罪), 무전유죄(無錢有罪)'라는 유명한 말을 남기고 자살했다. 그가 경험한 사회는 돈이 있으면 무죄고, 돈이 없으면 유죄인 세상이었다. 그래서 사람들은 돈을 얻기 위해 수단과 방법을 가리지 않는 모양이다. 민주노동당의 노회찬 의원은 '유전무죄, 무전유죄'를 입증하는 자료를 내놓았다. 2002년 1월부터 2005년 8월까지의 서울 중앙지법의 횡령 사건 판결문 461건을 정밀 분석한 결과, 배달원과 종업원 34명의 평균 횡령액은 636만 원이고, 실형을 산 사람은 15명(44.1%)에 이르는 반면, 기업체 대표 이사급 83명의 평균 횡령액은 46억 원에 달하는데도, 실형을 산 사람은 28명(33.7%)에 불과한 것으로 나타났다.

노 의원은 "비디오 방에서 일하는 강씨는 21만 원 및 카메라 폰 1대(시가 40만 원짜리를 중고업자에 1만 원에 매도)를 생활비 및 유흥비로 소비한 죄로 징역 8개월에 처해졌고, 중국집 배달원 정씨는 음식대금 773,550원을 생활비로 소비한 죄로 징역 10개월에 처해"진 것 등이 무전유죄의 대표적 사례라고 주장했다. 반면 "공적 자금 수천억 원이 투입된 현대전자산업(현 하이닉스 반도체)으로부터 227억 원 및 146억 원을 횡령한 두 대표 이사는 기업의 관행, 고(故) 정몽헌 회장의 지시에 따른 것 등의 이유로 집행 유예 처분을 받았고, 회사 정리 절차에 있던 한신공영을 인수해 340억 원을 횡령한 대표 이사는 실형 전과(實刑前科)가 없고 범행을 자백했다는 등의 이유로 집행 유예 처분을 받았다."는 것이다.

자본주의 사회의 '이기심'은 능력주의로 위장되어 있다. 그리고 근본적으로 불평등 경쟁 체제에서 끊임없는 착취가 일어날 수 있다. 경쟁 체제에서 각자가 자신의 이익을 위해서 노력하다 보면 국가의 부가 증대된다는 스미스 식의 자본주의는 결국 그 사회를 타락하게 만들고 말 것이다. 심판 없이 벌어지는 불공정한 게임인 것이다. 결국 공익적 차원의 '공동선'을 추구하고 정부가 그 일을 주관하는 일은 자본주의 사회의 타락을 막고 바람직한 사회로 발전할 수 있는 유일한 길이기도 하다. 정부가 사회 복지에 힘쓰고, 자본가나 기업이 사회적 책무를 실천해야만 건전한 자본주의 제도가 그 사회에 정착될 수 있다.

기출문제 둘러보기

2006 한국외대 정시 |

제시문 (가)의 관점에서 제시문 (가)의 입장을 논하고, 제시문 (나)의 문제점도 포함하여 500자 내외로 논술하시오. 제시문 (나)의 입장을 실현시킬 수 있는 구체적 방안들에 대해 400자 내외로 논하시오.

제시문 (가)

1-1 〈생략〉 인간은 항상 동료의 도움을 필요로 하는데, 이것을 오직 동료의 자비에만 기대하는 것은 불가능하다. 이렇게 하는 것보다는 오히려 자기의 이익을 위해 동료의 이기심을 자극하고 자기의 요망 사항을 들어주는 것이 그들 자신의 이익이 된다는 것을 보여 주는 것이 훨씬 낫다. 타인에게 어떤 종류의 거래를 제의하는 사람은 누구든지 그렇게 하려고 한다. 내가 원하는 것을 나에게 주면, 너는 네가 원하는 것을 가지게 될 것이라는 것이 이러한 모든 제의가 의미하는 바다. 그리고 이러한 방법으로 우리는 우리가 필요로 하는 호의의 대부분을 상호간에 얻어낸다. 우리가 식사할 수 있는 것은 정육점 주인, 양조장 주인, 빵집 주인의 자비에 의한 것이 아니라 자기 자신의 이익에 대한 그들의 관심 때문이다. 우리는 그들의 인간성에 호소하지 않고 그들의 이기심에 호소하며, 그들에게 우리 자신의 필요를 이야기하지 않고 그들의 이익을 이야기한다.

—애덤 스미스, 《국부론(國富論)》

1-2 이 세상 사람들 모두가 자기 나름대로의 이익만을 추구한다면, 우리 사회는 마치 신호등이 고장나 버린 고속도로 인터체인지처럼 혼란스럽게 되어 버리지 않을까? 각자의 이해관계

가 부딪칠 때 우리는 자동차들의 연쇄충돌 소리를 듣게 되는 건 아닐까? 교통 정리하는 경찰관 없이는 도로가 안전할 수 없듯이 중앙에서 경제 활동을 계획하고 통제하는 사람 없이 사회가 존속해 나갈 수 있을까?

그렇다. 그냥 생존만 하는 게 아니라 그 어떤 중앙 경제 기획 체제를 가진 사회보다 훨씬 더 번영하고 발전해 나갈 것이다. 더욱 놀라운 것은 이런 사회야말로 투철한 박애심에 기초한 사회들보다 생산량은 물론이요 사회적 화합이나 단결과 같은 측면에서도 앞선다는 사실이다.

—토드 부크홀츠, 《죽은 경제학자의 살아있는 아이디어》

제시문 (나) 살펴보건대 혼란은 어디에서 일어나고 있는가? 서로 사랑하지 않는 데서 일어나는 것이다. 〈중략〉 대부(大夫)들이 서로 남의 집안을 어지럽히고 제후들이 서로 남의 나라를 공격하는 데서도 역시 그러하다. 대부들은 각기 그의 집안은 사랑하면서도 다른 집안은 사랑하지 않는다. 그래서 다른 집안을 어지럽혀 자신의 집안을 이롭게 한다. 제후들은 각기 자신의 나라는 사랑하면서도 다른 나라는 사랑하지 않는다. 그래서 다른 나라를 공격하여 그의 나라를 이롭게 한다. 천하를 어지럽히는 것들은 모두 여기에 원인이 있다. 이것이 어디에서 일어나는가를 살펴보면 모두가 서로 사랑하지 않는 데서 일어나는 것이다.

—묵자, 《겸애(兼愛)》

대한민국에는 노블레스 오블리주가 없다?

노블레스 오블리주(noblesse oblige)란 높은 사회적 신분에 상응하는 도덕적 의무를 말한다. 세계적인 갑부들이 자신이 번 돈을 사회에 환원하는 것도 그들의 도덕적 의무를 다하는 일로 볼 수 있다. 수해 복구 혹은 빈민 구제 등의 일에 상류 계층이 앞장서는 일 또한 그들의 도덕성을 보여 주는 사례로 볼 수 있다.

노블레스 오블리주하면 미국의 카네기 혹은 빌 게이츠 등이 생각난다. 세계 최고 갑부 마이크로소프트 사의 빌 게이츠는 은퇴 후 자선 사업에 전념하기로 했다고 한다. 그는 "나의 우선순위를 재조정하는 것"이라면서 "부를 사회에 되돌려 줄 큰 책임이 있고, 또 최선의 방식으로 돌려줘야 한다고 믿는다."고 했다.

우리나라 재벌들이 국민들에게 얼마큼 존경받고 사랑받고 있는지를 생각해 보게 된다. 우리나라는 옛날부터 청렴을 최고의 도덕적 가치로 생각해 왔다. 세종 때의 명재상인 황희(黃喜) 정승은 18년간 영의정을 했으면서도 작은 초가집에서 살았으며, 의관이 단 한 벌밖에 없었다고 한다. 의관이 다 마르지 않았는데 임금이 부르시자 의관이 젖은 채로 입고 나갔다고 한다. 그리고 '사방 백 리 안에 굶어 죽는 사람이 없게 하라.'는 경주 최부자 집 가훈은 지금도 유명하다.

그런데, 자본주의가 고도화된 지금, 우리나라의 기득권층에게는 그러한 도덕성을 찾아볼 수가 없다. 정치인들의 자녀 병역 비리, 이중 국적 문제, 해외 원정 출산, 공직자 비리 문제 등 '있는 사람이 더 한다.'는 소리를 듣기 딱 좋다.

대한민국의 상위 1%는 명품을 일상 용품처럼 사용하면서 자녀들을 위해 돈을 아끼지 않는다. 그들은 자녀를 신귀족으로 키운다. 7~8일 간의 해외 체험 캠프의 참가비는 1,000만 원을 넘는다고 한다. 그들은 5~6세의 자녀들을 고가의 캠프에 참여시킨다. 그들의 자녀들은 국내에 있지 않다.

노블레스를 꿈꾸는 자들만이 국내에서 그들을 모방하고, 그 위치에 오르려고 기를 쓰고 있다. 하지만 노블레스들과 노블레스를 꿈꾸는 자들에게 오블리주는 교육하지 않는다. 한국이라는 국가 안에 그들만의 세계를 만들어 가고 있는 것은 참으로 안타까운 현실이다.

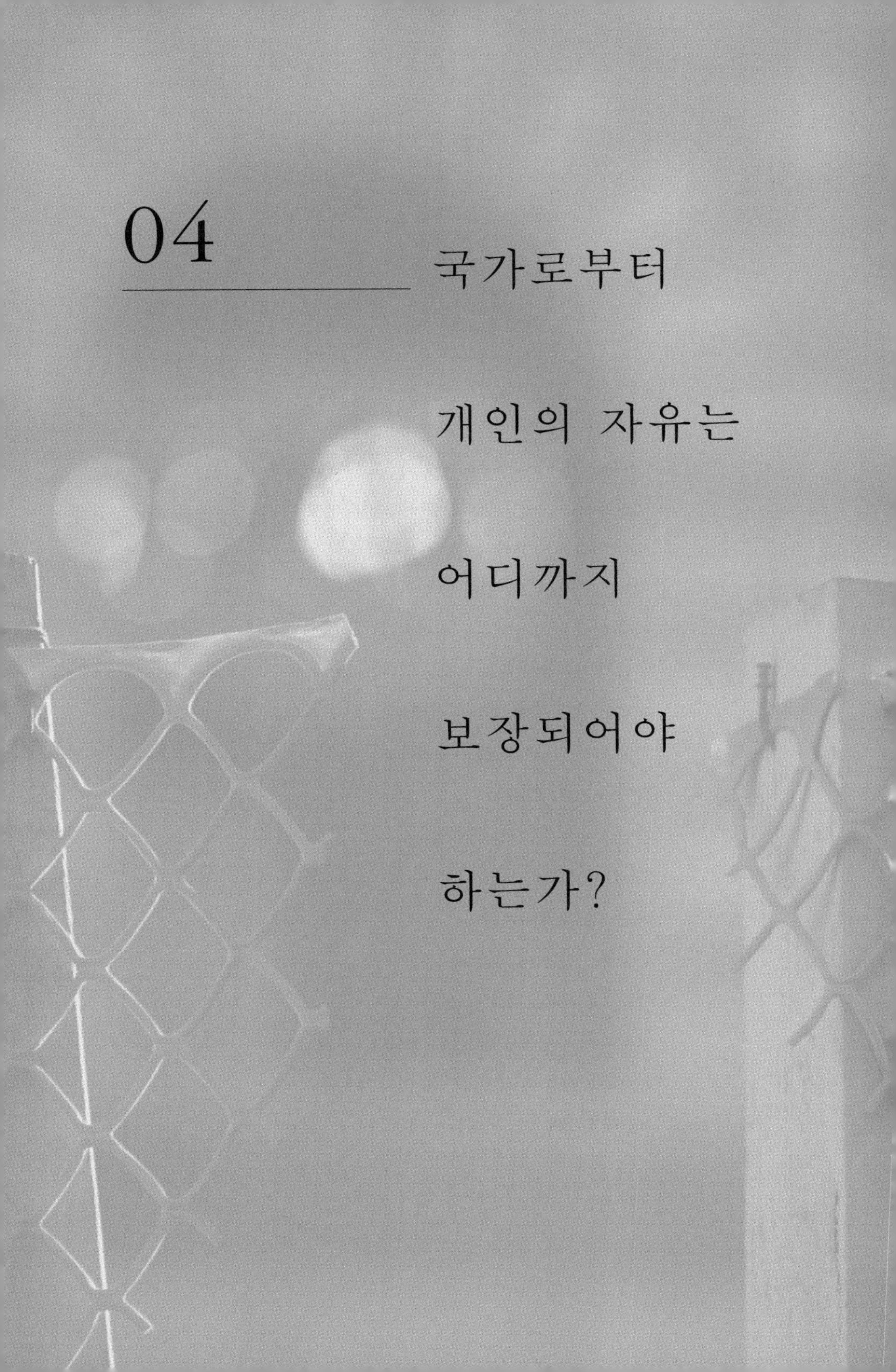

04

국가로부터 개인의 자유는 어디까지 보장되어야 하는가?

사르트르(J. P. Sartre)는

"인간은 자유롭도록 저주받았다."고 말했다.

인간에게는 자유를 선택할 권리가 없다는 뜻이다.

또한 인간은 당연히 태어나면서부터

자유롭도록 선고를 받았으며

자유 안에 던져져 있다는 의미이다.

우리가 자유를 선택할 권리는 없다는 말인가.

구속된 상태, 혹은 억압을 선택할

자유 역시 있어야 진정 자유롭다고

말할 수 있지 않을까?

시인 한용운은 그의 시 〈복종〉에서

"남들은 자유를 사랑한다지마는

나는 복종을 좋아하여요.

복종하고 싶은 데 복종하는 것은

아름다운 자유보다도 달콤합니다.

그것이 나의 행복입니다." 라고 했다.

복종하고 싶을 때 복종하는 것 역시 자유다.

그런데 인간에게는 이러한 선택의 자유가 없다.

진정한 자유는 무엇인가?

세계 인권 선언문 제 1조에는 "모든 사람은 날 때부터 자유롭고 동등한 존엄성과 권리를 가지고 있다."고 규정하고 있다. 이 규정에 의하면 인간이 자유롭고, 존엄성과 권리를 가지게 되는 근거는 바로 그가 인간이기 때문이다. 다시 말해 인간에게는 그 누구도 그것을 거부할 자유가 없다. 인간은 존재 자체가 자유이며, 자유가 존재하지 않는 한 인간 역시 존재하지 않는다. 자유를 부정할 자유가 인간에게는 없기 때문에 사르트르(J. P. Sartre)는 "인간은 자유롭도록 저주받았다."고 말한 것이다.

자유롭다는 것은 궁극적으로 좋은 것이다. 내가 무슨 일을 하고 싶을 때, 그것을 막는 강제가 없기 때문이다. 내가 여행을 가고 싶을 때 누구도 그것을 막지 않는다. 내가 친구를 만나고 싶을 때 만날 수 있고, 내 생각을 누구에게나 말하고 싶을 때 말할 수 있는 것이 자유다. 내가 영화 보고 싶을 때 영화 보고, 게임하고 싶을 때 게임할 수 있어야 한다. 이상적으로 말하면 내가 무엇이든지 하고 싶을 때, 할 수 있는 상태가 곧 자유라고 할 수 있다. 심지어는 누구인가를 폭행하여 내 기분을 풀 수도 있어야 자유롭다고 할 수 있다. 따라서 자유라는 것은 '장애나 속박으로부터의 자유'를 의미한다고 볼 것이다.

구소련 공산당은 인간에게 '자유'가 어떤 의미인가를 알아보는 실험을 했다고 전해진다. 소련 인구의 1% 정도에 해당하는 인원으로 구성된 정치범들에게 토지를 분배하고 자유롭게 농사지어 수확한 것을 가지게 했다고 한다. 그런데 이 1%의 인원이 소련 전체 농업 생산량의 27%를 생산했다고 한다. 국가가 통제하는 것이 얼마나 비효율적인가를 잘 보여 주는 사례이다. 국가와 같은 거대한 조직이나 단체로부터 구속받지 않는 상태여야 진정한 의미의 자유라고 할 것이다.

그렇다면 개인은 국가로부터 얼마만큼 자유로워야 하는가. 존 스튜어트 밀(John Stuart Mill)도 《자유론》에서 "다른 사람에게 해만 끼치지 않는다면 개인의 자유는 절대적으로 보장되어야 한다."는 말로 자유가 가능한 최대여야 한다고 주장했다. 물론 국가가 개인의 자유를 보장하여야 하는 것은 당연한 의무이지만 국가는 다른 사람에게 해를 끼치지 않는 범위 안에서 개인들이 자유를 행사할 수 있게 통제해야 할 의무도 지니고 있다.

마키아벨리(N. Machiavelli) 역시 《군주론》에서 "목적을 위해서는 수단과 방법을 가리지 말라."고 말했다. 그는 규율이 없이 지나치게 자유를 허용하여 파멸한 국가나 집단을 예로 들면서 전체의 행복을 위해서는 개인의 자유는 어느 정도 제한하여야 한다고 주장하였다.

무제한의 자유를 허용한다는 것은 역설적으로 아무도 자유로울 수 없다는 것을 의미한다. 생각해 보라. 누구든지 하고 싶은 대로 하여 남의 자유를 침해한다면 결국 자유로운 사람은 아무도 없게 될 것이며, 또한 강자는 더 많은 자유를 가질 것이고, 약자는 자유를 잃고 희생되어 매우 불평등한 사회가 되고 말 것이다. 이에 따라 현대 국가들은 국민의 자유를 법으로 제한하고 있다.

자유는 감당할 수 없을 만큼 무거운 짐인가?

존 스튜어트 밀은 "자유는 정치적 지배자가 휘두르는 폭압에 대한 보호"를 의미한다고 했다. 그리스 시대의 대중적 정부의 일부 지도자를 제외하고는, 지배자들은 항상 지배받는 백성들과 필연적으로 적대적 입장이었다. 한 개인 혹은 한 종족이나 어떤 신분 계급으로 구성된 지배 집단들은 그들의 권위를 세습이나 정복의 방법을 통해서 획득한 것이었지, 어떠한 경우에도 피지배자의 의사에 따라서 획득한 것은 아니었다. 따라서 적대적인 관계에 있는 지배자가 휘두르는 폭압에 대해 피지배자들은 보호를 받아야만 했고, 그것을 얻기 위해 투쟁해야만 했다. 그 보호 장치가 바로 자유다.

그런데 현대인들은 이러한 물리적 억압으로부터 신체적 자유를 얻기 위해 정신적 자유를 포기하는 경향이 있다고 에리히 프롬(Erich Fromm)은 주장한다. 작은 것을 얻기 위해 큰 것을 버린다는 것이다. 일제 치하에서 우리나라에 많은 친일파들이 등장했던 것도 그런 이유에서였다.

프롬은 《자유로부터의 도피》에서 우선 '대체 자유란 무엇인가'에 의문을 가진다. 그리고 사람들로 하여금 자유를 위하여 싸우게 하는 사회적 및 경제적인 요인은 무엇인가에 의문을 품는다. 동시에 자유라는 것이 감당할 수 없을 만큼 큰 부담이 되어 사람들이 그것으로부터 도피하려 하는 일이 과연 있을 수 있는가 라고 묻는다. 그러면서 인간에게는 자유에 대한 본유적(本有的)인 욕망 이외에 다른 사람에게 복종하려는 본능적인 욕구가 있는 것은 아닐까라고 생각했다. 왜냐하면 파시즘이 위대한 여러 나라의 국민을 매혹시켜 그들을 어떻게 복종하게 만들었는가가 풀리지 않는 숙제였기 때문이었다. 프롬은 이것을 신체적 자유, 즉 신체적 구속으로부터의 자유를 얻기 위해서 정신적 자유를 포기한 경우라고 생각하였다. 그리고 이러한 상태를 '자유로부터의 도피'라고 명명하였다.

프롬은 '자유로부터 도피'하는 원리로 권위주의, 파괴성, 자동순응성이 있다고 말했다. 사람들은 감당할 수 없는 자유라는 무거운 짐으로부터 벗어나 개인적 자아의 독립을 포기하고, 개인적 자아에 결여된 힘을 얻기 위해 자기 외부의 어떤 사람이나 사물에 그 자신을 융합시켜 가고자 하는 성향이 있다는 것이다. 즉 압도적으로 강하다고 느끼는 인물이나, 힘에 복종하고자 한다는 것이다. 다시 말하면 자유로부터 도피하여 권위주의에 기대려한다는 것이다.

사람들은 권위주의 체제가 승리를 거두자, 그 광기는 머지않아 곧 몰락할 것이라고 생각했다. 하지만 그것은 명백한 오류였다. 많은 사람들은 자유를 위하여 싸운 것과 같은 열성으로 자유를 포기했으며, 자유를 찾는 대신 그로부터 도피하는 길을 찾았고, 자유를 지키는 것이 목숨을 걸고 싸워야 할 만큼 가치 있는 것이라고 믿지 않았다.

한편, 외부 세계에 있는 사물의 압도적인 힘에 의해 억압받지 않으려면 외부 세계를 파괴하는 방법이 있다. 이 '파괴성'은 외부 세계의 압박에서 자기를 구제하는 거의 자포자기적인 최후의 시도로 볼 수 있다.

또 다른 원리는 '자동 순응성'이다. 즉, 억압을 느끼지 않게 자기 자신이 스스로 변하는 것이다. 그 억압에 자동으로 순응함으로써 환경에 적응하고 완전히 받아들이게 되면, '나'와 외부 세계와의 갈등은 사라지고, 고독과 무력함을 두려워하는 의식도 사라지게 된다. 이것은 어떤 동물들에 나타나는 일종의 보호색 같은 것이다. 이때 '나'가 지불해야 하는 대가가 바로 '자아의 상실'이다.

에리히 프롬은 사람들이 자유로부터 도피하려는 이유는 자유가 개인이 감당하기에는 너무 무거운 짐이었기 때문이라고 말한다. 자유는 역사적으로 볼 때, 저절로 주어진 것이 아니라 목숨을 걸고 투쟁하여 쟁취한 것이었기 때문에, 개인이 목숨을 걸만큼 자유가 숭고한 가치인가에 의문을 가진 경우도 상당히 많았을 것이다. 결국 그들은 신체의 자유를 위해 정신의 자유를 포기하고 말았을 것이다. 자유는 그렇게 개인이 감당하기에는 너무나 무거운 짐이었던 것이다.

자유는 소극적이어야 한다고?

국가가 강하면 국민의 자유를 짓밟고, 국가가 약하면 국민을 멸망하게 한다고 했다. 개인의 자유를 제한하고 있는 조직이 국가이다. 개인은 국가로부터 속박받지 않고 자유를 추구하려 한다. 그렇게 볼 때, 완전한 자유 상태라는 것은 국가로부터 온전히 벗어나는 것을 의미해야 할 것이다. 그렇다면 무인도에 표류하게 되었다가 28년 만에 돌아온 로빈슨크루소는 국가에서 벗어나 무인도에서 혼자 지내는 동안 가장 자유로운 상태였다는 말인데, 그 자유를 버리고 고향에 돌아온 이유가 무엇일까?

이사야 벌린(Isaiah Berlin)은 《자유론》에서 자유의 개념을 소극적 자유와 적극적 자유로 설명하였다. 소극적 자유란 간섭과 방해가 없는 상태를 의미한다. 로빈슨크루소의 자유라고 할 수 있다. 반면 적극적 자유란 자기 자신이 주인이 되는 것으로 규정한다. 소극적 자유를 '국가로부터의 자유'라고 한다면, '적극적 자유'는 '국가에의 자유'라고 하기도 한다. 과거에 '귀족의 자유', '도시의 자유'라는 말이 의미하듯 '자유'는 특권을 의미하는 것이었다. 중세 신분제 사회 및 종교적 지배에 의한 사회를 거치면서 억압에 대한 개인의 자유가 부각되었다. 종교의 자유, 사상·신념·언론·출판의 자유, 사생활의 자유, 통신의 자유, 직업 선택의 자유 등이 주장되었고, 이러한 것들은 모두 국가(권력)로부터 보호 받아야 할 개인의 자유를 의미하는 것들로 인식하게 되었다. 이에 따라 '국가로부터의 자유'라는 말이 생겨난 것이다.

벌린은 '소극적 자유'야 말로 진정한 자유라고 생각했다. 하지만 사람들은 국가로부터 완전히 벗어나 고립된 상태에서의 자유를 원치 않는다. 왜냐하면 인간은 수많은 인간이나 사물과의 관계 속에 존재하기 때문에 무인도에 고립된 상태는 인간 존재성 자체를 말살하기 때문이다. 또한 그곳에서는 아무리 구속이 없는 상태가 되어도 자유가 무의미하기 때문이다. 따라서 사람들은 국가 안에서 자유를 얻기 위해 적극적으로 노력한다. 물고기가 물이 오염되었다고 해서 물 밖으로 나갈 수 없다면 그 물을 정화시킬 방법을 적극적으로 찾아 변화시키려고 애써야 하는 것과 마찬가지다.

하지만 한없이 소극적 자유를 누릴 수는 없는 일이다. 예를 들어 국가로부터 보호 받아야 할 나의 직업 선택의 자유가 타인의 평등권이나 생존권을 침해하게 된다고 할 때, 나의 자유를 포기할 수밖에 없는 상황도 있을 것이다. 헌법재판소에서 일반인들의 직업 선택의 자유권을 보호하기 위해 시각 장애인만이 취득할 수 있게 되어 있는 '안마사 자격증 취득 제도'를 위헌이라고 판정한 일이 있었다. 그러나 진정한 자유란 사회적 약자인 시각 장애인의 생존권을 보장해 주기 위해 일반인들이 선택할 수 있는 수많은 직업 중 하나를 포기할 수 있어야 하는 것이 아닐까?

세계의 역사는 자유의 역사다

아리스토텔레스(Aristoteles)는 자유 의지에 의한 인간의 의도적 행위를 '자유'로 보았다. '자연으로 돌아가라.'고 외쳤던 루소(J. Rousseau)는 인간이 자연 상태에서 가지는 속성이라고 주장하였다. 18세기 프랑스 유물론자들은, 우주 만물은 그 위치와 속도를 알 수 있어서 앞일을 예언할 수 있다는 관점에서, 기계론적 결정론에 의한 숙명론에 빠져 있었다. 따라서 이들은 무엇이든지 할 수 있는 상태 즉 앞일을 예측할 수 없는 개인의 자유를 부정하였다. 이에 대해 칸트(I. Kant)는 인간이 자연 존재라는 점에서는 그 행위가 인과적으로 결정된다고 보았지만, 인간은 동시에 이성적 도덕적 존재라는 점에서 자유의 주체이기도 하다고 보았다. 그리고 피히테(G. Fichte)는 '자아의 창조 활동'을 자유라고 보았다. 벤담(J. Bentham)은 자유에 대해 회의적이었다.

오늘날 우리는 국법으로 종교의 자유, 사상·신념·언론·출판의 자유, 사생활의 자유, 통신의 자유, 직업 선택의 자유 등을 당연시하고 있다. 하지만 언제부터 종교의 자유가 가능했으며, 사상의 자유가 가능했고, 직업 선택의 자유가 가능했는지 생각해 보라. 중세에 서구 유럽에도 종교의 자유는 없었으며, 우리나라 중세에도 종교의 자유는 없었다. 중세 신분제 사회에서 직업 선택의 자유는 없었다. 사농공상(士農工商)이라는 직역(職域)에 의한 신분제 사회였기 때문에, 태어나면서부터 직역이 정해져 있었다. 사상의 자유는 언제부터였을까? 과거 권위주의 정권 시절에도 사상의 자유는 완전하지 못했다. 최근 국정원의 불법 도청 사건을 통해 볼 때, 아직도 통신의 자유가 완전하다고 할 순 없다. 오늘날 당연시 되고 있는 이 자유는 자연적인 권리가 아니라 '유혈의 호수'를 건너서 얻어진 것이다. 종교적 권위나 세속적 권력에 맞서 저항하고 투쟁하여 얻어 낸 것들이다. '세계의 역사는 자유의 역사다.'

특히 사상의 자유가 결코 자연적으로 얻어진 권리가 아니란 것을 베리(J. B. Bury)는 《사상의 자유의 역사》에서 잘 보여 주고 있다. 이 책에는 사상의 자유를 얻기 위해 투쟁한 수많은 사상가들의 이름이 나온다. 소크라테스에서부터 플라톤, 세르베투스, 코페르니쿠스, 갈릴레오 갈릴레이, 조르다노 브루노, 로저 베이컨, 스피노자, 데카르트, 볼테르, 루소, 홉스, 칸트, 헤겔, 피에르 벨, 토머스 페인, 밀턴, 존 로크, 제임스 밀, 존 스튜어트 밀 등에 이르기까지 자유는 투쟁의 역사임을 보여 준다.

기출문제 둘러보기

2005 경인교대 정시 |

자료 (가)와 (나)를 ① 자유를 바라보는 관점, ② 자유를 추구하는 방식 등의 측면에서 비교하고, 이를 토대로 자유를 실현하기 위한 교육의 방향을 논술하시오.

제시문 (가) 지금까지 많은 사람들은 규칙이나 규정에 구속되지 않고, 또 권위 있는 사람들의 명령을 받지 않고, 하고 싶은 대로 행동할 수 있는 사회를 동경해 왔다. 그러나 제각기 자기가 하고 싶어 하는 대로 행동할 수 있도록 사람들을 내버려 둔다면, 십중팔구 강자가 약자를 제멋대로 구속하는 사태가 벌어질 것이다. 그렇기 때문에 개인은 법과 여론의 보호를 받아야만 타자의 임의적인 간섭에서 벗어나 비로소 사고와 행동의 자유를 누릴 수 있다. 여기서 우리는 포퍼(K. Popper)가 말한 "지나친 자유는 자유를 잃게 한다."는, 소위 '자유의 패러독스'(paradox of freedom)에 직면하게 된다. 역사가 가르쳐 주는 한 가지 입맛 쓴 교훈은 구속을 억제하기 위해서는 구속이 필요하다는 것이다.

—피터스(R. S. Peters), 《윤리학과 교육》

제시문 (나) 내가 호를 '백운거사(白雲居士)'로 지은 것은 흰 구름〔白雲〕을 본받고자 함이다. 구름이라는 물건은 한가하고 자유롭게 바람 따라 떠다니며 산에 걸리지도 않고 하늘에 붙어 있지도 않는다. 둥실둥실 마음대로 여기저기 떠다니며 아무 구속도 받지 않고 잠깐 사이에도 변화무쌍하여 도무지 헤아릴 수가 없는 물건이다.

뭉게뭉게 피어오르는 것은 군자가 세상에 나오는 형상이고, 스르르 거두어 사라지는 것은 고인이 산림 속으로 은거하는 형상이다. 비를 내려서 가뭄에 타는 생물을 소생시키는 것은 인(仁)이고, 와도 어디에 붙어 있지 아니하며 가도 미련을 두지 않는 것은 통(通)이다. 푸른 구름, 누런 구름, 붉은 구름, 검은 구름도 있으나, 그것은 본래의 구름 색깔이 아니다. 오직 아무 꾸밈없는 희디흰 구름이 구름의 참모습이다. 구름은 이렇게 어진 덕을 지녔고 이렇게 깨끗한 색깔을 가졌다.
만약 구름을 본받고 배워서, 나가서는 만물에 은택을 끼치고 들어와서는 마음을 비워 깨끗이 하며, 그 구름처럼 깨끗하고 변함없는 마음을 지키고 간직하여 유유히 온전한 자연의 세계로 들어가면, 구름이 내가 된 것인지 내가 구름이 된 것인지 분간할 수 없는 경지에 도달할 것이다. 이렇게 되면 참된 이치를 터득했던 옛 사람들과 비슷해질 수 있을 것이다.

자유는 항상 최선의 선택을 하는가? '죄수의 딜레마'

포성 소리가 울려 퍼진 제 2차 세계 대전 당시 프랑스의 한 청년이었던 사르트르(J. P. Sartre)는 조국 프랑스를 지켜야 할 의무가 있었고, 그러기 위해서는 레지스탕스에 가담해야만 했다. 하지만 그에게는 그가 돌봐야 하는 어머니가 있었다. 이렇듯 우리는 종종 이러지도 못하고 저러지도 못하는 딜레마 상황에 빠지게 된다.

1895년경 조선의 선비들은 명성황후 시해 사건 및 단발령 공포를 계기로 의병을 일으키기로 했다. 이때, 동지들은 이구동성으로 유인석을 의병장으로 추대하였다. 그런데 당시 그는 양모(養母)의 상중(喪中)이었기 때문에 모친상을 뒤로하고 나라를 구하는 일에 나설 수는 없는 노릇이었다. 이렇게 우리는 어떠한 선택도 최선이 될 수 없는 딜레마 상황에 처할 경우가 있다. 우리는 그 딜레마 상황에서 좀더 중요한 가치가 무엇인가를 따져 보게 될 것이다. 그리고 보통의 경우는 자기의 이익이 더 큰 경우를 선택할 것이다.

두 죄수가 있었다. 두 죄수는 공범이었다. 두 죄수를 각기 다른 방에서 취조했다 하자. 두 죄수는 묵비권을 행사해 범죄에 대해 침묵한다. 형사는 두 죄수에게 똑같은 제안을 한다. 자백을 하면 감형을 받을 수 있도록 해 주겠다고 말한다. 그런데, 만약 둘 다 자백을 하지 않으면 증거가 없어 무죄가 선고될 수도 있다. 따라서 죄수들은 둘 다 자백을 하지 않는 것이 최선이라는 것을 잘 안다. 하지만 다른 죄수가 자백을 할 경우 본인은 훨씬 중한 처벌을 받게 된다. 이 경우, 두 죄수 모두 자백을 하는 것으로 결론이 난다. 이러한 상황을 '죄수의 딜레마'라고 한다.

어떤 마을에 누구나 가축을 방목할 수 있도록 개방되어 있는 공유지가 있었다. 이 마을 주민들은 각자 자신의 땅을 갖고 있었지만, 이 공동의 땅에 자신의 가축을 가능한 한 많이 풀어놓으려 했다. 자신의 특별한 비용 부담 없이 넓은 목초지에서 신선한 풀을 마음껏 먹일 수 있기 때문이다. 각 농가에서는 공유지의 신선한 풀이 자신과 다른 농가의 모든 가축들을 기르기에 충분한가를 걱정하기보다는 공유지에 방목하는 자신의 가축 수를 늘리는 일에만 골몰하였다. 주민들의 이러한 행동으로 인하여 공유지는 가축들로 붐비게 되었고, 그 결과 이 마을의 공유지는 가축들이 먹을 만한 풀이 하나도 없는 황량한 땅으로 변하고 말았다. 생태학자인 개렛 하딘(Garrett Hardin)은 '목초지의 비극'(tragedy of the commons)이라는 용어로 이러한 사회적 딜레마 상황을 표현했다.

이것은 딜레마 상황에서 가장 우선시 하는 가치는 공동의 이익이 아니라 개인의 이익이라는 것을 확인시켜 주는 사례다. 결국 이런 선택의 상황에서 각자가 개인의 이익을 추구했을 때, 사회 전체에 손실을 야기시킬 뿐만 아니라 개인 자신도 곤란한 처지에 빠지게 된다.

사르트르는 현실이란 자신이 바로 전에 자유롭게 선택한 것에 대한 결과라고 생각했다. 그렇다면 무엇이 최선의 선택일까? 나는 지금까지 항상 최선을 선택해 왔는가? 이것은 한 개인이 한 평생 풀어야 할 가장 어려운 숙제일 것이다.

05

공정한 경쟁은 가능한가?

우리나라의 고도 성장기에
국민들의 국산품에 대한 애정은
정말 눈물겨운 것이었다.
누군가 외제 자동차를 타고 다니면
그를 '매국노'라고 생각했으며,
세무 조사 등을 통해 그를
이 사회에서 매장시키고야 말았다.
하지만 정확하게 표현하면 국산품을
애용할 수밖에 없는 시절이었다.
왜냐하면 외제품을 접할 기회 자체가
거의 없었기 때문이다. 교역의 규모가 작기도
했거니와 항공 화물로 건너온 외제품은 일반인들이
쓰기에 너무 고가품이었기 때문이기도 하다.
사람들은 외제품이 좀 비싸도
품질은 좋다는 사실을 다 알고 있었다.
다만, 외제품을 접할 수도 없었지만,
국민들의 눈물겨운 애국심이
국산품 애용으로 이어졌던 것이다.

자유 경쟁의 시대

우리나라에서 제조한 제품들은 국내에서 보호를 받아 왔다. 이는 자국의 산업을 보호하기 위한 불가피한 조치였다. 그런데 지금은 사정이 많이 달라졌다. 세계화 시대, 글로벌 경쟁 시대에는 자국의 산업을 따로 보호할 수만은 없다. 우리 제품이 세계 시장에 진출하기 위해서는 우리 시장도 개방해야 하기 때문이다. 이미 우리나라 내에서 세계의 제품이 국산품과 동등하게 경쟁하고 있다. 이제 기업들도 소비자의 애국심에 기댈 수 있는 시대는 아니다. 세계 각국과 자유 무역 협정(FTA, Free Trade Agreement)이 더 많이 체결되면 그 경쟁은 상상을 초월하게 될 것이다.

일등주의, 제일주의를 표방하면서 우리나라 경제계를 이끌고 있는 삼성 이건희 회장의 "처자식만 빼고 다 바꾸자!"는 주장에 많은 사람들은 감명을 받았다. 변화를 거부하고 2등에 머문다면 결국에는 몰락에 이를 것이라고, 그는 경고한다. 인류의 역사가 이를 증명하고 있다. 삼성 그룹은 대한민국의 1등 기업에 만족하지 않고 세계 1위 기업에 도전하고 있다. 이건희 회장은 외환 위기를 겪고 난 후 기업이 창업 이래 최대 흑자를 냈을 때도, "어려울 때를 생각하라."는 말로 기업 경쟁력 제고를 독려하였다. 기업들은 세계 시장에서 무한 경쟁을 벌이고 있는 전투사와 같다. 그들은 결코 물러설 수 없는 싸움을 하고 있다.

요새는 기업의 경쟁력보다 국가 경쟁력을 더 문제 삼는다. 국가 경쟁력이 떨어진다는 것은 온 국민의 근심이 아닐 수 없다. 2006년에 처음으로 우리의 국가 경쟁력이 중국에 추월당했다고 한다. 세계 시장에서 국가의 경쟁력이 떨어진다는 것은 곧 국가의 몰락을 의미하는 것이다.

경쟁은 협동에 대응하는 말이다. 경쟁은 동식물의 사회에서 공통으로 나타나는 현상이다. 경쟁은 패배하지 않기 위한 노력이며 상대에게 마이너스의 영향을 미쳐 자신이 생존 전쟁에서 살아남기 위한 노력이다. 경쟁은 기술적 진보와 생산성 향상을 가져와 사회를 발전시키는 원동력이기도 하다. 모든 일에 있어 경쟁 없이 누구든지 원하는 것을 가질 수 있다면 더없이 좋겠지만, 인간에게 필요한 재화나 지위 등은 한정되어 있기 때문에 그것을 얻기 위해서는 불가피하게 경쟁이 일어나기 마련이다.

경제 분야에서는 경쟁이 없는 독과점 체제보다 자유 경쟁에 의한 시장 경제 체제가 우월한 제도임을 사람들은 모두 인정하고 있다. 경제 분야뿐만이 아니다. 어느 분야에서든지 경쟁이 가져온 결과는 매우 긍정적이다. 만약 독재 권력의 지배 하에서 정치적 경쟁이 없다면 그 체제는 오래갈 수 없다는 것을, 역사가 증명하고 있다. 사람들은 정치적 경쟁이 치열한 민주주의 체제가 정치적으로 가장 발전된 정치 체제임을 인정하고 있다. 문화적으로도 경쟁 체제는 놀라운 성공을 거두고 있다. 한국 영화 산업이 이를 증명하고 있다. '경쟁력 향상!' 이것은 무한 경쟁 시대를 살고 있는 지금, 모든 분야에서 지속 가능한 발달을 이루기 위한 유일한 해결책이다.

신자유주의자들이 꿈꾸는 세상

신자유주의(new freedom)는 1912년 미국의 대통령 선거에서 민주당 후보 윌슨(T. W. Wilson)이 주창한 슬로건과 주장이다. 이 사상의 핵심은 독점적 대기업을 해체하며 독점을 조장하는 부정한 경쟁을 정부가 적극적으로 억제함으로써 미국의 자유와 진보의 원천인 경제적 자유를 지켜야 한다는 것이었다. 이 신자유주의는 자유 경쟁에 의한 경제적 자유를 표방한다. 이 사상은 전후 불황 및 재정 위기, 그리고 70년대 케인즈주의가 퇴조하면서 큰 영향력을 발휘하고 있다.

신자유주의자들이 요구하는 것은 시장 원리의 준수, 자유 경쟁 촉진, 정부 규제의 철폐, 기업의 구조 조정, 공공재 폐지, 공기업의 민영화, 노동 시장의 유연성 촉진, 공공 지출 축소, 사회 복지 부문에 대한 공공 예산 삭감, 공공재의 개념 철폐 등이다. 그들은 이러한 정책을 통해 효율성 및 이윤을 극대화할 수 있다고 믿고 있다. 이러한 신자유주의 사상은 국제통화기금(IMF, International monetary Fund)이나 세계은행(IBRD, International Bank for Reconstruction and Development) 같은 기구에 의해 전파되고 있다.

신자유주의는 경제뿐만 아니라 정치, 교육, 환경, 종교, 언론, 여성, 행정, 문화, 지역 등 사회 모든 분야에 경제 논리를 침투시키고 있다. 신자유주의 경제학자들은 사회의 거의 모든 분야에 진출하여 '자유 경쟁' 논리를 전파하는 전도사 역할을 하고 있다. 이에 따라 사회는 이제 사업가 외에도 교육자, 군인, 의사, 성직자 등 공공성이 강한 업종 종사자들에게까지 '무한 경쟁', '효율성의 극대화'를 요구하고 있다. 이윤의 극대화를 얻지 못하면 비효율적인 조직으로 낙인찍혀 바로 구조 조정에 들어간다.

하지만 전 세계 각국에서는 여전히 '자유 경쟁'에 대한 불안감을 감추지 못하고 있다. 세계 자유 무역 체제의 전도사인 미셸 캉드쉬 전 국제통화기금(IMF) 총재는 세계 곳곳에서 그를 증오하는 사람들과 대면해야만 했다. 신자유주의는 공공재적 성격이 강한 사회 비용을 축소하고 복지 정책을 반대하며 자유 경쟁에 장애가 되는 요소인 고임금, 노조 활동 등을 증오한다. 그들은 사회적 약자를 희생물로 삼아 소득의 불평등과 같은 사회 양극화 현상을 심화시키기 때문에 세계 곳곳에서 환영 받지 못하고 있다.

농업 문제, 생태와 환경 문제, 사회 복지 문제, 교육 문제에서도 '경쟁'에 의한 효율성 여부를 주요 가치로 삼는다고 할 때, 사회는 결국 심각한 후유증에 시달리게 될 수 있다. 사회적 비용이 많이 투입되어야 하는 복지 정책은 늘 뒷전으로 밀려날 수밖에 없기 때문이다. 결국, 신자유주의자들이 꿈꾸는 세상은 그들만의 환상에 불과할지도 모른다.

최고, 최대, 최초, 행복하십니까?

'역사는 1등만을 기록하고, 시장은 1등만을 기억한다.'는 삼성 그룹의 기업 광고 한 편이 생각난다. 아폴로 11호에 탑승한 우주인 2명 중 암스트롱이 먼저 달에 인류의 첫발을 내딛는 장면을 보여 주면서 뒤따라 내린 우주인이 누구인지 아무도 기억하지 못한다는 내용이었다. 이 광고에는 세계 일류를 추구하는 삼성 그룹이 역사에 기록되지 않는 2등에 머물지 않겠다는 각오가 담겨 있었다. 삼성의 '제일주의' 경영은 오늘날 그 진가를 발휘하고 있다. 삼성 그룹의 시가 총액이 127조 원인데 비해, 현대차, LG, SK 그룹은 각각 30~40조 원에 불과하다. 2~4위 그룹의 시가 총액을 합한 것보다 삼성 그룹의 규모가 더 크다. 지금 대한민국은 '삼성공화국'이다.

미천한 집안이었던 케네디 가에서 미국 대통령, 법무장관, 상원의원 등 사회 지도층 인사들이 줄줄이 배출되었다. 이 케네디 가의 성공 비결은 이 가문의 대가족주의와 엄한 가정교육이라고 미국인들은 지적한다. "1등을 하라! 2등은 패배다." 이것은 케네디 가의 가훈이다. 이 가훈에 따라 가족들은 몸에 밴 경쟁심과 리더십 때문에 미국 최고의 명문가라는 명성을 얻게 되었다.

인류 최초로 달에 첫발을 내디딘 암스트롱의 뒤를 따라 달에 발을 디딘 에드윈 버즈 올드린이나, 전화기를 발명하고도 벨(Bell)보다 한 시간 늦게 특허청에 도착한 전화기 발명가 엘리사 글레인은, 그 모든 영광을 1등에게 넘겨주고 조용히 역사 속으로 사라졌다.

미국의 경우 1932년 뉴욕에 102층짜리 엠파이어스테이트 빌딩을 만들어 유럽 인에 대한 열등감을 만회해 보고자 했다. 북한 역시 프랑스와 합작으로 105층짜리 유경 호텔을 지으려다 공사가 중단된 상태다. 세계 최고 높이의 마천루를 가지려는 경쟁은 국가적 자긍심을 담은 것이기도 하지만 요즘은 국가 홍보 전략적 측면이 강하다. 아랍 에미리트에 속한 인구 120만 명의 작은 토후국인 '두바이' 역시 세계 최대, 세계 최고, 세계 최초의 토목 공사에 여념이 없다. 우리나라에서는 1985년 서울 여의도에 63빌딩이 건설된 이래 2002년 서울 강남구 도곡동에 69층짜리 타워팰리스 주상 복합 건물이 들어서 있다. 원래 타워팰리스는 삼성 그룹의 이건희 회장이 그 자리에 102층짜리 초대형 삼성 사옥을 지으려 했다가 뜻을 이루지 못한 것이기도 하다.

우리의 의식 속에는 '큰 것이 아름답다.'는 신념이 자리 잡고 있다. 한국에서 작은 것이 좋은 것은 얼굴 크기뿐이라는 소리가 있을 정도다. 이런 풍토를 거대 담론 증후군이라고 부른다. 그러다 보니 큰 것이 아니면 다 무시하기 일쑤다. 올림픽에 나가 금메달을 따지 못하고 은메달이나 동메달을 딴 선수는 패배자로 간주된다. 소형 자동차인 티코가 도로 위의 껌에 바퀴가 붙어 꼼짝하지 못했다는 둥, 티코가 그랜저를 추월해서 어찌된 일인가를 알아봤더니 마침 바람이 불어서 날아갔기 때문이라는 등의 농담을 즐긴다. 경소형차 사용 비율이 일본의 20%에 비해 4.5%에 불과한 것은 경소형차를 타면 사회적으로 무시하는 풍토가 있기 때문이다. 한 조사 기관에 의하면 경소형차 이용자의 82%가 차가 작다는 이유로 무시 혹은 차별을 당한 경험이 있었다고 한다.

규모의 크기가 질을 좌우할 수는 없다. 특히나 오늘날은 '작은 것이 아름답다.'는 주장이 설득력을 얻고 있고 있다. 무조건 크다고 다 좋은 것은 아니다. 작은 메모리 반도체 칩 하나에 국립 도서관을 담을 수도 있고, 박물관을 담을 수도 있다. 디지털 시대에는 '더 작게'라는 경쟁을 벌이고 있다. 크고 작은 것에 무슨 의미가 있겠는가. 문제는 질적 우수성이다.

'거대 담론 증후군'에 걸린 사람들은 최대를 추구한다. 그들은 최대, 최고가 아니면 곧바로 그것을 무시하고 만다. 하지만 이들이 최대, 최고를 추구한다고 해서 모두 최대, 최고를 얻을 수 있는 것은 아니다. 인생의 대부분을 무시당하면서 살아간다. '거대 담론 증후군'의 종말에는 불행한 인생이 기다리고 있다.

공정한 경쟁이 이뤄지려면?

경쟁이 없는 사회는 역동적이지 못하고 정체된 상태에서 한 걸음도 앞으로 나아가기 어려울 것이다. 원하는 것을 누구든지 가질 수는 없기 때문에 그것을 얻기 위한 경쟁은 불가피해 보인다. 그렇다면 문제는 '경쟁이 얼마나 공정할 수 있는가'이다. 다음은 S 대학의 논술고사에서 출제된 문제의 일부인데, 다양한 경쟁의 사례를 보여 준다. 과연 공정한 경쟁이란 무엇일까?

【사례 A】

고슴도치와 토끼가 맛있는 음식을 걸고 달리기 시합을 하였다. 고슴도치는 꾀를 써서 몰래 자신과 닮은 아내를 경주의 결승점에 먼저 보냈다. 토끼가 도착하자 고슴도치 아내가 "나는 벌써 와 있다."하고 말하였다. 결국 고슴도치가 음식을 차지하였다.

【사례 B】

초등 학교 축구 팀과 아마추어 성인 축구 팀이 축구 경기를 하게 되었다. 심판은 새로운 규칙을 정하여, 초등 학생 팀은 11명, 성인 팀은 6명으로 하며, 성인 팀 선수는 상대에게 태클을 할 수 없도록 하였다. 심판은 규칙의 준수 여부를 엄격히 감시하였다.

【사례 C】

새끼 고양이 가운데 한 마리가 유난히 작고 허약해서 어미젖을 먹을 때도 다른 형제들에게 밀려 생존이 어렵게 보였다. 주인이 그 고양이에게 먹이를 먼저 주는 등 특별히 돌보고 사랑하여 그 고양이도 다른 고양이들과 마찬가지로 잘 성장할 수 있었다.

경쟁 사회에서는 승자와 패자만 있을 뿐이다. 그런데, 경쟁이 공정하지 못했을 때는 그 결과를 받아들일 수가 없다. 그래서 경쟁에는 공정한 법칙이 있어야 한다. 경쟁자 간 타협이란 최선의 선택일 수 없다. 이기면 그만인 것을 타협을 통해 승리의 열매를 나눠 가질 수는 없는 일이다. 그런 의미에서 경쟁이란 상대가 가질 이익을 빼앗는 과정이라고 할 수 있다.

사례 A는 아무런 규제나 심판 없이 경쟁자 상호 간에 경쟁 행위를 한다. 상대적으로 열세에 있는 고슴도치가 경쟁자를 이기기 위해 특별한 수단을 사용하였다. 하지만 경쟁 과정이 불공정하였기 때문에 그 결과 역시 정당성을 인정받기는 어려울 것이다. 이와 유사한 사례는 우리 사회에서 흔하게 발견할 수 있다. 우리 사회에는 허위 과장 광고나 경품 제공 같은 불공정 행위에 의해 결과를 왜곡하는 사례가 흔하게 벌어지고 있기 때문이다.

사례 B는 사례 A와 달리 경기 규칙과 심판이 존재한다. 경기 규칙은 경쟁자 사이의 현저한 능력 차이를 고려하여 정하였다는 점에서도 고슴도치와 토끼의 능력 차이를 고려하지 않고 단순 경쟁을 한 사례 A와 다르다. 사례 B가 사례 C와 다른 점은 심판의 역할이다. 사례 B에서 심판은 규칙 준수 여부를 감독할 뿐 경기에 직접 개입하지는 않는다. 하지만 사례 C는 심판의 역할을 하는 조정자가 있어서 경쟁에 직접 개입하여 약자를 적극적으로 보호해 주는 역할을 하고 있다.

우리 사회에서 사회적 약자를 적극적으로 보호하고 복지 정책을 통해 생존권을 보장해 주는 것은 사례 C의 경우와 유사하다. 그런데 만약 축구 경기 같은 스포츠 경기에서 심판이 게임에 개입하여 지고 있던 팀을 위해 편파 판정을 내려 대등한 경기를 펼치게 한다면 그것은 허용될 수 있는 일인가? 또는 사례 A의 토끼나 사례 B의 성인 팀과 같이 현저하게 능력이 뛰어난 개인이나 조직이 능력이 부족한 개인이나 조직에게 더 많이 양보하여 그 결과에 따른 보상을 덜 받게 된다면 이는 역시 공정한 경쟁이며, 정당한 결과인가?

이 문제는 경쟁 분야가 무엇인가에 따라 달리 적용될 수밖에 없을 것이다. 결국 경쟁자가 그 결과에 대해 정당성을 인정하고 패배를 시인할 수 있으려면 "본질적으로 같은 것은 같게, 다른 것은 다르게"라는 평등 개념을 도입하여 경쟁 과정이 모두가 공평하다고 인정할 수 있는 조건을 갖추어야 할 것이다.

달리기 경주를 생각해 보자. 토끼와 거북이가 같은 출발선에서 출발하여 경쟁하는 것은 불공정한 사례이고, 그 결과에 대해 정당성을 인정할 수 없을 것이다. 그것은 서로 본질적으로 다른 경쟁자들이기 때문이다. 토끼끼리 경주하고 거북이끼리 경주했다면, 그 결과는 정당성을 인정받을 수 있다. 단, 같은 토끼라도 본질적으로 다른 경우가 있다. 태어날 때부터 신체적, 정신적 장애를 지녔다면 심판은 당연히 그에 대한 배려를 하는 것이 공정한 경쟁이 될 것이다. 이는 성인 팀과 아동 팀이 동일한 축구 규칙을 적용 받고 게임하는 것이 합당하지 않은 것과 같은 이치다. 그렇다면 사회적 약자에 대해 얼마만큼 배려해야 공정한 게임이 될까? 이는 사회적 합의와 조정이 있어야 하며, 사회 구성원 모두가 고민해야 할 문제이다.

기출문제 둘러보기

2006 서울대 정시 |

사례 (A), (B), (C)는 현실 사회에서 문제가 되는 경쟁의 양상을 비유적으로 보여 준다. 이 세 가지 경쟁의 성격을 설명하고, 이를 바탕으로 경쟁의 공정성과 경쟁 결과의 정당성에 대해서 논술하시오. (제시문 (가)~(사)를 참고할 것)

사례 (A) 고슴도치와 토끼가 맛있는 음식을 걸고 달리기 시합을 하였다. 고슴도치는 꾀를 써서 몰래 자신과 닮은 아내를 경주의 결승점에 먼저 보냈다. 토끼가 도착하자 고슴도치 아내가 "나는 벌써 와 있다."하고 말하였다. 결국 고슴도치가 음식을 차지하였다.

사례 (B) 초등 학교 축구 팀과 아마추어 성인 축구 팀이 축구 경기를 하게 되었다. 심판은 새로운 규칙을 정하여, 초등 학생 팀은 11명, 성인 팀은 6명으로 하며, 성인 팀 선수는 상대에게 태클을 할 수 없도록 하였다. 심판은 규칙의 준수 여부를 엄격히 감시하였다.

사례 (C) 새끼 고양이 가운데 한 마리가 유난히 작고 허약해서 어미젖을 먹을 때도 다른 형제들에게 밀려 생존이 어렵게 보였다. 주인이 그 고양이에게 먹이를 먼저 주는 등 특별히 돌보고 사랑하여 그 고양이도 다른 고양이들과 마찬가지로 잘 성장할 수 있었다.

제시문 (가) 〈생략〉 각 농가에서는 공유지의 신선한 풀이 자신과 다른 농가의 모든 가축들을 기르기에 충분한가 걱정하기보다는 공유지

에 방목하는 자신의 가축 수를 늘리는 일에만 골몰하였다. 주민들의 이러한 행동으로 인하여 공유지는 가축들로 붐비게 되었고, 그 결과 이 마을의 공유지는 가축들이 먹을 만한 풀이 하나도 없는 황량한 땅으로 변하고 말았다.

—개릿 하딘, 〈공유의 비극〉

제시문 (나) 인간이 아무리 이기적이라고 할지라도 인간의 본성에는 분명 연민(憐憫)과 동정(同情)의 원리가 존재한다. 이 원리들로 인해 우리는 인간의 운명에 관심을 가지게 되며 자기에게는 별 이익이 없어도 타인이 행복하기를 바란다. 〈생략〉

—애덤 스미스, 《도덕감정론》

제시문 (다) 〈생략〉 어떤 사업자가 자기 분야에서 독점적 지위를 가지고 있는 경우에, 외부에서는 경쟁 압력이 없을 것이라고 생각하겠지만 그는 늘 경쟁 상태에 있다고 느낀다. 예외가 없는 것은 아니지만, 그는 결국 완전 경쟁 상태와 마찬가지로 행동하게 될 것이다. 따라서 경쟁이 독점보다 언제나 바람직하다는 명제는 성립하지 않는다. 이러한 관점에서 자본주의 사회에서 성공적인 혁신자가 차지하는 독점 이윤은 정당하다고 할 수 있다.

—요제프 A. 슘페터, 《자본주의·사회주의·민주주의》

제시문 (라) 〈생략〉 자유의 제한은 특정한 목적을 달성하기 위한 것이지만, 그것 때문에 잃게 되는 것은 일반적으로 인식되지 않는다. 시장 질서에 대한 간섭의 직접적인 효과는 대부분 가시적이며 피부로 느낄 수 있으나, 간접적으로 나타나는 부정적인 효과는 대부분 알기 어렵기 때문에 무시되기 쉽다.

—프리드리히 A. 하이에크, 《법, 입법, 그리고 자유》

제시문 (마) 사상 체계의 제1 덕목을 진리라고 한다면 정의(正義)는 사회 제도의 제1 덕목이다. 이론이 아무리 정치(精緻)하고 간명하다

할지라도 그것이 진리가 아니라면 배척되거나 수정되어야 하듯이, 법이나 제도가 아무리 효율적이고 정연한 것일지라도 그것이 정당하지 못하면 개혁되거나 폐기되어야 한다. 〈생략〉

—존 롤즈, 《사회정의론》

제시문 (바) 〈생략〉 국가는 경쟁이 그릇된 방향으로 흘러가지 않도록 경쟁을 보호할 임무가 있다. 국가는 경쟁의 원칙을 세우고 이를 관철시켜야 하며, 기업은 이러한 틀 안에서 경쟁을 통하여 제 기능을 발휘할 수 있어야 한다.

—오토 슐레히트, 《사회적 시장경제》

제시문 (사) 〈생략〉 경쟁 사회에서는 '협상'을 통해 갈등을 해소하거나 타협점을 찾을 여지가 없다. 경쟁에서 상대방을 이기면 된다는 간단한 논리만이 존재할 뿐이다. 경제적인 측면에서 살펴보면, 경쟁이란 곧 상대의 이익을 빼앗는 과정이다.

—리스본 그룹, 《경쟁의 한계》

더 생각해 봅시다

경쟁보다는 상호 협력이라는 패러다임의 전환이 필요하다

1992년 신대륙 발견 500주기가 되던 해, 당시 발견을 주도했던 포르투갈의 리스본에 19명의 학자가 모였다. 영미, 유럽, 아시아 선진국의 유수한 기업과 정부, 국제 기구 및 대학에서 초빙된 세계 석학들이 그동안 '정복'과 '경쟁'의 논리를 반성하고, '협력'과 '상생(相生)'의 논리를 추구해야 한다는 인식을 같이 하며, 리스본 그룹을 발족시켰다. 그리고 그들은 연구 성과를 집대성하여《리스본 그룹 보고서—경쟁의 한계》를 내놓았다.

이 보고서는 '경쟁 이데올로기는 지구촌을 지배할 수 있을까?'라는 질문에 대해 '아니다'라고 답하고 있다. 개인과 국가의 상호 의존성이 높아지는 상황에서 경쟁력 제일주의는 지구촌의 공동 번영을 해칠 수 있는 바람직하지 못한 이데올로기라는 것이다. 즉 경쟁 이데올로기는 도시 슬럼화, 실업률 증가, 부의 불평등한 분배 등 지구촌이 현재 직면한 문제들을 해결할 수 없는 비효율적인 수단이라는 것이다. 따라서 이제 경쟁 이데올로기의 대안으로 새로운 패러다임을 마련하여야 하며 그것은 분배 정의, 경제의 효율성, 환경적 지속성, 정치적 민주주의, 문화적 상대주의 등의 개념을 포함하여야 한다고 주장하고 있다.

또한 이 보고서는 지나친 경쟁이 부정적 효과를 초래하고 있다고 지적한다. 그 부정적 효과는 인간이 생산자와 소비자로만 인정받게 되는 현상, 지역적·계층별 불평등의 조장, 지구촌의 환경파괴, 노동 규제와 대량 실업, 공공 부분의 축소와 대의 민주주의의 훼손, 경쟁력이 없으면 패배자가 되어 존재 가치를 상실하게 되는 모순 등이다.

이 보고서는 이제 빈곤, 마약, 핵무기 확산, 인종 갈등, 지구촌 온난화, 인구 팽창 등과 같은 당면 문제들을 논의하기 위하여 '지구촌 공동 경영'이라는 이름 아래 '경쟁'과 '분열'보다는 '협력'과 '통합'의 논리에 따른 새로운 패러다임으로 전환할 것을 주장하고 있다. 과거 경쟁 이데올로기가 승자와 패자를 양분하는 '윈-루즈(win-lose)' 구조였다면 이 상호 협력 패러다임은 모두가 승리하는 '윈-윈(win-win)' 구조라는 것이다.

인류는 지금 경쟁 이데올로기에 의해 수많은 후유증을 앓고 있다. 이러한 때에 리스본 그룹의 주장은 오만한 인류에게 반성을 촉구하고 있으며 시대를 열어 갈 하나의 해법을 제공하고 있다는 점에서 매우 시사하는 바가 크다.

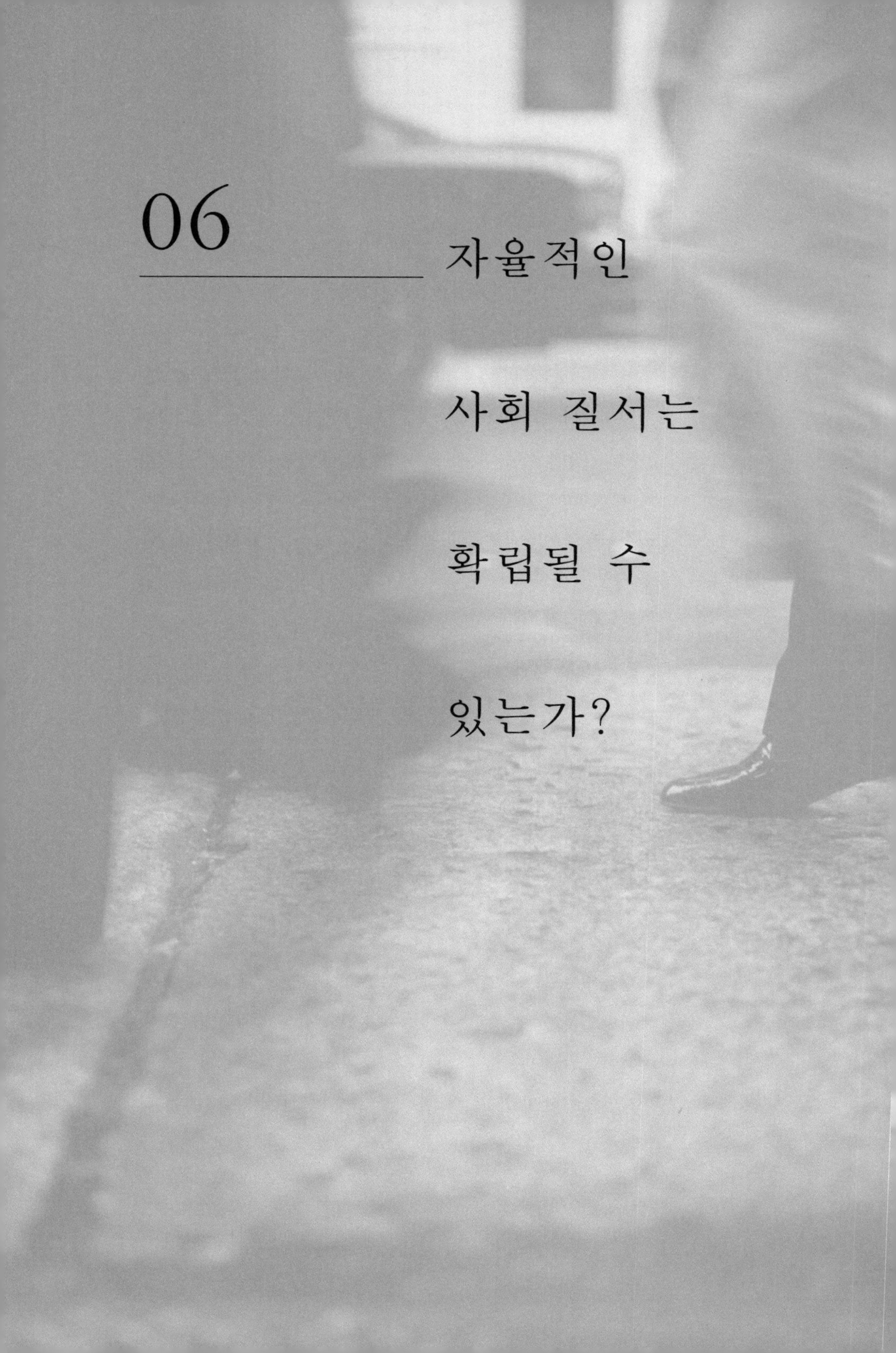

06

자율적인 사회 질서는 확립될 수 있는가?

자기 몸보다
100배, 200배 큰
곤충을 해부하여
자기들의 굴로 옮기는 개미 떼를
본 적이 있을 것이다.
개미들은 각자 맡은
역할에 충실하다.
그런데 더 장관을 이루는 것은
이들이 매우 질서 있게
먹이를 옮긴다는 것이다.
이런 것을 볼 때,
공공 장소에서 질서를
지키지 않는 사람들이나
교통 질서를 지키지 않는
사람들을 보고
개미만도 못하다는
생각이 드는 것은
어쩌면 당연한 일일 것이다.

질서는 왜 필요한가?

아우구스티누스(Aurelius Augustinus)는 〈참된 종교〉에서 '질서 있는 모든 것은 아름답다.'고 했다. 모든 것이 있어야 할 자리에 적절한 시간대에 위치해 있을 때 가장 아름답다는 것이다. 우리가 집에 들어갔을 때, 모든 사물이 각기 있어야 할 자리에 정상적으로 배치되어 있고 깨끗하게 청소되어 있다면 편안한 느낌을 받는다. 그러나 주방에 있어야 할 물건들이 안방에 널려 있고, 방에 있어야 할 것들이 주방에 나와 있고, 장롱에 보관되어 있어야 할 것들이 방바닥에 널려 있다면, 정신이 산만하여 집에 들어가고 싶지 않을 것이다. 질서라는 것은 이렇게 여러 부분들을 목적에 맞게, 있어야 할 자리에 잘 배열하는 것이다. 사람들은 대체로 '질서'의 필요성에 대해서는 누구나 인정하고 있다.

질서에는 기초 질서, 학교 질서, 운동장 질서, 교통질서 등이 있다. 하지만 질서가 어떤 공간에서 지켜야 하는 예절에 국한되는 것은 아니다. 우주 질서, 자연의 질서와 같이 순리에 따른 것과, 세계 질서, 정치 질서, 경제 질서 등과 같이 추상적인 분야에서 법규를 지키는 일 같은 경우에도 '질서'라는 말이 쓰인다. 만약 우주에 질서가 깨졌다고 생각해 보라. 또 자연의 질서가 깨졌다고 생각해 보

라. 어떤 원리에 의한 순환과 움직임이 일시에 무너졌을 때, 모든 것은 일순간에 혼란에 빠지게 될 것이다. 그렇게 보면 인간은 우주의 질서 안에서 살아가고 있다. 인간에게 질서란 거역할 수 없는 숙명과도 같은 것이다.

사회 질서란 사회를 구성하는 여러 요소와 집단이 조화롭게 균형을 이룬 상태를 말한다. 조화롭게 균형을 이루었다는 것은 혼란 없이 순조롭게 하는 사물의 순서나 차례가 있다는 것이다. 사회 질서가 성립하기 위해서는 사회를 통합하는 중심적 이념이 있어야 한다. 그리고 사회의 질서가 확립되려면 그 중심적 이념에 대한 구성원들의 자발적 동의가 있어야 한다. 이렇게 자발적이고 자연적으로 성립된 사회 질서를 '자연적 질서'라고 한다.

하지만 사회 질서가 자발적이고 자연적으로 성립하는 경우는 매우 드물다. 일반적으로 어떤 강제성이 뒤따른다. 조선시대에 사회를 통합하는 국가적 이념은 성리학이었다. 이 성리학적 사회 질서는 상하 관계를 중시하는 신분제 사회에 적합한 사상이었다. 성리학을 옹호하는 이들, 특히 사대부(士大夫) 계급에게는 자발적 동의가 있었겠지만, 피지배 계급에게는 강제성을 띤 위압적 사회 질서 이념으로 받아들여졌을 것이다. 쿠데타로 정권을 잡은 이가 '사회 질서 수호법'을 만들어 사회를 어지럽히는 자, 엄격히 말하면 쿠데타 정권에 도전하는 행위를 처벌한다면, 그것은 '자연적 질서'가 아닌 강제적이고 위압적인 사회 질서가 될 것이다.

결국, 사회 질서는 구성원 전체의 자발적 동의에 의해 만들어진 자율적이고 자생적인 질서이어야 하며, 그래야만 그 질서가 구성원의 자유를 구속하지 않게 된다. 타율적인 질서는 동물원 우리에 가둬놓고 먹을 것을 풍부하게 제공하면서 '너 행복하지?'라고 강요하는 것과 같다.

누구를 위한 천국인가?

이청준의 소설 《당신들의 천국》에는 인간이 어떻게 사회 질서를 만들어 가는지가 잘 형상화되어 있다. 나환자들을 수용한 섬 소록도에 조백헌이 병원장으로 부임한다. 그는 소록도를 나환자들의 천국으로 만들겠다고 포부를 밝히고, 이를 실천한다. 21개월이 걸린 대공사가 시작되었다. 문제는 이 공사에 동원된 나환자들이 자신들의 천국에 대한 기대보다는 병원장의 천국을 건설하는 일에 강제 노역을 하고 있다고 생각한다는 것이다. 이전에 병원장들이 그랬던 것처럼 결국은 나환자들을 착취하고, 병원장만 영웅이 될 것이라고 생각한다. 소록도 나환자들과의 합의 없이 이뤄지는 천국 건설은 결국 '우리들의 천국'이 아닌 '당신들의 천국'일 뿐이다.

물론, 병원장 조백헌이 나환자를 착취하고 자신의 영화를 위해 그 일을 추진한 것은 아니었다. 그는 그야말로 '선의'를 가지고 있었다. 정말로 나환자들의 천국을 건설해 주고 싶었다. 하지만 그 천국을 건설하는 과정에서 나환자들은 사투를 벌여야 했다. 그들이 죽어가면서 건설한 천국은 누구를 위한 천국인가? 결국 조백헌은 소록도를 떠나게 된다.

조백헌은 소록도를 떠난 후 당시 소록도의 보건 과장이었던 이상욱에게 편지를 받는다. 이상욱은 먼저 "이 섬의 선의의 지배자로서의 원장님과 그에 대한 피치자로서의 원생들과의 사이에 어느 정도까지 협의적인 지배 질서가 가능할 것인지에 대해 지극히 깊은 관심"을 가져 왔다고 말한다. 하지만 "그런 기대가 얼마나 부질없는 환상이었는가를 확인할 수 있었을 뿐"이라고 결론을 내린다. "다스리는 자의 선의나 정의와는 상관없이, 그리고 그의 지배권이 어디에서 연유했든 그것만은 끝끝내 절대 전제가 되어 있는 한, 다스림을 받는 쪽은 항상 감당해 낼 수 없는 상황 자체의 압력 때문에 스스로가 무력해져 버리기 때문"이란 것이다. 그것은 '불행한 사회의 질서'다. 병원장의 선의로 건설된 소록도는 "이 섬 원생들이 즐겨 누리게 될 천국이기에 앞서 그것을 이루어 내실 병원장 한 사람의 일방적인 선의만으로 일이 진행된다면 '우리들의 천국'이 아닌 병원장 개인의 '당신들의 천국'에 불과"하다는 것이다. 그들이 원하는 것은 "자유 의지와 사랑의 교감에 기초한 실천적인 힘, 위나 밖으로부터가 아닌 안으로부터의 자생적 의지나 운명에 기초한 천국을 소망"했다는 것이다.

결국 구성원들의 합의에 의해 도출된 자발적이고 자생적인 사회 질서가 아닌 한 사람의 일방적인 의지에 의해 도출된 사회 질서는 결국 불행을 야기할 뿐이다. 비록 한 사람의 리더가 선의를 가지고 있었다 하더라도 그곳은 천국일리 없다. 마치 세계 최고의 시설을 갖춘 감옥 안에서 살고 있는 것에 불과하다.

로마 제국의 제 5대 황제인 네로(AD 54~68 재위)는 그리스도 교도들을 박해했으며 사치스럽고 방탕했던 독재자로 악명이 높다. 또한 그는 자신이 다스리는 로마 시를 불 지른 것으로도 유명하다. 그가 로마 시에 불을 지른 이유는 자신의 심미적 취향으로 로마 시를 재건하기 위해서였다고 알려지고 있다. 화재 후 로마 시의 1/3 크기인 궁전 '황금 저택'을 짓기 시작했다고 한다. 결국 완성하지는 못했지만, 그가 이루려고 한 것은 위대한 로마 제국이 아니라 네로 자신의 제국이었을지도 모른다.

독재자들은 국민을 위한다는 명목으로 국민을 희생시킨다. 물론 그들은 선의를 가졌을 것이다. 나라를 위해 헌신할 생각이었을 것이다. 당장은 역사의 평가를 받지 못할지라도 훗날 반드시 역사의 평가를 받을 것이라고 믿기도 한다. 하지만 국민의 동의 절차 없이 이루려 했던 독재자의 꿈이란 것이 결국은, 국민을 위한 것이 아닌 독재자 자신을 위한 경우가 많다.

자율적 사회 질서는 가능한 것인가?

인간은 선천적으로 악하다. 인간은 이기적이다. 그렇다면 인간이 공익을 위해 자율적으로 사회 질서를 확립하고 자신의 이익을 희생할 수 있을 것인가? 이문열의 소설《우리들의 일그러진 영웅》에는 질서가 자율적으로 형성되기가 얼마나 어려운 것이며, 권력이 얼마나 달콤한 것인가를 잘 보여 준다.

시골로 전학 가게 된 한병태는, 학급이 반장 엄석대에 의해 엄격히 통제되고 있다는 것을 알게 된다. 반장은 학생들을 하나하나 억압하고 통제하고 있는 독재자였다. 엄석대는 마음에 들지 않은 아이가 있으면 협박하거나, 회유를 통해 자신의 편으로 끌어들임으로 해서 굴복시켰다. 매우 지능적인 독재자였다. 권력의 주변에는 항상 사람들이 모이기 마련이다. 엄석대를 돕는 아이들은 엄석대의 힘에 기대어 권력의 달콤함을 나눠 가졌다.

엄석대는 담임의 역할을 대신했다. 출석을 확인한 후 지각한 아이들은 엄석대가 벌을 주었다. 따라서 담임은 엄석대를 매우 신뢰했다. 전학 간 한병태는 엄석대와 맞서 보았지만 점점 자신만 고립되어 갔다. 결국 한병태 역시 엄석대에게 굴복하고 만다. 끈질기고 오랜 저항이 오히려 훈장이 되어 여러 가지 특전으로 돌아왔다. 엄석대는 한병태를 제2인자로 인정했다. '굴종의 열매'는 달콤했다. 한병태는 서울에서 학교 다닐 때, 어린이 자치회를 통해 운영되던 학급에서보다 더 많은 자유를 누렸고, 더 많은 영향력을 행사할 수 있었다. 독재 권력은 회유를 통해 저항 세력을 굴복시키기 때문에 더욱 굳건해지고, 지배력이 강화된다.

초·중등학교 시절에 학급 조직과 규율을 학급 회의를 통해 정한 경험이 있을 것이다. 주번 활동이나, 청소 당번 등을 자율적으로 정해 1년간 시행하게 된다. 자율적인 학급의 질서가 가능한 반도 있고, 잘 운영되지 않은 반도 있었을 것이다. 잘 운영되지 않은 반은 담임 교사가 개입하여 강제적으로 운영되기도 한다. 학생들은 벌을 받지 않기 위해서라도 자신의 책임을 다했을 것이다. 잘 된 반과 잘 되지 못한 반의 차이는 무엇이었을까? 그것은 그 학급 구성원의 심성에서 차이가 났다고 볼 수 있다. 착하고 이타적인 아이들이 많은 학급은 어느 정도 자율적인 질서가 유지된다. 하지만 그렇지 못한 경우는 항상 착한 아이들만 손해를 보게 된다. 결국 자율적 사회 질서의 성패는 구성원의 본성에 달린 것이 아닐까?

인간의 본성이 선하고, 이타적인 존재라면 자율적인 사회 질서는 가능할 것이다. 모두가 규칙을 자율적으로 정하고 자발적으로 지키며, 남을 속이지 않을 것이기 때문이다.

토마스 홉스(Thomas Hobbes)의 '만인의 만인에 대한 투쟁'이란 말은, 국가와 법이 없는 자연 상태에서 인간은 서로 싸우게 된다는 주장이다. 그는, 인간은 본성적으로 이기적이기 때문에 법과 제도에 의하지 않고는 자율적인 질서를 유지할 수 없다고 믿었다. 자율적인 사회 질서가 가능하려면, 이 말이 사실이 아니어야 한다. 자율적인 사회 질서란 인간이 천부적으로 선한 존재이어야 가능한 것이기 때문이다.

자율적인 사회 질서가 가장 이상적이라고 할 수 있다. 자율적으로 규칙을 정하고, 자발적으로 질서를 지키며, 남을 속이지 않으면서 이타적일 때, 행복한 사회적 삶이 가능할 것이다. 만약 각자가 자신의 이익을 위해 규칙을 어기고 남을 속인다면, 결국 자신과 자신의 가족들도 똑같이 피해자가 될 것이다. 그러나 안타깝게도 사회는 우리가 원하는 방향으로만 흘러가지는 않는다.

기출문제 둘러보기

2006 고려대 정시 |

다음 네 개의 제시문은 하나의 공통된 주제와 관련된 글이다. 그 주제를 말하고, 제시문 간의 연관 관계를 설명하시오. 그리고 그 주제에 관한 자신의 생각을 논술하시오.

제시문 (가) 〈생략〉 전 사실 원장님 부임 직후부터 이 섬의 선의의 지배자로서의 원장님과 그에 대한 피치자로서의 원생들과의 사이에 어느 정도까지 협의적인 지배 질서가 가능할 것인지에 대해 지극히 깊은 관심을 가져왔습니다. 하지만 전 마침내 원장님에게서마저도 저의 그런 기대가 얼마나 부질없는 환상이었는가를 확인할 수 있었을 뿐이었습니다. 도대체 어떤 절대 상황 안에 격리된 인간 집단 안에서는 그 지배자와 피지배자 사이의 협의 관계에 의한 지배 질서란 궁극적으로 그 상황의 벽을 무너뜨리는 순교자적 용기와 희생 없이는 가능할 수가 없는 것이었습니다. 〈생략〉

제시문 (나) 무릇 음양이 어울려 만물이 생겨나지만, 같은 것이 모여 있을 때에는 발전해 나갈 수 없습니다. 서로 다른 사물끼리 서로를 보충해 균형 있게 하는 것을 화(和)라고 합니다. 그렇게 하면 만물을 풍부하게 하고 커지게 할 수 있습니다.

〈생략〉 그러므로 왕은 천하의 넓은 땅을 경영하면서 수많은 세입들을 거두어들여 수많은 백성들을 먹여 살리며, 도의로 가르치고 등용하여 그 백성들이 한 집안처럼 화락하게 하였습니다. 이와 같아야 화(和)의 지극한 경지입니다.

제시문 (다) 아우구스티누스에게 수(數)는 매우 매혹적인 것이었다. 〈생략〉 수는 존재와 아름다움 양자에 근본적인 것이다.

아우구스티누스는 이렇게 말했다. "가령 특정한 의도나 목적 없이 단지 즐거움을 위해 팔을 움직인다고 가정해 보라. 그것은 춤이 될 것이다. 춤의 무엇이 당신을 즐겁게 하는지를 물어 보라. 그러면 수가 이렇게 답할 것이다. '자, 나 여기 있소.' 신체 형태의 아름다움을 살펴보라. 그러면 당신은 모든 것이 수에 따라 자리 잡고 있다는 사실을 알게 될 것이다. 신체 동작의 아름다움을 살펴보라. 그러면 당신은 모든 것이 수에 따라 적절한 시간대에 놓여 있음을 알게 될 것이다."

수는 질서의 근본 원리이며, 질서는 여러 부분들을 어떤 목적에 부합하게 하나의 통합된 복합체로 배열하는 것이다. 질서 있는 모든 것은 아름답다.

제시문 (라) 〈생략〉 본질적으로 사회적 질서가 있기에, 개인은 성공적인 예측에 의해 행동하고, 자신의 지식을 효율적으로 사용하며, 더 나아가 타인으로부터 기대할 수 있는 협력이 무엇인지에 대해 보다 더 정확하게 예측할 수 있다.

상황에 따라 조정이 이루어지는 분산적 질서는 중앙의 지침에 의해 확립될 수 없다. 그것은 개인들의 상호 작용과 개인들에게 영향을 미치는 상황에 대한 대응을 통해서만 나올 수 있다. 이것이 바로 폴라니가 '다중심적 질서'의 자생적 형성이라고 부른 것이다. 개인들이 자발적으로 상호 작용함으로써 인간들 사이에 질서가 확립될 때, 우리는 이를 자생적 질서 체계라 한다. 개인들의 노력에 의해 사회적 질서의 조정이 이루어지며, 이러한 자기 조정은 공적 토대 위에서 자유를 정당화한다. 이때 개인의 행동은 자유롭다고 할 수 있다. 그것은 우월하거나 공적인 권력의 명령에 의해 결정된 것이 아니기 때문이다. 〈생략〉

표현의 자유가 우선인가? 사회 질서가 우선인가?

자신이 원하는 음악을 하기 위해 대형 기획사에 소속되지 않고 독립적으로 활동을 하는 그룹이나 밴드를 인디밴드라고 한다. 물론, 오로지 음악이 좋아서 자신들만의 음악을 하기 위해 인디밴드로 활동하기도 하지만, 메이저 음악인으로 진출하기 위한 준비 단계로 인디밴드 활동을 하는 경우가 더 많을 것이다. 인디밴드가 클럽 활동을 통해 인기를 얻게 되면 대형 기획사에 들어가 메이저로 활동하게 되는 경우가 많다. 인디밴드는 주로 홍대 앞 클럽에서 많이 활동하는 것으로 알려져 있다.

2005년 7월 30일, 모 방송사의 음악 생방송 중 황당한 사건이 발생했다. 인디밴드인 '카우치' 그룹 멤버들이 공연 도중 성기를 노출했다. 그들이 생방송 중에 그런 일을 일으킨 이유에 대해서는 지금도 의문이다. 사람들의 관심은 그들이 사전에 모의를 한 것인가, 아니면 공연 중 흥분하여 돌발 사건을 일으킨 것인가 하는 것이었다. 그 사건 이후 인디밴드들이 주로 활동하는 홍대 앞 클럽들은 항상 그렇게 노는 것이 아닌가 하는 세인들의 따가운 논총을 받아야 했다. 이 일로 '카우치' 멤버들은 법정에서 2년 형을 구형 받았지만 집행 유예로 3개월간 구속되었다가 풀려났다.

충남 서산의 한 중학교 미술 교사가 자신과 아내의 누드 사진을 홈페이지에 올렸다가 유죄 판결을 받은 사건도 있었다. 일각에서는 '예술인가, 외설인가'라는 케케묵은 논란이 다시 일어났다. 여성 야당 총재를 성적으로 비하하는 패러디 사진이 청와대 홈페이지에 게시되어 문제가 된 적도 있었다. '표현의 자유' 차원에서 정당하다는 주장과, 사회 질서를 무시하고 혼란에 빠뜨리는 범죄 행위라는 주장도 있었다.

한편, 정치적인 문제에서도 표현의 자유는 자주 문제가 된다. 친북 성향의 단체들이 홈페이지를 통해 '친북 반미'를 외치고, 북한의 선군 정치를 옹호하였다 하여 찬반 여론이 뜨거워지고 있다. '선군 정치'란 군사력을 앞세운 정치 형태를 말한다. 또한 송두율 교수의 국가 보안법 위반 사건에 대해서도 학자의 정당한 연구 행위로 보자는 견해와 적을 돕는 이적 행위라는 주장이 팽팽하게 맞서 있다.

문제는 표현의 자유는 기본적인 인권인데, 어디까지 허용하여야 하며, 사회 질서 차원에서 어디까지 제한해야 하는가 하는 점이다.

'6·25는 북한 지도부가 행한 통일 전쟁'이라는 표현 때문에 국가 보안법 위반으로 징역 2년 집행 유예 3년을 선고 받고 동국대에서 직위 해제된 강정구 교수 역시 '국가 보안법과 학문의 자유'는 양립할 수 없다고 주장하고 있다. 학문은 사상의 자유라는 사회적 풍토 없이는 꽃 피울 수 없는 것이 사실이다. 사회적 압력이나 제한을 받으면서 진리라고 주장하기는 어렵기 때문이다. 갈릴레오 갈릴레이(Galileo Galilei)가 종교 재판정에서 이단자는 화형(火刑)에 처해지는 줄 알면서도 끝까지 '지동설'을 주장하기는 어려웠을 것이다.

예술에 있어 표현의 자유 역시 시대에 따라 크게 달라졌다. 지금도 르네상스 시대의 진수로 손꼽히고 있는 보카치오의《데카메론》은, 처음 발표되었을 당시 지식층들은 이를 음란 작품이라고 규정하였다. 하지만 로렌스의《차탈레 부인의 사랑》역시 일본 법원에서 음란 외설 작품으로 판결되어 출판과 유포가 금지 당했지만, 지금은 오히려 남성 우월주의에 대한 비판을 담은 사회성 짙은 작품으로 높이 평가 받고 있다. 소설《즐거운 사라》가 외설 작품이라고 해서 전격 구속되었던 연세대 마광수 교수는, '외설'이 문제되는 것은 '성적 흥분을 일으키기 때문'인데, '성적 흥분을 일으키는 일이 죄인가?'라고 반문하고 있다. 김대중 전 대통령이 '대중문화사에 길이 남을 것'이라고 극찬했던 서태지의 경우도 그의 노래가 방송 금지 조치를 당하는 등 기성세대의 큰 반감을 샀다. '카우치' 멤버들의 성기 노출 사건도 시간이 흐르면 사회 질서를 깨뜨린 황당한 사건이 아니라, 젊은이들의 기성 문화에 대한 새로운 문화적 도전으로 높이 평가될지 두고 볼 일이다.

07 사회 변화의 힘은 무엇인가?

기성세대들은 종종
자신의 어린 시절을
자식들에게 들려주면서
지금은 살기 좋은 세상이라고
말하곤 한다.
하지만 신세대들에게는
별로 실감이 나지 않는 말이다.
기성세대들이 회상에 젖는
그 시절이 지금과는 많이 달랐을까?
하기야, 일제 식민지 시대,
광복, 6·25 전쟁, 4·19혁명,
5·16 군사 쿠데타, 경제 개발 5개년 계획,
유신 정권, 민주화 운동,
문민 정부, 외환 위기,
정보화 혁명 등등을
다 겪은 세대들은
우리 사회가 크게 변했다고
말할 것이다.

사회는 변한다

우리나라의 국내 총생산(GDP)이 1953년에 13억 달러에서 2005년 현재 7천 875억 달러로 무려 605.8배가 증가했다. 1인당 국민소득 역시 1953년에 67달러에서 2005년 현재 1만 6천 291달러로 약 243배가 증가했다. 단순 수치로만 본다면 국가가 606배 잘 살게 되었고, 국민 개개인은 50여년 전보다 243배 더 잘 살게 되었다. 그러니 기성세대에게는 기적같이 달라진 세상일 것이다. 기성세대들 중에는 어려웠던 시절을 회상하면서 그래도 그때가 좋았다고 말하는 이가 있을지도 모른다. 하지만 젊은이들에게는 들리지 않는 소리다.

한 사람이 살고 있는 50여 년 사이에도 많은 변화가 일어나는데, 인류가 지구상에 살아 온 50여만 년 동안 어떤 변화가 있었던 것일까?

사회가 변하는 것을 사회 변동이라고 한다. 사회 변동이란 사회의 정치·경제 체제·가치관 등이 부분적 또는 전체적으로 변화하는 과정을 말한다. 인류가 지구에서 살기 시작한 것이 약 50여만 년 전인데, 정착 생활이라는 획기적인 변화를 가져온 농업은 겨우 1만 2천여 년 전에야 시작했었다. 인류 생존의 전 주기를 하루로 계산

한다면 농업은 밤 11시 56분에 생겨났고, 문명은 밤 11시 57분에 생겨났으며, 근대 사회의 발전은 11시 59분 30초에야 시작되었다고 한다. 그러나 인류가 살아 온 그 30초 동안의, 근대 사회에 발생한 변화는 인류의 시간 전체와 맞먹을 정도로 엄청난 것이었다. 그렇다면 사회 변동이 일어나는 원인은 무엇일까? 많은 학자들이 그 성격을 밝혀 보고자 하였으나 단일한 요인으로 수렵, 채집, 목축 사회에서 전통 문명으로, 그리고 오늘날의 복잡 다양한 사회 체제로 변화했다는 것을 설명하지는 못할 것이다.

앤서니 기든스(A. Giddens)는 《현대 사회학》에서 사회 변동의 주요 원인을 '물리적 환경', '정치 조직', '문화적 요인' 등 세 가지라고 설명했다. 기후 조건과 같은 '물리적 환경'은 인간의 생활양식에 큰 영향을 미친다. 예를 들어 아주 추운 극지방에 사는 사람들과 열대 지방에 사는 사람들은 생활 양식이 다르고 그에 따른 사회적 삶의 양식도 다르기 마련이다. 그리고 비옥한 농토가 많은 지역에 사는 사람들과, 해안가에 사는 사람, 또는 사막에 사는 사람, 정글이나 산맥에 사는 사람들의 생활 양식도 다를 수밖에 없다. 다만, 환경이 좋다고 해서 더 발전된 문명을 만들어 내는 것은 아니다. 영국의 역사가 아놀드 토인비(Arnold Toynbee)는 《역사의 연구》에서 중국의 황하 문명, 인도 문명, 이집트 문명 등 인류의 문명은 자연재해 혹은 외세의 침입 등 외부의 도전을 이겨 내고자 하는 노력을 통해 찬란히 발전했다면서 이러한 문명 발전의 원리를 '도전과 응전'이란 말로 설명하였다. 다시 말해 반드시 최적의 환경에서 문명이 꽃피는 것은 아니라는 것이다.

'물리적 환경'보다는 '정치 조직'이 사회 변동에 더 큰 영향을 미친 것으로 보인다. 족장, 영주, 왕, 정부 등 정치 기구가 존재하는 사회와 그렇지 못한 사회는 큰 차이가 있었다. 정치 권력은 생존의 토대인 생산 체계를 조직하고, 군사력을 정비하여 사회의 존속 및 발전에 큰 영향을 미쳤다.

'문화적 요인'에는 '종교', '의사소통 체계', '지도력' 등이 포함된다. 종교는 사회의 정신 세계에 큰 영향을 미치며, 문자와 같은 의사소통 체계는 기록을 통해 역사에 대한 이해가 가능하게 하며, 지도자의 지도력 역시 세계 역사에 엄청난 영향력을 미쳤다. 스탈린이 없었다면 세계 역사는 어떻게 달라졌을까? 히틀러가 없었다면 세계 역사는 또 어떻게 달라졌을까? 결국 그들이 세계 역사에 엄청난 영향을 미쳤다는 것을 알 수 있을 것이다.

사회는 진화한다

동양에서 기린은 상상 속의 동물이었다. 상상 속의 동물이었던 기린의 모양이 아프리카에 생존하는 초식 동물과 닮았기 때문에 '기린'이라고 명명하였을 것이다. 다윈은 이 기린이 처음에는 모두 목이 짧았다고 주장했다. 그런데 돌연변이가 일어나서 목이 긴 기린이 나타났다는 것이다. 마침 가뭄 때문에 나무가 말라죽는 경우가 많았는데, 그나마 낮은 나뭇가지에 달린 잎들은 목이 짧은 기린들이 모두 먹어치워 버렸다. 결국 높은 나뭇가지에만 잎이 남아 있었다. 목이 짧은 기린들은 이 잎을 따먹을 수 없어서 도태되고 말았고, 목이 긴 기린만 남게 되었다는 것이다. 다윈은 이러한 기린의 예와 회색가지나방 등의 예를 들어 '환경에 적합하고 우수한 개체들만이 자연의 선택을 받아 번식하게 되고, 열등한 개체들은 도태된다.'는 자연 선택설을 주장하였다. 결국 개체는 환경에 가장 적합한 자만이 살아남는다는 것이다.

인간이 모여 사는 집단을 사회라고 한다. 사회는 일정한 경계가 설정된 영토에서 종교·가치관·규범·언어·문화 등을 상호 공유하고 특정한 제도와 조직을 형성하여 질서를 유지하고 성적 관계를 통하여 성원을 재생산하면서 존속하게 된다. 사회학에서는 사회를 '생명을 가진 유기체'로 보기도 한다. 이러한 학설을 사회 유기체설이라고 한다. 사회는 생물체와 같아서 내적 분화 과정을 통하여 환경에의 적응력을 발전시켜 나간다는 것이다. 내적 분화과정에서 전체의 균형을 깨뜨리는 일탈 현상이 발생하면 자체의 내부 시스템에 의하여 곧 균형을 회복하게 된다. 또한 동물이 세포가 모여 구조를 이뤄 살아 움직이는 유기체가 되었듯이 사회도 그것을 구성하는 개인들이 모여 가족과 조직을 이뤄 유기체처럼 살아 움직인다.

사회가 동물과 같은 살아 움직이는 유기체라면 동물과 마찬가지로 점점 진화하게 된다는 가설이 성립한다. 이러한 학설을 사회 진화론이라고 한다. 분화와 통합의 과정을 거쳐 사회적 질서가 형성되고 보다 높은 단계로 진화한다는 이론이다.

사회 진화론을 처음 거론한 사람은 허버트 스펜서(Herbert

Spencer)이다. 스펜서는 "사회도 생물과 같이 하나의 유기체이며, 생물 유기체가 활동하고 생명을 유지하는 데 필요한 발전 법칙처럼 사회도 적응과 도태를 통해 저급의 상태에서 고급, 우등의 사회로 발전된다."고 했다.

사회 진화론은 다윈의 진화론을 인간 사회에 적용시킨 것이다. 사회 진화론은 인간 사회가 원시 사회 → 고대 노예제 사회 → 중세 봉건 사회 → 근대 산업 사회로 진화한다고 보았다. 이 이론에 따라 서양의 제국주의 국가는 더욱 진화된 산업 사회이기 때문에 약소국을 지배하는 것이 '약육강식'의 논리에 따라 정당하다고 주장하였다.

마르크스(K. H. Marx) 역시 사회 진화론을 적극 수용하여 사회 발전을 하나의 법칙으로 설명하였다. 다만 그 진화의 단계를 원시 공산제 사회 → 고대 노예제 사회 → 근대 자본주의 사회 → 사회주의 사회로 발전한다고 주장하였다.

우리나라를 식민 지배한 제국주의 일본 역시 같은 논리를 폈다. 우리나라는 진화가 덜 되었기 때문에 더욱 발전된 일본이 조선을 지배하는 것은 정당하다는 입장이었다.

결국, 사회 진화론은 인간 사회를 약육강식, 적자생존의 '밀림 왕국'으로 보았다. 그런 의미에서 사회 진화론은 철저하게 '강자의 논리'였다.

사회는 싸우면서 큰다

우리는 어려서 부모로부터 '애들은 싸우면서 큰다.'는 말을 자주 들었다. 사소한 말싸움으로 시작해서 급기야는 폭력을 쓰기도 했다. 그러고 나면 다시는 그 녀석과 놀지 않았다. 경우에 따라서는 상대를 인정하고 더 친한 친구가 되기도 했다. 이런 경우는 처음부터 해볼 만한 상대라고 믿었기 때문에 발생한 것이다. 싸움에는 법칙이 있다. 처음부터 이길 수 없는 상대하고는 싸우지 않는다. 포기하고 만다. 상대가 너무 약자일 때도 일방적으로 괴롭히게 될지는 몰라도 싸우게 되는 경우는 드물다. 그러면서 인간 관계를 배우고, 세상을 배운다.

사회도 싸우면서 크는 모양이다. 사회는 그 안에 많은 의견 대립과 갈등을 안고 있다. 이러한 갈등이 사회를 변화시키는 힘이다. 갈등의 원인은 여러 가지가 있겠지만, 주로 경제적인 이해 관계 또는 정치 권력의 대립이 가장 중요한 요인이다. 사회 구성원들은 이러한 문제에 있어서 협력하기보다는 경쟁적이기 때문에 갈등은 끊임이 없다.

사회가 합의 혹은 계약에 의해 움직인다고 생각하는 기능주의자들에 반해 사회 갈등 이론가들은 사회의 불평등과 그에 따른 갈등의 문제에 관심을 기울인다. 기능주의자들이 갈등과 변화를 비정상적인 것으로 생각하는 반면, 갈등 이론가들은 갈등과 변화를 인간사회에 상존하는 불가피한 현상으로 본다. 갈등론에서는 사회가 각자의 이익을 추구하는 개인 혹은 집단들로 구성되어 있다고 본다. 갈등을 통해 사회가 발전한다는 시각은 사회는 진보한다는 사회 진화론과 일맥상통하는 면이 있다. 다만, 그들이 상정한 발전 단계가 사회 진화론과 다를 뿐이다.

마르크스는 사회가 그 자체의 변화를 발생시킬 '모순들'을 지니고 있다고 했다. 봉건 사회는 그 모순으로 인해 자본주의를 발생시켰으며, 자본주의 역시 그 모순으로 인해 공산주의를 출현시켰다는 것이다. 그러므로 사회 변동의 원동력은 그 사회 자체가 지니고 있는 모순에서 출발한다고 했다. 마르크스는, 갈등은 이해의 차이에서 생기는데, 이해의 차이는 계급에서 온다고 보았다. 결국 사회적 모순에 의한 계급 갈등은 필연적으로 혁명을 수반한다고 주장하였다.

독일의 사회학자인 랄프 다렌도르프(Ralf Dahrendorf)는 기능주의적 사상가들이 사회의 한 측면, 즉 조화와 일치가 존재하는 사회적 삶의 측면만 강조한다고 비판했다. 오히려 더욱 중요한 것은 사회적 갈등이라는 것이다. 마르크스가 갈등의 원인을 모순에 의한 계급 갈등에서 찾은 반면, 다렌도르프는 그보다 더 광범위한 권위와 권력에서 온다고 보았다. 따라서 마르크스가 역사 발전 단계에서 계급 갈등에 의한 혁명의 필연성을 주장한 데 반해, 다렌도르프는 혁명이 항상 필연적인 것은 아니라고 보았다.

권위와 권력을 차지하기 위한 상반된 이해 관계 때문에 이익 집단 간 갈등이 일어날 수 있다. 결국, 급진적 혁명에 의하지 않고도 권위를 차지하기 위한 사회 구조의 변화가 생길 수 있는 것이다. 다렌도르프의 이런 주장은 기능주의의 보수성을 비판하면서도 마르크스의 급진성을 극복하는 이론으로 많은 공감을 얻었다.

기출문제 둘러보기

2007 서강대 수시 1학기 |

다음 두 제시문의 공통된 논지를 추출하고, 그 의미에 대해 논술하라.

제시문 (가) 한 옛날에 옷을 입을 줄도 모르고, 집에 거주할 줄도 모르고, 불을 사용할 줄도 모르는 야만족이 열대에 있는 그들의 고향을 떠나, 이른 봄부터 늦여름까지 북방으로 이동하였다. 9월이 되어 밤에는 제법 추워 오는 것을 느끼게 될 때까지 그들이 더운 고장을 떠나서 이미 추운 고장으로 와 버린 줄은 꿈에도 몰랐다. 추위는 날마다 더해 갔다. 그 까닭을 알지 못하는 그들은 이리저리 도피하기 시작했다. 그들 중에 얼마는 남쪽으로 되돌아갔다. 거기서 그들은 다시 옛 생활을 계속했다. 그리고 그들의 후예들은 오늘에 이르기까지 야만을 면하지 못하게 되었다. 다른 방향으로 흩어져 방황하던 사람들은 그들 중 극히 소수만을 제외하고는 모두 멸망했다. 살을 에는 듯한 추위를 피할 길이 없던 일부 소수는 인간의 가장 높은 기능인 의식적인 발명의 능력을 사용하게 되었다. 그들 가운데 어떤 이들은 땅을 파고 구멍을 만들어 몸 둘 곳을 삼았다. 어떤 이들은 오막살이와 잠자리를 만들기 위해 나뭇가지와 잎사귀들을 모았다. 또 어떤 이들은 그들이 잡아 죽인 짐승의 가죽으로 그들의 몸을 가렸다. 오래지 않아 이 야만인들은 문명으로 향한 가장 훌륭한 진보의 발걸음을 내딛게 되었다. 〈중략〉 이것이 진보 발전의 패러독스이다. 만일 필요가 발명의 어머니라면, 그 아버지는 고집이다. 고집이란 여러 가지 손실들을 끊어버리고 삶이 보다 편리한 데를 찾아가려는 것보다는 차라리 역경에서 견디어 이

기며 살아가려는 결의이다.

—토인비, 《역사의 연구》

제시문 (나) 〈생략〉 디지털 기술로의 패러다임 전환기였던 1990년대 중반에 한국의 기업들은 여러 혁신적인 디지털 제품들에서 세계적인 리더로 등장하기 시작했다. 삼성과 LG는 관련 디지털 기술 영역에서 그 기술력과 라이선스에서 세계 최고의 지위를 누리고 있다. 또한 삼성과 LG는 1990년대 후반 이래 미국 또는 영국에서 가장 큰 시장 점유율을 갖고 있다. LG전자는 1997년에 디지털 TV에 필요한 핵심 칩셋을 개발한 세계 최초의 기업이다.

그러나 패러다임 전환기를 이용하여 선도 기업을 추격하고자 하는 기업은 다음과 같은 두 가지 위험을 접하게 된다. 첫 번째는 여러 개의 출현 가능한 표준 중에서 어떤 기술 표준을 선택할 것인가와 관련된 위험이며, 두 번째는 신규 제품 생산 기술을 선택하여 생산을 한 후 어떻게 초기 시장을 형성할 것인가 하는 위험이다. 디지털 TV와 CDMA를 개발했던 한국 기업들도 이러한 위험에서 자유로울 수 없었다. 〈중략〉

한국에서의 CDMA 셀룰러 폰 시스템 개발과 서비스 개시는 민관 합작으로 이루어진 가장 성공적인 경로 창출형 추격 또는 비약의 예이다. 한국 기업들과 정부 당국이 셀룰러 폰 시스템의 개발을 고려하고 있을 때 미국에서는 아날로그 시스템이 지배적이었고(여전히 지배적이다) 유럽에서는 TDMA 방식의 GSM 시스템이 지배적이었다. 그러나 한국 정부(정보통신부)는 주파수 사용이 효율적이고 고품질과 보안성을 겸비한 CDMA 기술에 주목했다. CDMA 시스템 개발에 대한 불확실성과 한국통신, 삼성, LG 같은 통신 서비스 제공업자 및 시스템 제조업자들의 심각한 우려 및 GSM으로 가자는 강력한 의견에도 불구하고 정보통신부와 전자통신연구소는 CDMA를 채택하기로 결정했다. 그러한 결정을 하기까지는 한국이 이미 개발되어 있는 TDMA(GSM)를 따라만 가게 되면 한국과 선발 국가 간의 격차는 줄일 수 없고 따라서 추격은 요원하다는 인식이 주요하게 작용했다. 그래서 한국은 더 위험한 길을 택했고 성공을 거두었다.

—이근, 〈과학기술의 새로운 패러다임과 경제〉

사회 변동은 어디까지 왔는가?

현대 사회를 한마디로 규정하기는 어렵다. 일반적으로 우리는 현대 사회를 자본주의 사회, 분업화된 사회, 후기 산업사회, 탈 산업사회 혹은 정보화 사회 등으로 부르고는 있다. 하지만 저명한 사회학자들은 좀더 특별한 용어를 사용하고 싶어 한다. 위르겐 하버마스(Jürgen Habermas)는 '의사소통 사회', 니클라스 루만(N. Luhmann)은 '중심 없는 사회', 울리히 벡(Ulrich Beck)는 '위험 사회', 다니엘 벨(D. Bell)은 '정보화 사회' 등의 용어를 사용하고 있다. 이미 일반화된 '글로벌 사회'라는 용어까지 포함하면 현대 사회의 특징을 이 용어들이 어느 정도 규정하고 있다고 생각된다.

위르겐 하버마스는 아도르노(T.W. Adorno)와 호르크하이머(M. Horkheimer)에 의한 비판적 사회 이론을 계승하면서 사회 문제의 해결을 위한 패러다임의 전환을 주장했다. 그는 인간 역사의 발전 과정을 생활 세계와 체계의 역동적 분리 과정이라고 했다. 그리고 그 분리 과정을 통해 체계는 진화한다고 했다. 사회 구성 체계가 선사시대에서 현대로 올수록 다양해지고 복잡해졌다. 그 과정에서 많은 병리 현상이 발생했다. 그래서 하버마스는 현대의 다양한 병리 현상을 해결하기 위한 방안으로 새로운 패러다임을 주장하였다. 그것은 바로 상호 이해를 바탕으로 한 의사소통 행위를 강조하는 것이었다. 일명 '공론장 이론'이라고도 한다.

니클라스 루만은 현대 사회를 '중심 없는 사회'라고 진단했다. 사회는 '분절적 분화에서 계층적 분화를 거쳐 기능적으로 분화'되었다고 주장했다. 기본적으로 사회 진화론의 입장을 취하고 있는 루만은 사회 변동을 '체계들의 구조 변화'라고 정의하고 있다. 어느 특정한 중심이 없이 각각 분화되고 다양화된 사회 구조를 하고 있는 것이 현대 사회의 특징이라는 것이다.

울리히 벡은 인간의 합리적 사유 체계가 과학 기술을 발전시켜 빈곤을 벗어나게 했지만 인간 질곡의 원인이 되기도 했다고 주장했다. 합리성 또는 이성이 지배하는 현대 사회는 빈곤에서 벗어나기는 했지만 불안감도 더 커졌다는 것이다. 1986년 구소련의 체르노빌 원자력 발전 사고가 보여 주듯이 방사능 누출을 걱정해야 하고, 대량 살상 무기가 동원된 전쟁의 공포에서 벗어날 수 없으며, 생태의 파괴에 의한 생존의 위험을 늘 감수해야 한다. 이에 그는 현대 사회를 '위험 사회'라고 명명하였다.

현대 사회를 정보화 사회로 규정한 이들은 매우 많다. 그 중에 특히 다니엘 벨은 정보화 사회를 사회학적 관점에서 연구한 사람이라 할 수 있다. 그가 현대 사회를 '정보화 사회'라고 부르는 이유는 상품을 생산하거나 지적 작업을 하는 데 있어, 또 상호 간에 통신을 하는 데 있어 점차 '정보'가 중심적인 역할을 차지하게 될 것이라는 의미에서다. 이러한 사회의 변동은 기술 혁명에서 비롯되었다.

글로벌 사회라는 개념 역시 현대 사회의 특징을 설명하는 가장 일반적인 용어다. 전 세계가 하나로 연결되고 그 속에서 상호 의존이 더욱 심화된다. 글로벌 사회에는 지역적 경계의 개념이 없어지고 정치, 경제, 사회, 문화의 현상들, 구체적으로는 인적, 물적 교류, 자본, 유행, 사고, 환경, 정보, 교육, 예술, 음식 등 인류가 지닌 거의 모든 것들이 하나로 통합되면서 자유로이 넘나들게 된다.

현대 사회는 그 변화의 속도가 가히 광속이라고 할 수 있다. 문명사적 대 변혁의 시대를 우리는 살고 있다. 그 과정에서 많은 이들이 우려하듯이 사회적 병리 현상이 증가하고 있다. 우리는 그 병리 현상을 치유하면서 격변의 시대에 빠르게 적응해야 하는 이중의 임무를 동시에 수행해야만 한다.

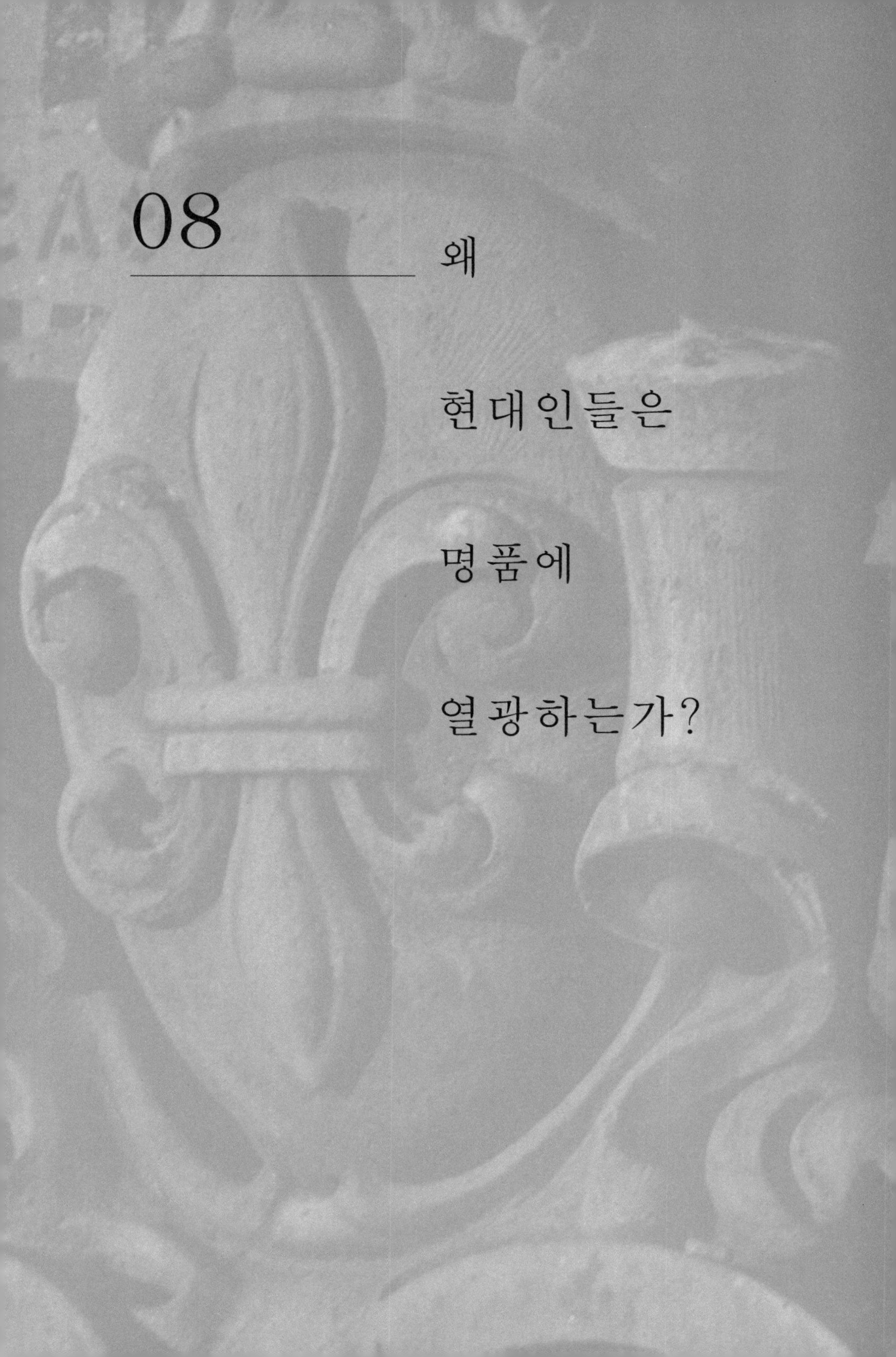

08

왜 현대인들은 명품에 열광하는가?

영국의 한 왕자가 어느 날 성을
몰래 빠져나와 구걸하는 거지를 보게 된다.
그런데 구걸하는 거지가
너무 자유로워 보여서
서로 옷을 바꾸어 입고
생활을 바꿔서 해 보기로 한다.
왕자가 된 거지는 성으로 들어가
왕자 행세를 하는데, 아무도
그를 알아채지 못한다.
이 이야기는 어려서 누구나 읽어보았던
《왕자와 거지》라는 마크 트웨인의 소설이다.
거지도 돈을 좀 써서 잘만 꾸미면
왕자로 보일 수 있고,
반대로 왕자도 거지 차림을 하면
거지가 된다는
재미있는 우화이다.
그렇다면 우리들도 잘만 꾸미고 나가면
남들이 왕족이나 귀족으로 볼까?

소비는 자기를 표현하는 수단이다

장 보드리야르(J. Baudrillard)는 《소비의 사회》에서 '소비는 커뮤니케이션의 수단이다.'라고 주장했다. 어떻게 해서 소비가 의사소통의 수단이란 말인가? 상품의 가치는 사용 가치와 교환 가치로 나눌 수 있다. 사용 가치란 경제적인 효용 가치에 의해 형성된 상품 본래의 가치다. 그러나 장 보드리야르는 이런 사용 가치를 넘어 교환 가치가 현대의 주된 소비 개념으로 자리 잡고 있다고 말한다. 예를 들어 가방은 책, 소지품 등 필요한 물건을 쉽게 넣어 다닐 수 있으면 그 사용 가치를 다한 것이다. 그러나 어떤 사람들은 수천만 원짜리 악어 가죽으로 만든 가방을 구입하고 몇 백만 원짜리 베르사체니, 프라다니 하는 명품 가방을 구입하려고 백화점에 줄을 선다.

왜 그렇게 많은 돈으로 그런 물건을 사는 것일까? 그리고 그런 물건은 사용 가치에 비해 훨씬 더 비싼 가격으로 팔리는 것일까? 그 이유는 간단하다. 사람들 앞에서 자신이 이렇게 비싼 물건을 살 만큼의 경제적 능력이 있다는 것을 과시하기 위해서다. 자신의 사회적 지위와 위세를 소비를 통해서 드러내는 것이다. 이때 소비는 더 이상 필요한 물건을 사는 행위가 아니라 자신을 드러내는 표현의 수단이 된다.

한편, 명품을 일상 용품처럼 사용하는 사람들은 대한민국의 상위 1%에 해당한다. 이에 포함되지 못하는 일반인들은 적은 돈으로 부유층을 흉내 내기 위해 소위 '짝퉁'이라는 것을 찾는다. '짝퉁'은 가짜, 모조품, 유사품, 이미테이션 등의 의미를 가진 은어이다. 수요면에서 너무 비싼 가격 때문에 명품을 구입할 수 없는 소비자와 공급면에서 상인들의 상술, 기술면에서 모사 기술의 발달 등이 만들어 낸 '가짜 명품'을 말한다. 용어의 유래로는 '가짜'라는 뜻의 '짜가'가 변한 '짝'과 낮춤말인 '퉁, 퉁이'가 결합한 것이라는 설이 유력하다.

우리나라는 과히 '짝퉁 공화국'이라고 해야 할 듯하다. 우리나라 안에서 유통되는 '짝퉁'의 규모는 상상을 초월하고 있다. 이태원에 나가면 '명품'을 흔하게 볼 수 있다. 하지만 그 중에 진품은 얼마나 될지 아무도 모른다. 알면서도 사고, 속아서도 산다. 진짜보다 더 진짜 같이 만드는 정교함에 감탄할 따름이다. 디지털 시대의 '짝퉁'은 '진품'과 구별이 불가능할 수도 있다. 소문난 명품일수록 '짝퉁'이 많이 나돈다.

이제 우리나라도 기술이 발전하여 특허 출원 건수가 세계 5위에 이르고 있다. 일반인의 인식도 매우 높아졌다. 그러나 여전히 지적재산권에 대한 인식은 매우 낮다. 미국은 해마다 우리나라를 지적재산권 주요 감시 대상국으로 지정하여 통상 압력을 가하고 있다. IT 강국이라고 자부하는 우리나라에서 정품 소프트웨어를 사용하는 경우가 얼마나 될까? 정품에 대한 인식이 더욱 높아져야만 한다.

'짝퉁'을 찾는 심리 역시 '명품'을 찾는 심리와 다를 바 없다. 비록 '짝퉁'이지만 진품 못지않은 효과를 발휘하기를 바라는 것이다. 그 효과란 바로 자신의 지위를 과시하는 것이다.

발터 벤야민(Walter Benjamin)은 《기술적 복제 시대의 예술 작품》이라는 저서에서 예술을 '일회성(一回性)', '유일무이한 숨결'이라고 정의하였다. 송두율 교수 역시 벤야민의 정의를 인용하면서 '짝퉁'은 '숨결'이 없는 복제품이라고 단정하였다. "'짝퉁의 시대'에는 살아 있는 '숨결' 대신에 죽은 '흔적'만이 남아 있는 것은 아닌지. 살아 숨쉬는 '원형'에 대한 갈증이나 갈망은 사라지고 너나 할 것 없이 진짜처럼 보이는 '짝퉁'으로 요란스럽게 온몸을 휘감고 있지는 않은지."라는 표현으로 우리 시대의 '짝퉁' 문화를 비판하였다. 또한 인간 정체성 상실의 한 현상으로 해석하기도 하였다.

비싸야 잘 팔린다고?

강남의 한 고급 의상실에서 100만 원의 가격표를 붙여 내놓았을 때는 팔리지 않던 코트가 1,000만 원으로 가격표를 바꿔 붙였더니 쉽게 팔렸다고 한다. 왜 그럴까?

서울 청담동에 가면 명품 상점과 수입차 매장이 즐비한 명품 거리라는 곳이 있다. 이곳에서 아르바이트를 해 본 대학생은 근무 첫날, 명품족들의 씀씀이에 깜짝 놀랐다고 한다. 이 학생은 삼천 만 원짜리 수표를 가져 와서 명품을 구입하고는 몇십만 원을 남겨가는 여성을 보고는 이곳이 우리나라 같지 않았다고 한다. 백화점들도 명품관을 따로 두고 있다. 압구정동에 있는 갤러리아 백화점은 16년 동안 명품관을 운영해 왔고, 제 2명품관까지 만들었다. 2005년 부터 롯데 백화점도 '에비뉴엘'이라는 명품관을 개장하였는데, 1년 동안 매출액 1,250억 원에 방문객이 106만 명으로 집계되었으며, 1인당 평균 구매액은 95만 원이었다. 그리고 방문객은 30대가 37%, 20대가 15%로 전체 방문객의 절반을 넘었다. 신세계 백화점, 현대 백화점 등도 명품관 개장을 위한 공사 중에 있다고 한다.

소비자는 어떤 물건을 구입할 때 두 가지 가격을 동시에 고려한다. 즉 실제 지불하는 시장 가격뿐 아니라 '남들이 얼마를 줬을 것이라 기대하는 가격'까지 감안하는 것이다. 이렇게 내가 산 물건에 대해 남들이 기대하는 가격을 과시 가격(conspicious price)이라 한다. 과시 가격이 올라가면 그 제품에 대한 수요도 올라간다. 또 과시 가격에 따른 수요 증대 효과가 시장 가격 인상에 따른 감소 효과를 상쇄할 수 있다면 전체 효과는 당연히 수요 증대로 나타난다.

경제학의 기본 원리는 수요 공급의 법칙이다. 가격이 오르면 수요는 줄고 공급은 늘어나며, 가격이 내리면 수요가 늘고 공급은 줄어든다. 과시 소비는 이와 반대로 가격이 오를수록 수요가 늘어나는 기현상을 말한다. 자신의 지위를 과시하기 위해 쓸데없이 비싼 물건을 사는 소비 행태가 바로 그것이다. 다시 말하면 그 상품의 사용 가치보다는 교환 가치를 훨씬 중요시하는 소비 행태이다. 그리고 그들은 그 상품이 누구나 쉽게 살 수 있을 만큼 대중화된다면, 이제 소비를 중단하고 새로운 고가의 '명품'을 찾아 나선다. 이는 기존의 '명품'이 자신을 과시할 수 있는 수단으로서의 가치를 상실했다고 판단하기 때문이다.

미국의 사회학자인 베블렌(Veblen)은《유한계급(Leisure class)론》에서 미국 부자들의 소비 행태를 매우 신랄하게 비판하였다. 유한계급에 속하는 사람들은 값비싼 물건을 남들이 볼 수 있도록 과시적으로 소비하는 것이 사회적 지위를 유지하는 수단이라고 여긴다. 대중 사회에서는 누가 더 잘 사는지 알 수 없기 때문에 사람들은 자신을 알리려고 과시적 소비를 하는 것이다. 현대인들의 이러한 소비 행태를 '베블렌 효과'라고 부른다. 이러한 과시적 소비 행태는 부자들에게서 잘 나타나는 현상이다. 하지만 베블렌은 '절대 빈곤에 시달리는 빈민'조차도 과시적 소비 유혹을 심하게 받고 있다고 주장한다. 가난한 집안의 주부가 수천만 원 대의 카드 빚을 지게 된 사연이나 '쇼핑 중독' 현상은 바로 그런 과시적 소비 유혹에 빠져든 좋은 사례다. 베블렌은 "허영을 부리기 위해서라면 아무리 비참하고 열악한 생활도 감수할 것"이라면서 "이렇듯 좀 더 고상하거나 정신적인 것으로 여겨지는 모든 욕구의 충족을 스스로 거부하고 물질적인 결핍의 압력에 절망적으로 무릎을 꿇은 계급과 국가는 지금까지 하나도 없었다."고 말했다.

광고는 현실을 왜곡한다

'집이 달라지면 여자의 미래가 달라집니다.'는 말은 한 아파트 광고의 카피이다. 가족에 묶여 자신의 꿈을 이룰 수 없었던 여인이 이 회사의 아파트에 살면서 꿈을 이룰 수 있게 된다는 광고이다. 정말로 우리의 미래가 달라지고, 삶이 행복해진다면 이 아파트를 사기 위해서 영혼이라도 팔겠다.

광고는 자본주의의 꽃이라고 불린다. 광고는 소비 사회를 촉진하는 가장 효과적인 도구이기 때문이다. 그런데 앙리 르페브르(Henri Lefebvre)는 《현대 세계의 일상성》이란 책에서 '광고'의 속성을 매우 예리하게 분석하고 있다. 그의 분석은 매우 인상적이다. 그는 현대 소비 사회의 광고(이미지)가 어떻게 심오한 현실을 은폐하고 변질시키고 있는지를 잘 보여 주고 있다.

한 멋진 남자가 수영복을 입고 요트를 타고 바다를 달리고 있다고 하자. 그의 몸매는 참으로 균형이 잡혀 있고 멋있다. 그는 요트에 비스듬히 앉은 채 수평선 너머 먼 곳을 바라보고 있다. 이 사진 아래에 다음과 같은 광고 카피가 있다. "진짜 남성의 인생, 그래, 그건 멋지다. 남성의 인생, 매일 아침 애프터 쉐이브 로션의 짙은 향기를 발견하는 것은 참으로 멋진 일이다……." 이 남자의 남성미는 애프터 쉐이브 로션에 의해 표현된 것이었다. 광고 제작자는 이 로션을 바르기만 하면 어떤 남자든지 남성다운 남성으로 다시 태어날 수 있다는 환상을 심어 주기 위해 노력했다.

상품 광고뿐만이 아니다. 공익 광고 역시 매우 이데올로기적이다. 참혹한 전쟁터에서 부모를 잃고 울고 있는 아이가 있다. 이 아이는 거의 벗겨져 있으며 온몸이 새까맣다. 얼굴에는 오랫동안 울고 난 자국이 남아 있다. 이때 지나가던 멋진 군복을 입은 병사가 이 아이를 끌어안으며 눈물을 흘린다. 이 병사의 표정에는 참으로 깊은 인간애가 담겨 있다. 카피라이터는 다음과 같은 문구로 광고를 완성한다. "전쟁, 이제 끝나야 합니다. 이 아이들에게 사랑과 꿈을 돌려주어야 합니다." 이 광고 속에는 왜 전쟁이 일어났는지, 이 아이가 자기의 부모를 죽인 적군에 대해 어떤 분노를 느끼는지는 표현되지 않는다.

르페브르는 한 걸음 더 나아가 '별장, 요리, 여성, 여성 잡지, 자동차' 등의 상품 혹은 인간 관계에 대해서도 서술했다. 이렇게 그는 현대 사회를 구성하고 있는 여러 가지 요소들에 대하여 매우 의미 있는 해석을 하고 있다. 소비 사회는 냉혹하다.

우리는 산업 사회가 가져다 주는 풍요로움에 취해 우리 인간 자신이 사물화되고 심지어는 인간 자신이 상품화되는 현실의 이데올로기 속에 살고 있다. 회사는 개인을 매우 사려 깊고 아주 친절하게 대한다. 회사는 개인을 위해 매우 특별한 물품들을 준비해 준다. 하지만 회사가 개인에게 잘 살 수 있는 방법을 친절하게 안내해 주는 것처럼 보이지만, 그 모든 행위 뒤에는 생산자와 소비자라는 영원한 먹이 사슬의 비극이 숨겨져 있다. 속고 속이는 관계, 이러한 관계 속에 매일 길들여지는 '일상'이 바로 현대 사회의 본질이다. 그것을 광고가 증명하고 있다.

기출문제 둘러보기

2006 성균관대 정시 |

"서울 주택가 지하에 비밀 공장을 차려 놓고 대량으로 가짜 해외 명품을 만들어 팔아온 제조업자와 유통업자들이 얼마 전 무더기로 경찰에 붙잡혔다. 정품이라면 1,000억 원 대에 이르는 물량이라고 한다. 가짜를 진짜처럼 똑같이 만들어 팔아 오며 유통질서를 어지럽히고 대한민국을 가짜 천국이라는 오명을 쓰게 만든 이들에게 물론 일차적인 책임이 있다. 그러나 이들로 하여금 수십만 개에 이르는 가짜 명품을 만들게 한 것은 바로 가짜를 사들이는 소비자라고 할 수 있다. 살 사람이 없는 물건을 불법을 저지르면서까지 만드는 속없는 장사꾼이 있을 리 만무하다."(○○신문, 2005. 12. 9)

위 기사는 최근 우리 사회에서 이른바 '짝퉁'이라는 말로 대표되는 모조품 소비 현상이 얼마나 심각한지를 보여 준다. 이러한 현상과 관련하여 아래의 제시문들을 읽고 물음에 답하시오.

제시문 (가)와 제시문 (나)의 논지를 각각 밝히고, 이 두 논지 모두를 근거로 모조품 소비 현상이 발생하게 된 원인을 분석하여 설명하시오.

제시문 (가) 사람들은 자신에 대해서 좋은 이미지를 유지하고 싶어 하기 때문에 자기가 생각하고 행동하는 방식대로 다른 사람들도 생각하고 행동한다고 믿는다. 이러한 현상을 '거짓 합치 효과'(false consensus effect)라고 부른다. 우리가 헌법 개정에 찬성하거나 특정 정당을 지지한다면, 다른 사람들도 우리처럼 생각한다고 믿는다. 어떤 일을 망치거나 바람직하지 못한 행동을 할 때, 다른 사람들 역시 마찬가지일 것이라고 생각함으로써 위안을 삼는다. 누군가에게 거짓말을 한 다음에는 자신이 속인

그 사람도 정직하지 못한 사람이라고 생각해 버린다. 탈세를 하거나 담배를 피우는 사람들은 다른 사람들 역시 탈세하고 담배를 피운다고 믿음으로써 자신의 이미지를 보호한다. 특정 인종에 대해서 부정적 생각을 가진 사람은 자신뿐만 아니라 다른 사람들도 그 집단에 대해서 좋지 않은 생각을 갖고 있다고 믿는다. 결국 다른 사람들이 어떻게 생각하는지 헤아리는 것은 실제로는 우리 자신이 어떻게 생각하는지 스스로 확인하는 것이라고 할 수 있다.

제시문 (나) 자동차를 사용하는 사람들 개개인 모두가 온실 효과에 대해서 책임이 있지만, 너무 많은 사람들이 이 문제에 연루되어있기 때문에 개인의 잘못이나 책임은 종종 간과된다. 생태학자인 개렛 하딘(Garrett Hardin)은 '목초지의 비극'(tragedy of the commons)이라는 용어로 이러한 사회적 딜레마 상황을 표현했다. 이 용어는 옛날 영국에서 흔히 발견되는 마을 공동 목초지에 기원을 두지만, 굳이 목초지가 아니더라도 공기, 물, 고래, 삼림 등처럼 여러 사람이 공유하고 있지만 그 양이 제한된 자원을 가리키는 데에도 사용된다. 만약 모든 사람들이 자원 사용을 절제한다면, 자원을 재충전하는데 걸리는 시간도 단축되고 궁극적으로는 자원의 고갈을 막을 수 있다.

한 마을에 100마리의 젖소를 먹일 수 있는 크기의 공동 목초지가 있고, 이 공동 목초지를 100명의 농부가 공유하고 있다고 가정해 보라. 이 경우 목초지를 가장 효율적으로 사용하는 방법은 농부 한 사람당 한 마리의 젖소만 방목하는 것이다. 그런데 어느 날 한 농부가 "내가 가진 젖소 두 마리를 목초지에 내보내면 나의 우유 생산량은 두 배로 느는 반면, 그로 인해서 목초지가 입는 피해는 단 1%에 불과하다."는 생각을 한다. 그래서 이 농부는 한 마리가 아닌 두 마리의 젖소를 목초지에 내보낸다. 문제는 같은 생각을 다른 농부들도 한다는 것이다.

더 많이 가질수록 행복한가?

우리는 현대 소비 사회에서 인간이 정체성을 잃지 않고 하나의 실존적 '존재'로서 살아갈 수 있는 방법을 에리히 프롬(Erich Fromm)의 《소유냐, 존재냐》에서 찾을 수 있다.

프롬이나 르페브르 등이 주장하는 바와 같이 현대 사회는 소유 양식에 의한 삶이 지배하는 사회이다. 그리고 자신 존재의 정체성과는 상관없이 타인의 시선을 의식한 나머지 자기에게 어울리지 않는 '명품' 의류를 구입하여 입고, 카드 빚을 내어 루이비통, 구찌, 페라가모, 알마니, 베르사체, 프라다, 샤넬 등 소위 '명품'을 구입한다. 그리고 최고급 외제 승용차를 구입하여 자신의 사회적 지위를 과시하고자 한다.

우리 주변을 돌아보자. 호텔 종업원이 고급 승용차를 타고 온 손님을 더욱 정중하게 안내한다. 모르는 사람을 대할 때, 그의 겉치장을 보고 더욱 친절하게 대한다. 사랑하는 사람을 선택할 것인가, 부자를 선택할 것인가를 고민한다. 우리 일상에서 일어나는 일들을 보면 소비가 우리 삶의 질에 매우 지대한 영향을 미치고 있음을 쉽게 확인할 수 있다. 이렇게 현대인들은 소유 양식을 통해 자기를 표현하고자 한다.

사람들은 남들보다 많이 소유할수록 행복하다고 느낀다. 하지만 다음의 질문을 곰곰이 생각해 보자. '반드시, 많이 가질수록 행복한가?', '반드시, 가진 것이 없으면 불행한가?'

내 셩이 게으르더니 하ᄂᆞᆯ히 아ᄅᆞ실샤
인간만사(人間萬事)를 ᄒᆞᆫ 일도 아니 맛뎌
다만당 다토리 업슨 강산(江山)을 딕히라 ᄒᆞ시도다.

이 시조는 윤선도의 '만흥(漫興)'이라는 연시조의 일부이다. 서로 자기 것이라고 다툴 이 없는 '강산(江山)'을 보면서 자연에 동화되는 삶을 추구하고 있다. 아마, 요즘 같으면 강산을 보고 투자 가치가 있나 없나를 생각할지도 모르겠다.

최근 언론 보도에 의하면 지구상에서 행복 지수가 가장 높은 나라는 최빈국인 방글라데시라고 한다. 부유하고, 복지 제도를 잘 갖춘 스웨덴, 핀란드 등 동유럽과 스칸디나비아 반도 국가들은 행복 지수가 가장 낮았을 뿐만 아니라 자살률도 높았다. 이 결과는 우리의 상식을 뒤엎는다. 이 자료는 경제적 소득과 소비 수준이 인간의 행복에 영향을 미치지 않았다는 것을 보여 준다. 부유하다고 생각되는 나라들에서 오히려 상대적 빈곤감으로 행복 지수가 낮아졌다. 그것은 소비를 하면 할수록 끊임없는 결핍을 느끼기 때문일 것이다. 소비는 하면 할수록 만족으로부터 멀어지기 때문일 것이다.

결국 인간의 행복은 마음에 달려 있다. 종교를 믿는 사람이 그렇지 않은 사람보다 행복 지수가 더 높다는 것이 이를 뒷받침하고 있다. 역설적으로 우리는 더 불행해지기 위해서 돈을 벌고 쓰고 있었던 것이다.

09

시장은 정말 우리를 행복하게 하는가?

선거철만 되면 길거리에서 선거 출마자와
지지자들의 인사 받기에 바쁘다.
이 출마자들 중 단 한 사람만이 국민의 선택을 받는다.
학창 시절, 줄반장에만 당선되어도
홍분되는 일인데, 기초 자치 단체장 선거나,
대통령 선거에서 당선되는 일은
매우 가슴 벅찬 일일 것이다.
그런데 알고 보면 선거만큼 비민주적인 것도 없다.
여러 명이 출마하여 한 명이 당선될 경우,
당선자는 10~30% 내외의 지지율을 얻었을 것이다.
그리고 표 차이가 많은가 아닌가는 중요하지 않다.
단 한 표라도 더 얻으면 2위를 밀어내고
당선자로 확정된다. 그리고 당선이 되면 임기가
보장되고 임기 중에는 지지율과 무관하게
정당한 절차를 거치지 않고는 자리에서
쫓아낼 수 없다. 그러고 보면
민주주의의 꽃이라고 하는 선거는
과연 민주적인가라는 질문을 던져볼 법도 하다.

시장은 돈으로 투표하는 곳

그에 비하면 시장은 참으로 민주적인 곳이다. 상품들이 상점에서 소비자의 선택을 기다리고 있다. 이 제품들은 각기 다른 시장 점유율을 보이고 있다. 물론 소비자는 시장 점유율이 높은 상품을 선택할 수도 있다. 하지만 개인에 따라서는 시장 점유율은 낮지만 자기 마음에 꼭 드는 제품이 따로 있을 수 있다. 각자 자기 마음에 드는 것을 사면 그만이다. 꼭 시장 점유율이 1위인 제품을 살 필요는 없다. 상품은 선거에서 한 표 차이로 떨어진 낙선자처럼 '낙동강 오리 알' 신세가 되지는 않는다.

소비자들은 돈으로 상품에 대해 투표를 한다. 선거에서는 내가 투표한 사람이 낙선하였을 경우, 당선자가 내 마음에 들지 않아도 우리 지역, 혹은 국가의 대표로 받아들여야만 한다. 그러나 시장은 그렇지 않다. 아무리 소비자들의 지지를 받는 상품이 있다 해도 내 마음에 들지 않을 때는 사지 않으면 그만이다.

선거에서도 사표(死表)의 문제점을 보완하기 위해서 비례대표제라는 제도를 두고 있다. 하지만 이 경우에도 내가 투표한 사람이 아니라, 정당 지지율에 비례해서 정당에서 내세운 인물들이 순서대로 당선된다. 정당에서 내세운 인물들은 대개 당의 당수가 최종 결정한 이들이다. 1인 보스 중심의 정당 구조, 지역에 기반을 둔 정당에 의해 지역 감정 악화, 고비용 저효율 정치 등은 우리나라 정당정치의 고질적인 문제점으로 지적 받고 있다. 하지만 시장은 냉정하다. 시장에서는 기업의 지역을 가리지 않는다. 제품의 질로 승부를 해야 한다. 어떤 기업이 특정 지역에 기반을 두고 그 지역 주민들의 사랑을 받아서 성장하려고 해도, 결국 시장에서 좋은 상품으로 소비자들을 만족시키지 못한다면 그 기업은 곧 퇴출되고 만다.

기업들은 시장 점유율 1위를 향해 발 벗고 뛰고 있을 것이다. 그 경쟁 상대는 비단 국내의 기업뿐만이 아니다. 전 세계 기업과 경쟁하고 있다. 그러기 위해 기업들은 끊임없이 원가 절감을 통해 제품의 가격을 낮추려고 할 것이다. 소비자는 품질과 가격을 고려하여 제품을 선택한다. 이렇게 공급과 수요에 의해 가격이 결정되는 곳이 시장이다. 그런 면에서 시장은 상품의 선거장이기도 하다. 따라서 시장이 선거보다 훨씬 민주적이다.

선거는 1인 1표제이다. 모두가 평등하다. 부자도 1표, 가난한 사람도 1표, 대학 교수도 1표, 농부도 1표, 노인도 1표, 젊은이도 1표다. 외형상 선거는 매우 평등한 것처럼 보인다. 정치에 관심이 많은 사람이든 무관심한 사람이든지, 정치에 대해 잘 아는 전문가이든지, 문외한이든지 상관없이 똑같이 한 표를 행사할 수 있다. 보통선거, 평등선거, 직접선거, 비밀선거는 선거의 4대 원칙이다. 특히 보통선거와 평등선거 원칙에 따라 인종, 출신 지역, 학력, 경력 등과 무관하게 모두가 단 한 표만을 행사할 수 있다. 하지만 시장은 그렇지 않다. 1원짜리 상품이 있다고 하자. 1원을 가진 사람은 한

표를 행사할 수 있다. 그런데 100원을 가진 사람은 100표를 행사할 수 있다. 더 많이 가진 자가 더 많은 권리를 행사할 수 있다.

시장에서는 무엇이든지 사고팔아도 되는가?

요즘 성인 전문 술집에서는 소위 '노예팅'이라는 것을 즐긴다고 한다. 경매 방식을 통해 노예를 구매(?)한다. 노예로 팔린 이는 일정 기간 동안 주인이 원하는 대로 노예 역할을 해 주어야 한다. 경우에 따라서는 스킨십 같은 성적인 요구를 하기도 한다. 이처럼 자본주의 사회에서는 '돈'이야말로 욕망을 실현할 수 있는 가장 확실한 수단인 듯하다.

시장에 나가면 무엇이든지 살 수 있다. 심지어는 사람까지도 살 수 있다. 성이 매매되기도 하고, 마약이나 인간의 장기가 매매되기도 한다. 때로는 사람을 사서 청부살인을 시키기도 한다. 유전공학이 더욱 발달하여 복제 인간이 탄생한다면 인간의 생명까지도 매매의 대상이 될 것이다. 시장은 수요와 공급의 원칙에 의해 '보이지 않는 손'이 작용하여 가격이 결정되고 매매가 되기 때문에, 팔아도 되는 물건인지, 사도 되는 물건인지는 고민하지 않는다. 따라서 시장은 필연적으로 타락하게 된다. 그런 측면에서 자본주의는 비도덕적이다.

자본주의는 도덕과 양립할 수 없는가? 자본주의는 개인의 부(富)를 추구하는 것이 합법적인 제도이다. 따라서 도덕적 타락은 불가피해 보인다. 자본주의는 개인의 이기심을 끊임없이 충동하고 욕구를 부추겨 결국에는 인간을 불행하게 만든다. 부를 얻기 위해 수단과 방법을 가리지 않게 한다. 즉 부자가 되기 위해서는 속임수를 쓰며, 공(公)과 사(私)를 구별하지 않는다. 이렇게 근대사회에서 모든 악덕의 근원은 자본주의로부터 비롯되었다고 할 수 있다.

시장은 인간의 심성을 황폐화시켰다. 모든 도덕적 행위는 자본주의적 이기심과 결합했을 때에만 의미가 있다. '돈'도 되지 않는 일은 무가치한 것으로 여겨진다. 따라서 자본주의 사회에서 부를 획득한 사람은 가장 비도덕적인 사람으로 치부될 정도다. 하지만 사람들은 재벌을 존경하지는 않지만 부러워는 한다. 자본주의 사회는 '황금 만능'이기 때문이다.

시장은 모든 사상과 이념을 초월한다. 좌파니, 우파니 하는 사상 논쟁은 이제 무의미해졌다. 시장 앞에서는 국경도 무의미해진다. 시장은 현대 사회에서 가장 거대한 조직이요, 이념이다. 최근 남미에 불고 있는 시장 열풍은 이를 잘 증명하고 있다. 남미는 여전히 매혹적인 시장이다. 남미 국가들은 시장에서 번 돈으로 국가 간 연대를 통해 반미 전선을 구축하고 있다. 베네수엘라의 차베스 대통령은 '21세기형 사회주의'를 표방하며 반미 연대를 강조하고 있으며, 브라질, 아르헨티나, 볼리비아, 칠레, 페루 등도 좌파 정권이 들어서서 반미 정책을 펴고 있다. 하지만 서구 투자자들은 매력적인 시장인 남미의 사상을 묻지 않는다. 그 결과 남미의 대부분 국가들은 경상수지 흑자 행진을 지속하고 있다.

자본주의 사회에서 선행은 그 자체가 하나의 상품으로 취급된다. 해마다 연말이면 방송국에 불우 이웃 돕기 성금이 접수된다. 기부 행위가 개인이나 기업의 이미지 홍보에 도움이 되기 때문에 특별히 방송사에 기탁하는 것이다. 숨은 선행은 칭찬 받을 일이지만, 반자본주의적이다.

하지만 이런 사고는 속물적 자본주의 사상이라고 할 수 있다. 자본주의 사상의 원조라고 할 수 있는 애덤 스미스는《국부론》에서 개인의 이익 추구가 사회에도 이익이 될 때, 올바른 이익 창출 수단이라고 보았다. 예를 들어 사회적 지위와 경제적 부를 얻기 위해 직업 군인이 된 사람은 그의 이기적(?) 행위가 국가를 보호하는 선을 행하고 있으며, 세계 최초의 발명품 혹은 기술을 발명해 낸 사람도 개인의 명예와 부를 위해 활동했지만, 국부(國富)를 축적하는 공익적(公益的) 행위를 하게 된 것이다. 반면 도둑질을 해서 남에게 피해를 주고 이익을 얻는 행위는 반공익적 행위이며, 이는 자본주의의 적으로 간주하였다. 따라서 이들을 사회에서 격리해야한다고 믿었다. 애덤 스미스의《국부론》은 인간을 '부유하게'가 아니라 '바람직하게' 만들기 위해 집필되었다고, 제리 멀러(Jerry Muller)는《자본주의의 매혹》에서 주장하였다.

자본주의는 인간에게 이기심과 사악함을 심어 주었지만, 경쟁과 협력이라는 완전히 새로운 덕성을 심어 주었다. 인간은 심성적으로 완전히 진화하였다. 시장에서는 무엇이든지 사고팔 수 있지만 '바람직한' 자본주의를 만들기 위해서는 무엇이든지 사서도 안 되고 팔아서도 안 된다. 그것은 규칙이나, 심판이 없는 게임과 같이 경기 자체가 성립할 수 없는 일이기 때문이다.

시장은 우리를 행복하게 하는가?

11세기 유럽에서는 이슬람 세력인 셀주크 투르크 족이 성지인 예루살렘을 정복하고 크리스트 교 순례자를 박해하였다. 이에 위협을 느낀 비잔틴 황제는 로마 교황에게 도움을 요청하여 종교 전쟁인 십자군 전쟁이 일어나게 되었다. 종교 지도자들은 십자군에 참여해서 죽으면 즉각 모든 죄가 사하여지고 천국으로 갈 수 있다고 선전하였다. 이 전쟁은 13세기까지 여러 차례에 걸쳐 일어났으나 대부분 실패하였다. 우리는 오늘날도 이런 고민에 빠져 있다. 종교가 인간을 구원할 수 있는가? 종교가 인간을 행복하게 할 수 있는가? 아니라면 무엇이 인간을 행복하게 할 수 있는가?

오늘날 세계에서 가장 부자는 누구일까? 미국의 로이터 통신에 의하면 미국 마이크로소프트 사 회장인 빌 게이츠가 12년째 세계 최고 부자의 자리를 지키고 있다고 한다. 빌 게이츠의 재산을 모두 1달러짜리 지폐로 바꿔서 뉴욕으로 운반하려면 보잉 점보 제트기 300대가 필요하다. 이 돈을 맨해튼 전역에 빈틈없이 깔 경우 6겹으로 도배를 할 수 있다. 모든 미국인들에게 골고루 나눠준다면 1인당 약 137달러씩 돌아간다. 이 돈으로 집을 산다면 알래스카·와이오밍·사우스 다코타·노스 다코타 등 4개 주의 가정집을 모조리 사들일 수 있다.

정보화 시대를 이끌고 있는 세계 최고 부자 빌 게이츠의 재산은 약 500억 달러, 원화로 환산하면 약 50조 원 규모다. 그는 이 가운데 절반인 25조 원을 해마다 기부금으로 내놓는다. 그의 아내와 함께 벌어서 재미 보는 만큼 지속적으로 미국과 세계에 환원하고 있다. 미국은 강철 왕이었던 앤드류 카네기부터 기업인들의 기부 문화가 정착되어 왔다. 그리고 그런 기업인들을 미국인들은 존경해 왔다. 또한 그 기업을 국민들이 아끼고 사랑한다. 이들이 내놓는 기부금은 전 세계에서 빈곤에 허덕이는 이들에게 식량 등을 지원하여 생존을 돕는다. 이쯤 되면 '무엇이 인간을 행복하게 하는가' 라고 질문했을 때, 종교보다 시장이라고 답해야 할 듯하다.

18세기에 볼테르는 이기심으로 무장한 근대적 인간이 종교적 가치에 매달리던 중세적 인간보다 더 바람직하다고 믿었다. 서로 배타적인 종교를 가진 신도들이 이익의 추구라는 단 하나의 목적으로 만나서 평화롭게 거래하는 곳이 바로 시장이다. 이웃의 영혼을 구원하겠다는 이타적 십자군보다 부자가 되겠다는 시장의 사람들이 이웃을 더 행복하게 만든다는 것이다. 그의 주장을 훗날 미국의 최고 재벌들이 증명하고 있다.

그런데 시장이 발달하면 할수록 사람들이 더 행복해 하는가 하면 그런 것만은 아닌 듯하다. 사람들이 느끼는 행복감이란 것은 매우 상대적이기 때문이다. 남들이 임금으로 1억 원을 받을 때, 내가 5,000만 원을 받을 것인가? 아니면 남들은 1,000만 원을 받는데, 내가 2,000만 원을 받는 것을 선택할 것인가? 하버드 대 졸업생들은 후자를 선택했다. 당연히 절대 액수는 5,000만 원을 받는 것이 크지만, 상대적으로 박탈감을 느끼게 되어 오히려 불행하다고 생각하기 때문이다. 2,000만 원을 받을 경우, 절대 액수는 적지만 남들보다는 더 많이 받기 때문에 우월감에 의해 행복감을 더 느낀다는 것이다. 결국 경제적 행복이란 것은 상대적인 것이다. 그렇다면 시장이 발달하면 할수록 행복한 사람이 증가할 것이라는 말은 옳지 않다. 오히려 더 불행하게 생각하는 사람이 많아질 것이다.

시장이 욕망을 충족시켜 주는가?

공산주의 사상을 정립한 철학자 마르크스(K. H. Marx)는 자본주의의 몰락을 예견하였다. 그는《자본론》을 통해 자본가의 이익은 노동자의 잉여 노동으로 생긴 잉여 가치(剩餘價値)에서 나온다고 했다. 즉 노동력 착취를 통해 부를 축적하게 된다는 것이다. 자본가는 손가락만 까딱하고, 노동자는 뼈 빠지게 일해서 이익이 창출되기 때문에 결국 자본주의는 몰락할 수밖에 없다고 주장하였다. 그리하여 그가 제시한 공동 생산, 공동 분배의 공산주의 사상은 전 세계 빈국들에서 매우 환영을 받았지만, 그가 몰락을 예견한 자본주의보다 더 빨리 몰락하고 말았다.

네달란드 귀족 출신인 마르크스의 어머니는 "마르크스가 그저 자본에 대해 쓰지만 말고 얼마라도 자본을 모으기라도 했다면 얼마나 좋았을까!"라고 했단다. 그것이 어머니의 솔직한 심정이었을 것이다. 그렇다면 사람들은 왜, 남의 노동력을 착취해서라도 '자본'을 얻고자 했으며, 자식이 좀더 현실적으로 자본을 모으는 일에 몰두해 주길 바라는 것일까?

자본이 있으면 욕망을 실현할 수 있고, 욕망이 실현되면 행복을 얻게 될 것이라고 생각하기 때문이다. 행복은 인간이 추구하는 최종 목표가 아니겠는가. 욕망이 있다는 것은 무엇인가에 대한 결핍을 느낀다는 것이다. 그 결핍이 크면 클수록 인간은 고통을 느낀다. 에피쿠로스 학파는 욕망의 충족을 쾌락이라고 생각했다. 그렇다면 그 결핍된 것, 즉 얻고 싶은 것, 갖고 싶은 것, 좋은 것을 어떻게 얻을 것인가?

욕망의 충족, 즉 행복 혹은 쾌락은 정신적인 것일 수도 있고, 육체적인 것일 수도 있다. 이런 욕망이란 영원히 충족시킬 수 없는 경우가 많다. 특히 그 욕망을 충족시키기 위해 노력하면 할수록 고통이 따르기 때문에 오히려 더욱 불행해지기도 한다. 그런 의미에서 완전한 욕망의 충족이란 있을 수 없는 일이기도 하다.

다만 사람들은 시장에서 욕망을 충족시키고 싶어 한다. 시장은 매매를 통해 내가 얻고자 하는 것을 얻을 수 있는 기구이기 때문이다. 특히 황금 만능의 자본주의 사회에서는 돈이 없으면 생존 자체가 불가능하다. 돈이 있어야 최소한의 욕구라도 충족시킬 수 있다. 돈이 없다는 것은 곧 죽음을 의미한다.

아내는 집을 나가고 아들은 밥을 굶었다. 아버지는 아들의 손가락을 잘라 상해 보험을 타기로 마음먹었다. 아버지는 아들의 입에 수건을 물리고 가위를 집어 들었다. 아들은 눈을 감았다. 이 아버지는 아들의 손가락을 잘랐지만 보험금은 탈 수 없었다. 일부러 자른 사실이 드러나 구속되었기 때문이다. 이 일은 1998년 9월에 일어났다.

아이들이 셋인 주부는 생활의 어려움을 느꼈다. 남편은 직장을 잃었다. 병원비 3천 원이 없어 돈을 꿔야 했다. 결국 엄마는 아이들을 데리고 아파트 14층에 올라갔다. 아이들은 엄마에게 살려달라고 울어댔다. 이웃 주민들은 아이들의 울음소리를 들었지만 엄마가 아이를 혼내는, 늘 있는 일로 생각했다. 엄마는 아이들을 달랬다. 엄마는 첫째와 둘째 아이를 아파트 밖으로 던진 후 막내와 함께 몸을 던졌다. 이 일은 2003년 7월의 일이다.

시장에서 돈이 없는 사람들은 이렇게 비정한 현실 앞에서 극단적인 선택을 해야만 했다. 하지만 부자들은 시장에서 천국을 찾는다. 이들이 원하는 것은 시장에서 조달이 가능하기 때문이다. 이들이 살 수 있는 것은 비단 물건뿐만이 아니다. 원한다면 인간의 '영혼'까지도 살 수 있다. 그래서 그렇게 돈을 모으려고 기를 쓰는 것이 아니겠는가? 이렇게 시장은 욕망을 충족시켜 주기도 하지만 욕망을 빼앗아 가기도 하는 곳인 듯하다.

기출문제 둘러보기

2004 동국대 정시 |

제시문 (가)는 시장 경제의 한계를, 제시문 (나)는 '대동(大同)' 사회를 설명한 글이다. '대동(大同)' 사회의 이상을 근거로 하여, 경제 성장의 궁극적인 목적은 무엇인지 밝히고, 이를 실현하기 위해 정부는 어떤 역할을 해야 하는지 논술하시오.

제시문 (가) 경제 안정과 경제 성장을 동시에 달성한다는 것은 매우 어려운 이상적인 목표라고 할 수 있다. 경우에 따라서는 경제 안정과 경제 성장의 목표가 서로 상충될 수도 있다. 따라서, 안정과 성장이 서로 조화를 이루는 것이 바람직하다. 〈중략〉

시장 경제는 사유 재산(私有財產) 제도를 그 기둥으로 삼고 있다. 또, 공정한 경제 질서 속에서 정당한 개인의 노력으로 이룩된 경제적 성과는 개인에 의하여 향유되어야 하는 것이다. 이러한 개인의 노력에 대한 적절한 보상이야말로 시장 경제에 활력을 가져오는 원동력이다. 〈중략〉 경쟁 시장에서 생산자들은 이윤 극대화를 위해 남보다 싸게, 더 잘 만들 수 있는 상품을 선택하여 그 생산에 최선을 다하게 된다. 그 과정에서 자원이 효율적으로 배분이 된다. 그러므로 공급자 간의 경쟁이 필요하다. 〈중략〉

그러나 시장의 경쟁 상태가 불완전할 때, 예를 들어 시장이 독과점 기업에 의해서 지배될 경우에는 자원의 효율적인 배분이 보장되지 못한다. 〈중략〉 시장이 경쟁적이더라도 자유 경쟁의 결과가 효율적인 자원의 배분을 가져오지 못할 경우도 있다. 먼저, 생산자나 소비자들의 경제활동이 제삼자에게 피해 또는 이익을 가져다주는 경우가 이에 해당한다. 〈중략〉 시장에 의해서 자율적으로 공급되기 어려운 재화와 서비스도 있다. 교육, 국방, 치안이나 도로, 교량, 댐 등은 기업이나 가계의 경제 활동에 있어서 반드시 필요한 것들이다. 그러나 시장이 아무리 경쟁적이라 하더라도 민간 기업이나 개인에 의하여 이러한 서비스가 제대로 공급되기는 어렵다. 〈중략〉

경기가 과열되어 물가가 불안정하게 되거나 불경기가 심하여 실업이 증가할 경우에는 시장의 자율적 조정만으로 경제 안정을 기할 수 없다. 〈중략〉

주어진 자원의 효율적인 배분도 중요하지만 생산물을 균형 있게 분배하여 성장의 혜택을 모든 국민이 고루 누리게 하는 것도 중요한 정책 과제이다. 경쟁적인 시장은 각자의 능력과 노력에 따라 응분의 보상을 해 주는 역할을 한다. 그러나 실제 시장은 완전히 경쟁적이지 못하며, 더욱이 능력 차이 등으로 소득분배의 불균형이 누적, 심화될 수 있다. 지나친 소득분배의 불균형과 빈부 격차의 확대는 바람직하지 않은 사회적 부작용을 수반한다.

—(전) 한국개발연구원 부설 국민경제교육연구소,
《고등학교 경제》, 교육인적자원부, 2003.

제시문 (나) 대도(大道)가 행해진 세상에는 천하가 모두 만인의 것이다. 현명한 이와 능력 있는 이를 선출하여 관직을 맡겨 신뢰와 화목을 두텁게 한다. 그래서 사람들은 자기의 부모만을 부모로 섬기지 않고, 자기의 자식만을 자식으로 여기지 않는다. 노인들은 편안히 여생을 보낼 곳이 있으며, 장성한 사람들에겐 일자리가 있고, 어린이에겐 모두 잘 성장할 수 있는 여건이 갖추어져 있다. 홀아비, 과부, 고아, 자식 없는 부모, 폐인, 질병에 걸린 사람들은 모두 보호와 양육을 받는다. 남자는 모두 자기 직분이 있고 여자는 모두 자기 가정이 있다. 재화가 땅에 버려지는 것은 싫어하지만 반드시 자기만 사사로이 독점하려 하지 않으며, 힘이 자기로부터 나오지 않음을 부끄럽게 여기지만 자기만을 위해 힘을 사용하지 않는다. 그러므로 음모가 일어나지 않으며, 도적이나 전쟁이 일어나지 않으니, 그래서 사람들은 바깥문을 잠그지 않는다. 이러한 사회를 대동(大同)이라고 한다.

—《예기(禮記)》〈예운(禮運)〉

자율적 시장 질서가 가장 이상적인가?

주류 경제학에서는 '효율성(efficiency)'을 경제의 가장 중요한 평가 기준으로 여긴다. 효율성이란 '최소의 비용(노력)으로 최대의 효과(결과)'를 얻는 일을 말한다. 효율성을 극대화하는 일이야말로 자유 시장 경제의 절대 목표다. 어떻게 하면 효율성을 높일 수 있을까? 애덤 스미스는 《국부론》에서 모든 것을 시장에 맡기면 시장은 '보이지 않는 손(invisible hand)'에 의해 스스로 가장 효율적인 길을 찾아간다고 주장했다. '보이지 않는 손'은 가격 결정을 통해 한정된 자원을 가장 효율적으로 배분하게 된다. 애덤 스미스 식으로 말하면 모든 것을 시장에 맡겨 두고 어떤 식으로든지 개입하지 않는 것이 가장 효율성을 높이는 방법이라 할 것이다.

그런데 문제는 자유 시장 경제 제도 하에서도 비효율적이지만 공공성이 짙은 사업이 많이 있을 수 있다는 점이다. 즉 '보이지 않는 손'에 맡겨 두면, 지나치게 효율성만을 강조하다가 결국, 국가와 사회에 꼭 필요하지만 효율성이 낮은 공공 분야는 침체되고 말 것이다. 예를 들어 군대의 경우, 국가 안보 차원에서 매우 필요한 일이기 때문에 이것을 시장에 맡겨 둘 수는 없는 일이다. 시장이 가장 효율적인 방향으로 흘러가서 결국 군대를 해산해야 한다면 국가는 존립할 수가 없을 것이기 때문이다.

또한 자율적 시장 경제의 가장 큰 한계는 '불공평성'일 것이다. 공평성이란 '비용(노력)과 효과가 참여한 자들에게 공평하게 배분된 정도'를 말한다. 즉 비용(노력)은 누가 부담하고, 효과는 누가 가져갈 것인가? 만약 재주는 곰이 넘고 돈은 되놈이 갖는다면, 이는 매우 불공평하다고 말할 수 있을 것이다.

자율적인 시장 질서에서는 동등한 조건에서 경쟁이 이루어져야만 공평성을 달성할 수 있는데, 각기 다른 조건을 갖춘 개인들이 경쟁을 하기 때문에 그 결과 역시 불공평할 수밖에 없는 것이다. 즉 출발선의 위치가 다른 경주와 같다. 결국 '부익부 빈익빈' 현상이 가중되고 사회 양극화 현상이 더욱 심화된다. 그리고 앞 세대의 부는 다음 세대에 상속을 통해 세습된다.

따라서 시장의 자율성을 인정하되 정부가 적극적으로 개입하여 시장을 통제하고 복지 정책을 펴는 일을 긍정적으로 받아들이는 수정 자본주의가 등장하게 된 것이다.

10

통일은 가장 시급한 과제인가?

1994년 3월, 판문점에서 남북 간
특사 교환을 위한 실무 접촉이 있었다.
당시는 북한의 영변 핵시설 사찰 문제로
북미 간 마찰을 빚고 있을 때였다.
이 자리에서 남측이
"핵문제가 조속히 해결되지 않을 경우
어떤 결과가 초래될지 모른다."는
발언을 하고 이어서
팀 스피리트 훈련 재개를 거론하자
당시 조국평화통일위원회(조평통)
서기국 부국장인 박영수 북측 단장이
"우리는 대화에는 대화로,
전쟁에는 전쟁으로 대응할
만반의 준비가 돼 있다."
"여기서 서울이 멀지 않다.
전쟁이 일어나면 불바다가 되고 만다."는
발언을 한 뒤 55분 만에
퇴장하고 말았다.

도쿄도 뉴욕도 불바다가 된다는 겁니다

해방 후 반세기 동안 분단 국가로 살면서 남북이 서로에게 가지고 있는 증오심과 적개심은 매우 컸다. 특히 미국과 소련이 주도하는 냉전 체제 하에서 남북 관계 역시 항상 살얼음판과 같을 수밖에 없었다. 북한은 남한이 헐벗고 굶주리고 있으며, 미 제국주의의 앞잡이라고 선전하면서 남조선을 해방시켜야한다고 인민들을 세뇌시켰다.

남한의 반공 이데올로기 역시 북한에 대한 적개심을 고취시키는 데 큰 몫을 했다. 반공 영화의 상징인 〈똘이장군〉(1978년 제작)에는 북한군이 각종 동물로 등장하며, 특히 북한의 수령이 가면을 쓰고 나오는데, 결말에는 똘이 장군의 활약으로 그가 돼지였다는 사실이 드러난다. 이 영화는 〈로봇 태권 V〉 라는 애니메이션 영화를 제작했던 김청기 감독이 제작하여 크게 성공을 거뒀다.

그러나 20세기 말에 소련이 붕괴하고, 독일이 통일되었으며, 중국이 개방 정책을 펴면서 냉전 체제는 막을 내렸다. 또한 이데올로기보다는 자국의 경제적 이익을 중요시하는 것이 국제적인 정세가 되어 가고 있었다. 이에 따라 어제의 적이 오늘의 동지가 되고, 어제의 동지가 오늘의 적이 되기도 하였다.

2000년 6월 김대중 대통령은 평양을 방문하여 김정일 국방위원장을 만났다. 분단 이후 최초로 남북 정상들이 만난 것이었다. 두 정상은 화해와 협력을 통한 평화 통일 방안에 합의하고, 합의한 5개 항을 담아 6·15공동 성명을 발표하였다. 이는 민족사에 길이 남을 역사적인 사건이 아닐 수 없었다. 또한 남북 관계의 대전환을 의미하는 것이기도 하였다. 김대중 정부의 '햇볕 정책'에 이은 노무현 정부의 '경제 협력'을 통한 대북 포용 정책은 남북한 긴장 완화에 크게 기여하였다. 머지않아 통일이 이루어지려나 싶기도 하였다.

그런데, 그때 북한이 핵실험을 했다고 해서 세상이 온통 난리였다. 그동안의 대북 포용 정책에 의한 지원과 경협 자금이 북한 군부에 흘러들어갔다는 비판도 나왔다. 마침 지난 2006년 10월 12일 아침 MBC 표준 FM 라디오 방송의 '손석희의 시선 집중'에 조미 평화 센터의 김명철 소장과의 인터뷰 내용이 소개되었다. 김명철 소장은 김정일 국방위원장의 비공식 대변인이라고 한다. 김명철 소장은 손석희 아나운서와의 인터뷰에서 "전쟁한다는 것은 도쿄도 뉴욕도 불바다가 된다는 겁니다. 그러나 그것이 헛소리인가 한번 진짜로 해 보자는 겁니다. 핵실험을 못한다고 했는데 우리 핵실험을 했습니다."라고 말했다. 이는 북한 지도부 중 강경파들의 입장을 대변하고 있는 것이었다.

북한이 핵무장을 하고, 일본이 핵무장하겠다고 하고, 중국, 러시아는 본래 핵강국이니, 그 사이에서 우리나라의 처지가 참으로 딱하게 되었다. 우리나라도 북한이 1993년 NPT(핵확산 금지 조약) 탈퇴 이후 핵무기 개발 이전 단계까지의 기술을 보유하기 위한 비밀 연구가 있었다는 것이 《월간조선》을 통해 보도되기도 하는 등 동아시아에서 핵을 둘러싼 경쟁은 불가피한 것으로 보인다.

수백만의 인명을 앗아간 6·25전쟁은 남북을 크게 파괴했다. 그러고도 결정적 승리를 하지 못한 채 휴전을 함으로써, 분단이 고착화되어 갔다. 전쟁은 아직도 끝나지 않았다. 그를 증명이라도 하듯이 휴전선을 가운데 놓고 남북한의 중무장한 군인들이 오늘도 대치하고 있다. 휴전 협정 이후 정전위원회가 '불안한 평화'를 유지하였으나, 이도 1990년대 중반 북한에 의해 유명무실화되고 말았다.

통일, 얼마면 돼?

1990년 서독과 동독이 통일되었다. 베를린의 콘크리트 장벽을 무너뜨리고 자본주의 진영의 서독과 공산주의 진영의 동독이 통일을 이룬 역사적 사건을 지켜보면서, 우리나라에도 곧 통일이 오겠구나 하고 많은 사람들이 흥분하기도 했다. 베를린의 콘크리트 장벽을 무너뜨렸을 때 나온 파편이 기념품으로 팔리기도 했다. 일각에서는 우리도 통일을 준비해야 한다는 목소리가 커졌다. 통일 한국의 수도는 어디가 좋을까 고민하는 이들도 있었다.

동독이 붕괴된 것은 결국 경제적 빈곤에 의한 것이었다. 장벽을 사이에 두고 건너편 서독은 경제적 풍요를 누린 반면, 사회주의 국가였던 동독의 경제는 심각한 수준이었다. 그러나 동독과 서독의 통일이 동독의 붕괴에 따라 서독이 흡수 통일한 방식으로 이루어진 탓으로 엄청난 통일 비용이 투입되어야 했다.

1990년 독일 통일 당시 동독의 1인당 총생산은 서독의 1/3 수준이었다. 그런데도 통일 비용으로 15년간 연 평균 107조 원씩 총 1,600조 원이 투입되었다. 그러나 통일 독일은 막대한 자금을 쏟아붓고도 실업난, 생산성 저하 등 경제 침체를 벗어나지 못하고 있다는 평가를 받고 있다. 2004년 현재 북한의 1인당 국민 소득은 남한의 1/15에 불과하다. 국제 신용 평가 기관들이 우리나라의 통일 비용을 추정한 것을 보면 최대 3조 5,500억 달러(3,390조 원)에 달한다. 외환 보유액 세계 4위인 우리나라가 보유한 외화가 현재 2,270억 달러인 점을 감안하면, 과연 우리나라가 통일이 되었을 때, 그 막대한 비용을 감당할 수 있을까 의문이다. 이 때문에 일각에서는 통일이 불가능하다는 주장까지 나오고 있다.

이런 막대한 재원을 하루 아침에 마련할 수는 없다. 통일 한국을 대비해서 통일 비용을 지금부터라도 비축해야하는데, 계속되는 적자 재정 때문에 정부는 손을 놓은 상태다. 정부가 생각하는 유일한 통일 대비책은 '경제력 격차 해소'에 있는 듯하다.

최근 북한 핵실험이 있었는데도, 주가가 떨어지지 않고 빠르게 안정을 찾았으며, 외국인들은 오히려 주식을 사들이는 기현상이 벌어졌다.

> 한국 경제의 가장 큰 위험은 언젠가 찾아올 통일이다.(마크 모비우스 템플턴 자산 운용 사장)
>
> 북한 핵보유는 한국 내 투자가들에 오히려 선물이다. 북한이 현

체제를 당분간 유지하는 게 비용이 덜 드는 차선책일 수 있다.(앤디 무커지 블룸버그 아시아 담당 칼럼니스트)

북한이 붕괴할 경우 한국은 심각한 재정 부담을 떠안게 될 것이다.(신용 평가 회사인 스탠더드앤푸어스(S&P)의 국가별 신용 등급 평가 책임자인 조 챔버스)

이것들은 최근 북핵 사태에 대한 해외 기관과 전문가들의 평가다. 급작스런 북한의 붕괴에 의한 통일은 남한이 감당하기에는 쉬운 일이 아니다. 통일 한국의 경제가 필리핀 수준으로 떨어질 수도 있다. 더구나 제대로 된 중장기 계획을 내놓지 못하고 있는 상태다. 한국의 미래라는 장밋빛 청사진 속에 '통일 비용'은 포함되어 있지 않다. 그야말로, 말로만 '우리의 소원은 통일'인 것이다.

통일이 되지 않아서 드는 비용을 분단 비용이라고 한다. 통일이 되었다면 들어가지 않아도 될 비용을 말한다. 과도한 국방비를 포함하여 직간접으로 들어가는 분단 비용은 연간 30~50조 원으로 추정하고 있다. 이 분단 비용은 통일이 될 때까지 무한정 들어가는 비용이다. 어느 쪽이든지 우리한테는 경제적으로 큰 부담이 아닐 수 없다.

통일, 꼭 되어야하는가?

우리는 그동안 '우리의 소원은 통일, 꿈에도 소원은 통일'이라는 노래를 부르면서, 통일은 지상의 과제라고 교육 받아 왔다. 요즘의 초등 학생들도 마찬가지다. 하지만 그 아이들에게 통일은 왜 해야 하느냐고 물으면 대답을 하지 못한다. 고작 같은 민족이기 때문이라고 답하는 정도다. 그러나 같은 민족이라고 해서 꼭 같은 나라에서 살 필요는 없다. 이민족끼리 모여서 사는 나라들도 많기 때문이다.

전후 세대들에게 분단의 한과 고통을 설명하기란 그리 쉽지만은 않다. 20세기 중반에 분단과 동족상잔의 전쟁을 겪어야 했던 우리 민족은 그로 인한 극심한 고통에 시달려야만 했다. 고향에 돌아갈 수 없는 수많은 실향민들, 그리고 가족과 헤어져 반세기를 넘게 살아온 이산 가족들, 전쟁 중에 가족을 잃은 사람들. 그들은 모두 빼앗긴 삶의 터전에서 맨주먹으로 일어서야 했던 고통을 감내해야만 했다. 그리고 남과 북은 서로 다른 체제 속에서 서로에 대한 불신감과 증오로 반세기를 지내야만 했다. 그리고 지금도 서로 다른 이데올로기와 사회 체제에 의해 완전히 다른 민족이었던 것처럼 살고 있다.

전후 세대들은 전쟁을 겪은 세대가 다 세상을 뜨고 나면 그러한 분단의 고통은 거의 없어질 것이라고 말한다. 하기야 그들에게는 고향 잃은 슬픔이나, 가족을 잃은 슬픔 같은 것이 있을 리 없다. 그들에게는 부모 세대가 잘 물려 준 삶의 터전도 있다. 통일이 되지 않아도 크게 불편할 것은 없을 것이다. 오히려 통일이 되면 서로 다른 체제와 사상으로 반세기를 살아 왔던 북한의 주민들과 함께 살아야 한다는 것이 더 불편하게 느껴질 수도 있다. 그럼에도 불구하고 통일은 꼭 해야 하는가?

통일이 되지 않은 상태에서 우리가 겪었던 우리의 모습을 다시 되돌아보자. 분단의 가장 큰 상처는 우선 6·25 전쟁이었다. 전쟁은 수많은 희생자를 냈고, 그 고통은 지금까지도 고스란히 남아 있다. 남북한 모두 삶의 터전이 대부분 파괴되었다. 더욱이 6·25전쟁은 전면전이었기 때문에 한반도 전체 지역에 크나큰 상처를 남겼다. 전쟁이 3년 만에 끝났지만 그렇다고 해서 평화가 찾아온 것은 아니었다. 분단 반세기 동안 크고 작은 국지전이 있었다. 휴전선에서 벌어지는 우발적인 총격전에서부터 해안을 따라 들어온 북한의 잠수정 침투 사건, 무장 공비 침투 사건, 그리고 1996년 남북한 해군 전함이 무력 충돌을 일으킨 서해 교전 사건 등은 우리의 평화가 얼마나 위태로운 것인가를 잘 보여 주고 있다.

더 이상 전쟁은 없을 것이라고 누가 장담할 수 있겠는가? 전쟁의 위협이 상존하는 지역에서 우리의 행복한 삶을 건설하는 것이 가능한 일인가? 최악의 경우 전쟁이 발발하면 그동안의 안정과 평화는 한순간에 다 사라지게 될 것이다.

과거 히틀러의 나치즘과 같이 군사력을 앞세운 '선군 정치' 체제는 경제를 낙후하게 한다. 냉전 체제의 종식 이후 중국이나 베트남은 개혁 개방 정책을 펴서 상당한 수준의 경제적 발전을 이룩하고 있다. 중국인들은 베트남이 중국을 추격하여 상당한 성과를 이루었다고 평가하면서 북한 역시 베트남을 따라가야 한다고 보고 있다. 그러나 아직 북한 지도부는 전혀 그런 의사가 없는 듯하다. 북한이 개혁 개방 정책을 펴서 국제 사회의 일원으로 나오고, 특히 경제적 발전을 이루어 남한과 점진적으로 통일을 이루어 나가는 것이 가장 바람직한 방법이 아닌가 한다.

전쟁의 위협이 상존하는 한반도에서 '불안한 평화'를 유지하는 삶을 후손에게 물려주어서야 되겠는가?

기출문제 둘러보기

2006 동국대 정시 |

우리 한국인들이 지향해야 할 세계화의 방향은 어떤 것이라고 생각하는지에 대해 각자의 견해를 14~16줄(350~400자) 분량으로 논술하시오.

제시문

〈생략〉 베를린 장벽의 붕괴는 유럽에 새로운 질서를 만들었다. 자유 보편주의는 집단적 행복이라는 경쟁 이데올로기를 쓰러뜨렸다. 그러나 역사는 거기에서 끝나지 않았다. 베를린 장벽이 붕괴되자, 많은 정치 해설가들은 모든 이데올로기적인 장벽이 사라지고 맥몽드(McMonde : 매킨토시와 맥도널드의 머리부분을 따서 만들어진 프랑스어와 영어의 합성어로서, 기 소르망은 미국 중심의 세계화를 가리키는 말로 사용함)로의 전세계적인 통합이 진행될 것으로 예상했다. 그러나 예측과는 달리 하나의 세계로의 통합보다는 민족국가 중심의 세계 질서가 형성되고 있다.

뉴욕은 세계의 다양한 인종들을 거의 동시에 접할 수 있는 곳으로서, 세계화의 단면을 관찰할 수 있는 곳이다. 이곳에서는 미국인들과 함께 있다가 이탈리아 인들을 만나고, 푸에르토리코 인들과 헤어져 한국 사람들을 만나러 갈 수 있다. 맥몽드의 수도는 우리의 미래 모습일까?

서구의 모든 대도시들은 뉴욕에서 미래의 모습을 본다. 맥몽드로 이주해 온 이민자들은 자신의 문화를 타문화와 융합시키는 대신 개별적으로 유지해 나간다. 이렇게 해서 각 국가의 문화, 맥몽드의 코스모폴리탄적인 문화, 그리고 수입된 민족문화들이 공존한다. 이러한 공존은 평화롭게 이루어질 수도 있고 그렇지 않을 수도 있다. 뉴욕의 경우 유대인과 흑인들 간의 갈등은 평화롭지 못한 공존의 예다.
우리에게는 미국화에 대한 두려움이 존재한다. 이탈리아 인 또는 독일인이 미국적 민주주의를 대신하거나 보완할 모델을 만들 거라고 기대하는 사람은 없다. 러시아나 중국에게 그러한 것을 기대하는 사람도 없다. '아시아적 가치'라고 말해지는 이념은 실속이 없을 뿐 아니라 그것은 단지 중국화된 엘리트에게만 호소력이 있다. 한편 이슬람교주의자들의 이념은 이슬람교주의자들 이외의 사람들이 포괄되는 것을 원하지 않는다. 그리하여 이제는 언어와 경제적 힘이라는 커다란 이점을 가지고 세계화를 열망하는 프랑스 인들과 미국인들만이 남게 되었다.
드골주의의 탄생 이래, 미국이라는 거대한 골리앗에 대적할 수 있는 프랑스의 전략은 반론의 원칙이다. 미국 혼자만이 옳을 수는 없다. 우리에게 필요한 것은 미국에 대한 거부를 정당화할 프로젝트다. 그러나 그것은 종래의 프랑스 식 모델이 아니다. 그러기에는 프랑스 모델도 너무 진부하다. 우리에게 필요한 것은 새로운 자유주의적 민주주의 안에서 각자의 개성을 포기하지 않고 세계에 뒤떨어지지 않는 새로운 삶의 방식이다.
오늘날 세계는 서구에서 비롯된 시장 경제, 민주주의, 인권에 대한 수호 원리 등을 기본 원리로 받아들이고 있다. 그리고 미국은 자신의 이데올로기를 다른 민족들에게 끊임없이 정당화하고자 하였으며, 다른 민족의 다양성을 무시함으로써, 다른 민족 및 국가의 신뢰를 잃게 되었다. 그러나 프랑스는 타문화들의 다양성을 중요시함으로써, 문화적 차이에 보다 주의를 기울이는 듯이 보인다.

—기 소르망, 《열린 세계와 문명 창조》

통일은 과연 언제 이루어지려는가?

탈냉전의 시대에서도 남북의 대치 상황은 크게 개선되지 않았다. 우리나라에 사는 많은 사람들(물론 그렇지 않은 사람들도 있다.)은 북한이 고립, 붕괴되기를 원치 않는다. 스스로 개혁과 개방 정책으로 변화하기를 원한다. 그런 의미에서 대북 포용 정책을 높이 평가할 수 있다. 대북 포용 정책은 '先 경제 협력, 後 북한 변화' 정책이라고 할 수 있다. 북한은 동독이나 중국과 다르다. 압박과 봉쇄 정책으로는 북한을 변화시킬 수 없다는 것이 전문가들의 의견이다. 미국이 쿠바, 리비아, 이라크 등을 압박하였지만 그들을 변화시킬 수는 없었던 것과 마찬가지다.

군사비 증강을 통한 남북한 군사 경쟁은 대결 상태를 심화시켜 결국에는 전쟁으로 몰고 갈 가능성이 크다는 지적이 있다. 이러한 냉전 체제의 지속은 서로에게 좋을 것이 없다. 북한 스스로가 개혁과 개방을 선택할 수 있는 여건을 조성해야 한다. 우리가 압박과 봉쇄를 통해 북한을 고립시키려고 할 때, 북한 지도부는 체제의 붕괴와 흡수 통일을 우려한 나머지 더 빗장을 잠그게 될 수도 있다.

북한이 당장에는 '남한의 술책'이라고 비방하고 있기는 하지만, 그로 인해 손해 볼 것은 없다는 입장임에는 분명하다. 개성 공단과 금강산 관광 사업을 통해 많은 인적 물적 교류가 이루어지고 있다는 사실이 북한의 그런 속내를 반증하고 있다고 볼 수 있다.

류길재는 〈통일 방안의 새로운 모색〉이란 글에서 지금까지 남한 정부가 추구한 통일 방안은 '국가 우선주의적 패러다임'에 기초한 것이었다고 지적하고 있다. 이승만의 제1공화국 당시 정부는 북한을 대한민국의 일부 지역을 불법으로 점거하고 있는 괴뢰 집단으로 인식하였다. 이에 북한 지역에서 유엔 감시 하에 민주적 선거를 실시하여 제헌국회에 공석으로 남겨둔 100석의 의석을 채움으로써 통일을 달성하자는 방안을 제안하였다. 이는 북한 지도부를 배제한 흡수 통일 방식이라고 할 수 있다. 북한 역시 남한의 이승만 정권을 배제하고 서로 통합하자는 흡수 통일 방식을 제안하였다 한다. 이러한 '국가 우선주의적 패러다임'에 기초한 통일 방안은 지금까지도 크게 바뀌지 않았다.

반면, 재야에서는 통일 방안이 '민족 우선주의적 패러다임'에 기초해야 한다고 주장하고 있다. 이에 남북 협상과 교류, 외세 배격, 중립화 통일 등을 주장하고 있다. 하지만 이 역시 현실을 무시한 감상적이고 낭만적인 통일 주장이라는 한계를 지니고 있다.

6·15 공동 성명에서 합의한 5개항에는 "남과 북은 나라의 통일을 위한 남측의 연합제 안과 북측의 낮은 단계의 연방제 안이 서로 공통성이 있다고 인정하고, 앞으로 이 방향에서 통일을 지향시켜 나가기로 하였다."는 합의 사항이 담겨 있다. 여기서 남측의 연합제 안이란 남북의 현존 2체제 2정부를 유지하면서 쌍방 정부 간 협력체를 구성하여 통일 과정을 관리하자는 개념이다. 남북 연합의 협의체란 남북 정상회의, 남북 각료회의, 분야별 공동위원회, 남북

국회 연합회의 등을 의미한다. 남북 연합은 협의를 통해 통일을 준비하는 역할을 담당한다.

반면, 북한의 낮은 단계의 연방제 안이란 것은 남북이 현존 2체제 2정부를 그대로 두고 연방을 구성하되 외교권과 군사권은 남북 양측이 갖는 형태이다. 남북 연합 안과 낮은 단계의 연방제 안은 당장 통일이 어렵다는 것을 인정하고, 점진적 통일을 위해 중간 단계를 두고 있다는 것이 특징이다. 이 협의체가 구성되어 통일을 준비한다는 점에서 가장 현실적인 방안이고, 남북이 이미 합의한 사항이란 점에서, 어느 정도 실현 가능성도 높다고 볼 수 있다. 하지만 북한이 미사일 시험 발사 및 핵실험을 강행하면서 '선군 정치'를 포기하지 않고 있으며, 이에 따라 북·미·일 간 긴장이 고조되기만 하는 현실에서, 과연 남북한의 통일 계획은 성공할 수 있을까?

11 차별 없는 세상은 가능한가?

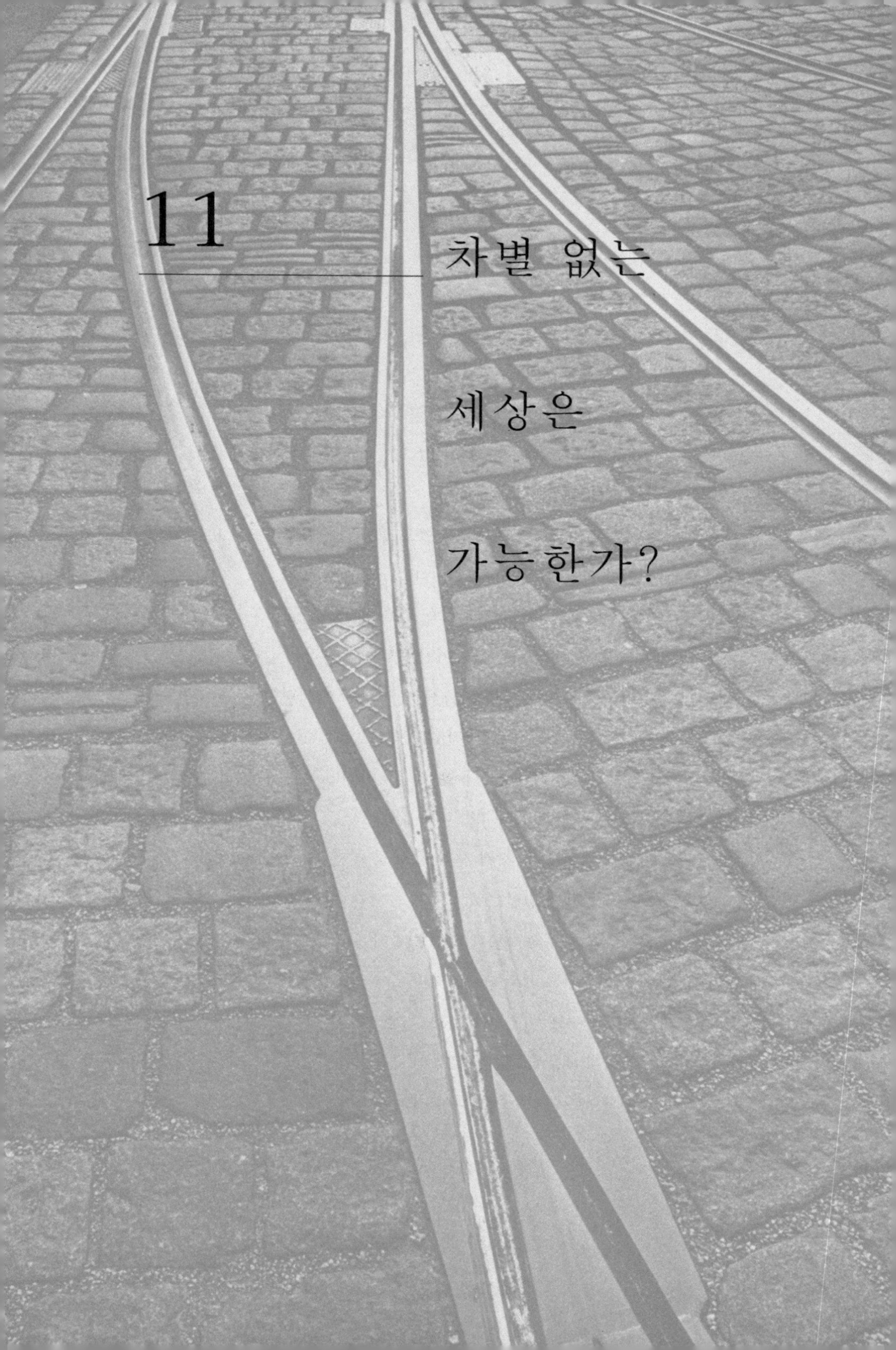

1948년 12월 10일 제 3차 UN 총회에서

'세계 인권 선언문'이 채택되었다.

이 선언문에는

"모든 사람은 날 때부터 자유롭고 동등한 존엄성과

권리를 가지고 있다."(제 1조)라고 규정하고 있다.

여기서 '모든 사람'이란 '종족, 피부 색, 성별, 종교,

재산, 가문과 관계없이 그 어떤 사람이라도'라는

의미를 갖고 있다. 그 어떤 사람이라도 그가 사람이기

때문에 하등의 차별을 받지 않으며,

"모든 권리와 자유를 향유할 권리를 가진다."(제 2조)

여기서 '모든 권리와 자유'라는 것은

사람이 처한 정치·경제·사회·문화 등

모든 분야에서 인간으로서의

존엄성과 자유를 누릴 권리를 말한다.

인권의 근거는 매우 단순하다.

바로 그가 사람이기 때문이다.

사람이기 때문에 태어날 때부터

천부적으로 인권을 지닌다는 것이다.

죽은 사람에게도 인권은 있다?

우리나라 헌법 제11조 제1항에는 "모든 국민은 법 앞에 평등하다. 누구든지 성별, 종교 또는 사회적 신분에 의하여 정치적, 경제적, 사회적, 문화적 생활의 모든 영역에 있어서 차별을 받지 아니한다."라고 규정되어 있다. 또한 국가인권위원회법 제30조 제2항에는 18개 항목의 차별 금지 항목이 명시되어 있다. 그 항목은 성별, 종교, 장애, 나이, 사회적 신분, 출신 지역, 출신 국가, 출신 민족, 용모 등 신체 조건, 혼인 여부, 임신 또는 출산, 가족 상황, 인종, 피부색, 사상 또는 정치적 의견, 형의 효력이 실효된 전과, 성적(性的) 지향(동성애), 병력(病歷) 등이다. 이 18개 항목 중 하나의 사유로 차별하는 것이 인권 침해라는 것을 법으로써 규정하고 있다.

인간은 죽어서까지 인권을 유지한다. 에스파냐 바놀레스 시(市) 자연사 박물관에는 양손에 방패와 창을 들고 서 있는 키 135cm의 작은 부시맨이 있었다. 모형인가 하고 자세히 가서 살펴보던 사람들은 실제 인간의 박제임을 알고 충격을 감추지 못했다 한다. 1830년에 두 명의 프랑스 탐험가들이 갓 매장한 시체를 파내 박제로 만들어 프랑스로 옮겨왔던 것이다. 이 박물관에 전시된 박제 부시맨을 보고 모멸감을 느낀 한 흑인 물리학자는 세계 각국의 인권 단체에 이를 알리고 에스파냐 정부 및 시 당국에 항의했다. 이에 외부 세계의 비난이 거세게 일자, 결국 시 당국은 100년 가까이 유리관 속에 담겨 전시돼 온 이 부시맨 박제를 철거하였다고 한다. 인간의 존엄성을 침해한 이 사건은 죽은 사람에게도 인권은 있다는 사실을 증명하고 있다.

대표적인 인권 침해 사례

MBC 문화방송의 이상호 기자가 오랫동안 추적 취재한 끝에 재벌과 권력, 언론의 유착 관계를 증명할 수 있는 도청 테이프를 입수하여 방송하고자 하였다. 그러나 문화방송 보도국 편집 회의에서 '보도 불가' 판정을 받고 수많은 의혹만 증폭시켰는데, 한 일간신문이 그 사건의 거의 전모를 특종 보도하여 사건의 진위가 세간에 밝혀지게 되었다.

95분 분량의 이 테이프에는 1997년 대선 당시 국내 거대 재벌 그룹의 고위 임원과 거대 중앙 일간지 사주가 만나 특정 후보에게 불법적으로 대선 자금을 지원하기로 공모한 대화가 담겨 있는 것으로 알려졌다. 그리고 이 테이프로 대화 내용을 녹음한 것은 안기부(지금의 국가정보원)의 비밀 조직인 '미림팀'이었던 것으로 알려졌다.

이 미림팀은 1991년 7월 안기부 안에 새로 편성되어 활동하다가

93년 7월 해체되었는데, 문민정부가 들어선 94년 6월부터 97년 11월까지 재구성하여 활동하면서 정계·관계·재계·언론계 인사들에 대한 도청 임무를 주로 수행해 왔다. 미림팀은 도청한 대화 내용을 녹음하여 테이프로 보관해 왔고, 중요한 정보는 담당 국장 및 안기부장을 비롯한 수뇌부에게만 보고한 것으로 보인다. 이 미림팀의 활동은 안기부 내에서도 기밀 사항이었다고 한다.

그런데 미림팀이 해체되고 김대중 정부 들어 관련자들이 직권면직되자 불법 도청 테이프를 빼돌려 기업으로부터 사업 지원을 받아내자는 속셈으로 반출한 것으로 알려져 있다.

세계 인권 선언 제12조에는 다음과 같이 개인의 사생활과 통신에 관한 권리가 보장되어 있다.

> 제12조 : 사람은 누구를 막론하고 그 사사(私事)·가족·가정 혹은 통신에 대하여 불법한 간섭을 받지 아니하여야 하며 그 명예와 신망에 대한 침해를 받아서는 아니 된다. 모든 사람은 이러한 간섭이나 침해에 대하여 법의 보호를 받을 권리를 가진다.

우리나라 헌법에도 다음과 같이 그 권리가 보장되어 있다.

> 제17조 : 모든 국민은 사생활의 비밀과 자유를 침해받지 아니한다.
> 제18조 : 모든 국민은 통신의 비밀을 침해받지 아니한다.

특히 1992년 '초원복집 도청 사건'의 피해자임을 자처하던 문민

정부는 불법 도청을 금지하기 위하여 '통신비밀보호법'을 제정하기까지 했다. 그런 문민정부 시절에 이런 불법 도청 사건이 일어난 것은 이해할 수 없는 일이다. 이것은 헌법에 보장된 국민의 권리를 침해한 명백한 인권 침해 사건이라 할 수 있다. 그 테이프가 담고 있는 내용의 적법성 여부를 따지기 전에 헌법으로 보장된 국민의 기본권이 국가 권력으로부터 박탈당했다면, 이것은 법치 국가에서는 일어날 수 없는 일이다.

또한 도청이 불법이라는 사실을 잘 알고 있었기에 과거 안기부는 도청을 끝까지 부인해 왔다. 결국 이 사건은 국가 권력기관이 범죄 사실을 적발하기 위해 헌법이 보장한 국민의 기본권을 침해하는 일쯤은 아무것도 아니라는 매우 안이한 태도를 지니고 있음을 증명한다. 이것은 우리나라가 아직도 인권 후진국임을 반증하는 사건이라 아니할 수 없다.

물론, 수배 중인 범법자를 체포하기 위해 적법한 절차를 거쳐 국가 기관이 도청을 하는 것은 통신 비밀 보호법도 허용하는 바이다. 이처럼 공공의 이익을 위하여 명백한 범죄 수사를 위한 최소한의 경우가 아니라면 도·감청은 절대 허용되어서는 안 된다.

영국에서는 테러가 극심하던 1980년대부터 CCTV를 도심에 집중적으로 설치했다. 런던 시내에만 15만 대가 설치되어 시민들은 평균 5분에 한 번씩 하루 300번 정도 무인 카메라에 노출되고 있다. 미국은 현재도 범죄 예방을 위해 CCTV 설치를 늘리고 있다. 미국 MIT의 공학 전문지인 〈테크놀로지 리뷰〉는 2003년 4월호에서 미국에서만 약 1,100만 대의 CCTV가 설치되어 있다고 보도했다. 이렇듯 CCTV 설치의 확대는 전 세계적인 현상이다.

우리나라는 그동안 교통의 흐름을 조사하거나 과속 차량을 단속하고 쓰레기 투기를 감시하기 위해 CCTV를 설치해 왔다. 하지만 지역 자치구에서 범죄 예방을 위한 CCTV를 설치한 경우는 강남구가 처음이다. 문제는 CCTV 설치가 범죄 예방에 효과가 있는지, 만약 있다면 지역 주민들의 사생활 침해를 감수하면서까지 설치해야 할 만큼 그 효과가 큰지 여부다.

2004년도 상반기 중 논현1동에 CCTV 5대를 시범적으로 운용한 결과, 전년과 같은 기간에 비해 5대 범죄(살인·강도·강간·절도·폭력)가 37%까지 줄어들었다는 보도가 있었다. 그리고 2005년 8월에는 현장 주변의 CCTV 덕분에 신고한 지 17분 만에 절도 용의자를 붙잡은 일도 있었다. 이러한 분위기에 힘입어 방범용 CCTV 설치는 서울 전역으로 확산되고 있다. 종로구·성북구·노원구 등도 범죄 예방을 위한 CCTV 설치에 나섰으며, 강남구에서는 서울의 다른 지역에서 CCTV를 설치할 경우 설치비의 50%를 지원하겠다고 밝히고 있다. 그뿐 아니라 방범용 CCTV로 범죄가 줄어들자, 다른 지역 주민들도 자신이 사는 지역에 CCTV를 설치해 달라며 민원을 내고 있다.

경찰은 CCTV의 인권 침해 가능성과 관련해 CCTV를 설치하는 지역에서 3분의 2가 넘는 주민의 동의를 얻었고, 설치 장소에 알림판을 설치했으며, 녹화 자료의 유출을 막기 위한 별도의 보안 대책을 마련했다고 밝혔다. 물론 개개인의 사생활도 소중하지만 그에 못지않게 지역 주민의 생명과 재산을 보호하는 일도 중요하다. 그러므로 해당 지역 주민들의 동의와 요구가 있다면, CCTV 설치는 더욱 확대되어야 한다는 주장이 힘을 얻고 있다.

2006년 서울 서남부 지역, 즉 영등포, 관악, 동작, 구로구 등지에서 강도 및 살인 범행 13건을 저질러 제2의 유영철로 불린 연쇄 살인 용의자 정씨(37세)가 검거되었다. 정씨는 불우한 가정 환경에서 자랐기에 '부자들이 미웠다.'고 말했다. 그런데 부자들이 주로 사는 강남구 지역에는 CCTV 때문에 범죄가 쉽지 않을 것 같아서 다른 지역을 선택했다고 말했다. 그가 CCTV를 두려워했다는 말은 CCTV가 범죄 예방에 효과가 있다는 사실을 증명해 주고 있다.

CCTV를 우리 지역에 설치하면 정말 좋을까? 영화 〈트루먼 쇼〉에서는 하루 24시간 동안 생방송되는 '트루먼 쇼'의 주인공인 트루먼(짐 캐리 분)이 등장한다. 전 세계 시청자들이 탄생에서 현재에 이르기까지 트루먼의 일거수 일투족을 텔레비전으로 지켜본다. 그의 주변 인물은 모두 배우이고, 사는 곳 또한 스튜디오지만 정작 본인은 그 사실을 깨닫지 못한다. 과학 기술의 발달로 미래 사회의 개인들 역시 트루먼처럼 누군가에게 늘 감시받는 생활을 하게 될 가능성이 높아지고 있다. 서울 시내 전역에 CCTV 설치가 늘고 있는 현상 역시 이와 무관하지 않다. 누군가가 '나'의 24시간을 늘 지켜본다고 생각해 보라. 끔찍하지 않은가?

또 조지 오웰(George Orwell)의 미래 소설 《1984》에서 미래 사회의 지도자인 빅 브라더는 독재 체제를 유지하기 위해 '텔레스크린'이라는 장치를 이용한다. 텔레스크린은 수신과 송신을 동시에 수행해 어떠한 소리나 동작도 낱낱이 포착할 수 있다. 사상 경찰은

텔레스크린으로 개개인을 감시하며, 사람들은 그러한 삶에 익숙해진다. 소설의 주인공인 윈스턴 스미스 역시 하루 종일 텔레스크린의 감시를 받으며 생활한다. 이러한 상황은 조지 오웰이 작품을 썼을 당시에는 단지 미래에 대한 암울한 공상일 뿐이었다. 하지만 오늘날에는 CCTV를 비롯한 다양한 전자·통신 기기가 보급되면서 암울한 공상이 현실화되고 있다.

결국, CCTV의 보급은 주민의 인권을 심각하게 침해할 우려가 있다. 만약 범죄를 예방하기 위해서라면 방범대원을 증원하고 수사 기법을 과학화하는 방법을 검토하는 것이 옳다. CCTV를 곳곳에 설치해 범죄를 예방하겠다는 발상은 우리 사회의 인권 의식이 얼마나 부족한지를 보여 주는 단적인 사례다.

여기다 CCTV가 범죄 예방의 근본적인 해결책이 될 수 있을지도 의문이다. 범죄를 계획한 자가 강남에 설치된 CCTV를 보고 '범죄 자체'를 포기하게 될까? 그럴 가능성은 그다지 높지 않다. 다만 그는 제2의 장소를 물색할 것이다. 그러므로 결과적으로 강남 일부 지역에 설치되고 있는 CCTV는 그것이 설치되지 않은 지역을 범죄에 더 노출시키고 있는 셈이다. 만약 강남 곳곳에 CCTV가 설치된다면 그는 강동구나 양천구, 영등포구 같은 다른 지역을 선택할 것이고, 세월이 흘러 서울 전역에 CCTV가 설치되면 경기도나 충청도 지역을 찾을 것이다. 강남구 내에서도 CCTV 설치 지역이 노출되어 최근에는 범죄가 다시 설치 이전 수준으로 돌아갔다는 점을 감안한다면, 전국에 빈틈없이 CCTV를 설치하기 전에는 범죄가 줄어들지 않는다는 얘기다. 그러므로 전국에 CCTV를 설치할 비용이 있다면 그 돈으로 국가 경제를 살려 복지를 향상시키고 교육을 강화하는 등 범죄를 원천적으로 막는 방안을 강구하는 것이 바람직할 것이다.

아직도 우리는 신분제 사회에 살고 있다

대한민국 헌법 제 11조 1항은 '모든 국민은 법 앞에 평등'하다는 기본 원칙을 밝힌 것으로, 헌법이 밝힌 모든 기본권 중에서도 가장 기본이 되는 권리를 언급하고 있다. "같은 것은 같게, 같지 아니한 것은 같지 아니하게 취급하는 것"을 의미하는 평등 원칙은 실질적으로는 "본질적으로 동일한 것은 동일하게, 본질적으로 다른 것을 달리 취급하는 것"을 의미한다. 따라서 본질적으로 동일한 것에 대해 달리 취급하지 않는 것, 즉 차별하지 않아야 인권을 침해하지 않는 길이다.

우리나라는 과거 '인권 후진국'이라는 오명을 안고 있었다. 다행히 김대중 정부 시절 출범한 국가인권위원회는 많은 인권 문제를 해결하고 국민의 인권 의식을 높였다는 점에서 많은 성과를 거두었다. 그동안 어디 가서 말도 못하고 혼자 속병만 앓던 문제들이 인권위에 접수되었다. 예를 들어 어느 대학 교수가 수업 도중 대리모(代理母) 이야기를 하면서 "요즘 여대생들이 돈을 벌기 위해 난자를 파는데 학벌이 좋고 얼굴이 예쁠수록 난자 가격이 비싸다."고 한 뒤, 한 여학생에게 "너 정도면 난자 값이 비싸겠는데……."라고 말해 물의를 빚었다. 해당 학생은 인권위원회에 진정을 냈고 그 교수는 징계위원회에서 해임됐다. 과거라면 어디 가서 하소연 할 곳도 없었던 일들을 인권위에서 해결해 주고 있다.

국가인권위원회에 주로 어떤 진정이 많이 접수되었을까? 우리 사회에서 가장 차별이 많은 분야는 무엇일까? 혹시 성차별이 아닐까? 아니면 외국인 노동자에 대한 차별 대우가 아닐까? 우리나라에 와 있는 외국인 노동자들은, 한국 사장님들이 자신들을 인간으로 취급하지 않는다고 말한다.

국가인권위원회는 최근까지 접수된 2만여 건의 진정 가운데 '10대 진정'을 자체 선정해 2006년 7월 4일 발표했다. 인권위가 선정한 '10대 진정'에는 공무원 채용 시 키·몸무게 제한 평등권 침해와 국가 보안법 폐지 권고 등 인권 침해 소지가 있는 법과 규정에 대한 진정과, 부안 핵 폐기장 건설 추진 절차의 행복추구권 침해와 여의도 농민 시위 농민 사망 사건 관련 조사 및 권고 등 사회적 물의를 빚은 사건에 대한 진정이 망라돼 있다.

2001년 11월 26일부터 진정을 접수한 인권위는 2006년 6월 30일 2만 번째 진정 접수를 기념해 '10대 진정' 선정과 함께 5년 동안의 진정 유형과 특성을 정리했다. 진정 사건 유형으로는 국가 기관에 의한 인권 침해에 관한 진정이 1만 5천 983건으로 전체의 80%를 차지해, 차별 행위에 관한 진정(11%)이나 기타 법령·제도 개선 등에 관한 진정(8.4%)보다 훨씬 많았다. 인권 침해로 진정된 국가 기관은 구금 시설(45%), 경찰(21.5%), 검찰(5.6%) 등 순으로 나타났고, 차별 행위에 대한 진정은 사회적 신분(25%), 장애(11.3%),

나이(8.5%) 등이 주 대상이었다. 진정인 성별로는 남성 1만 3천 612명, 여성 1천 779명으로 남성이 월등히 많았고 연령별로는 30~50대가 9천 234명으로 전체 진정인의 절반에 육박했다.

장애인에 대한 차별이 일상생활 속에 많이 침투해 있다는 것은 납득할 만한 일이다. 거리에 나가서 장애인을 위한 배려의 흔적을 찾는 것은 쉬운 일이 아니다. 특히 장애인이 취업을 하려 할 때, 우리 사회가 얼마나 냉정하고 차별이 많은가를 확인하게 된다.

그런데, 장애인 차별이나 성차별보다 가장 심각한 차별은 바로 사회적 신분 차별(25%)이었다. 사회적 신분이란 무엇인가? 헌법재판소는 사회적 신분을 "사회에서 장기간 점하는 지위로서 일정한 사회적 평가를 수반하는 것"으로 해석하는 판단을 하였다. 그런데 법조계 일각에서는 이 정의가 너무 광범위하다는 의견을 가지고 있다. 사회학적으로 볼 때, 사회적 신분은 사회적 불평등 제도의 한 형태로 간주되고 있다. 이러한 사회적 신분을 나누는 기준은 출생과 더불어 직업과 학력(학벌), 출신 배경(가문, 부모의 지위) 등이지만 때로는 선천적, 신체적 특징의 차이까지 포함시킬 수 있다.

한 개인이 취업 등의 사회 활동을 하려고 할 때, 자신의 능력과 상관없이 사회적 신분에 의한 차별을 받는 경우는 허다하게 많다. 다시 말해 우리 사회에서 우리는 가장 흔하게 사회적 신분 차별을 받고, 차별을 하면서 살고 있는 것이다.

기출문제 둘러보기

2007 서강대 수시 1학기 |

아래 두 편의 글, (가)와 (나)의 상관성을 통해 드러나는 현대 사회의 문제를 요약하라.

제시문 (가) 구치소에서는 저 유명한 벤담의 일망 감시 시설을 본뜬 원형 칸막이가 운동 공간이었다. 이 시설물은 수인 각자가 보여지기만 할 뿐 남을 볼 수는 없게 되어 있다. 벤담의 감옥은 원래 베르사유의 동물원 시설에서 착상을 얻었다고 하는데, 가장 바깥쪽에 원형의 높고 긴 담을 둘러치고 케이크나 피자를 자르듯이 부채꼴 모양으로 칸을 나누었다. 각 칸막이마다 문이 달려 있어서 수인을 안으로 밀어 넣고 문을 닫으면 그는 그냥 부채꼴의 시멘트 담 속에 혼자 갇힌다. 원형의 탑이 중앙에 있고 이것은 이층으로 되어 있다. 〈생략〉 감시자는 계단을 통하여 위로 올라가 사방의 칸막이를 위에서 동시에 관찰할 수가 있다. 그러나 나는 감시자가 우리를 칸막이에 넣어두고 정말로 충실히 수인들을 관찰하기 위하여 탑의 가장자리를 빙글빙글 돌아다니거나 하는 꼴을 본 적이 없다. 그는 어딘가 보이지 않는 편안한 자리에 앉아 담배를 피우고 있거나 동료와 잡담을 하고 있을 것이다. 하지만 위에서는 언제라도 마음만 먹으면 고개를 쭉 빼거나 돌려서 어느 칸이나 누가 무엇을 하는지를 살필 수가 있다. 시설은 참으로 상징적이었다. 연구실의 쥐새끼들처럼 우리들의 맴도는 움직임은 적나라하다.

—황석영, 《오래된 정원》

제시문 (나) 컴퓨터 기술의 사회적 영향에 대해 연구했던 캐나다 엔지니어

캘빈 고트립(Calvin Gottlieb)은 우리가 사는 세상에 프라이버시는 더 이상 존재하지 않는다고 주장한다. 자신의 이해 관계가 걸려 있을 때에는 다른 사람들의 프라이버시를 고려하지 않는 경우가 너무 흔하기 때문이다. 이는 그 사람들만의 문제라고는 할 수 없는데, 많은 경우에 타인의 프라이버시는 내가 알고 싶어 하는 권리나 욕구와 상충된다. 문제는 여기서 그치지 않는다. 사람들은 약간의 편리함을 위해 프라이버시를 너무 쉽게 포기한다. 당첨될 확률이 하늘의 별따기만큼이나 어려운 경품 때문에 성명, 주소는 물론 전화번호까지 쉽게 제공한다. 적립금이나 마일리지 보너스를 위해 멤버십 카드를 만들고, 이를 위해 자세한 신상 정보를 제공한다. 공공의 안전을 보장한다는 이점 때문에 폐쇄회로 텔레비전으로 인한 프라이버시 침해에 무관심하다. 핸드폰 전화번호는 이미 자기 사무실 전화번호만큼이나 공적인 것이 되었다. 실명 등록을 권하는 국내의 어느 포털 사이트는 핸드폰 번호를 입력하지 않으면 아예 회원으로 등록할 수 없는 곳도 있다.

—홍성욱, 《파놉티콘-정보사회 정보감옥》

나에게는 꿈이 있습니다. 마틴 루터 킹

미국의 인종 차별 인권 운동가였던 마틴 루터 킹(Martin Luther King Jr.) 목사는 어려서부터 인종 차별주의를 몸으로 겪으며 살았던 흑인이었다. 어린 시절 절친했던 백인 친구들이 여섯 살이 되어 학교에 입학하자 자신을 멀리했다고 한다. "우리 아버지가 이제부터는 너랑 같이 놀지 말래."라고 했다는 백인 친구의 말을 듣고 충격을 받은 킹은, 그날 밤 부모님으로부터 난생 처음 인종 차별이라는 존재를 확인하게 되었다고 한다. 그가 대학원 시절에 방을 구하러 다녔는데, 흑인이라는 사실을 알고는 아무도 방을 내주지 않았다고 한다.

1963년 버밍햄 시위 때문에 법정 모독죄로 시립 교도소에서 수감 생활하던 마틴 루터 킹 목사는, 백인 목사들이 '기독교 인권 운동' 시위에 대해 시의적절하지 않았다는 비판의 글을 신문에 낸 것을 보고 답장을 보냈다. 그 답장에서 그는 인권이 투쟁을 통해서 얻어진다는 것을 항변하고 있다. 그리고 큰 고통을 겪어보지 않은 사람들은 이해하기 어려울 것이라고 말하고 있다.

우리는 뼈저린 경험을 통해서 자유란 압제자가 자발적으로 베풀어줄 수 있는 것이 아니라는 것을 배웠습니다. 피압제자들은 투쟁을 통해서만 자유를 손에 넣을 수 있습니다. 솔직히 말하면, 내가 참여했던 직접 행동은 인종 차별주의 때문에 큰 고통을 겪어보지 않은 사람들에게는 언제나 '시의적절하지 않은 것'이었습니다. 오랜 동안 나는 "기다려라!"는 말을 들어왔습니다. "기다려라!"라는 말은 흑인들이라면 누구나 귀가 닳도록 들어온 말이며, 대부분 "안 돼!"라는 의미입니다. 우리는 저명한 법학자의 말처럼 "정의의 실현을 지나치게 지연하는 것은 정의의 실현을 거부하는 것이나 다름없다."는 사실을 잘 알고 있습니다.

인종 차별이 없는 세상을 꿈꾸었던 마틴 루터 킹 목사, 1964년에 노벨 평화상을 수상했던 그는 1968년에 암살당했다. 이 사건을 재심한 셀비 카운티 순회 법정에서 배심원들은 킹 목사가 정부 내 비밀 조직과 마피아 등 범죄 조직이 연루된 거대한 음모의 희생자라는 평결을 내렸다. 킹 목사의 꿈이 이 땅에서 현실화되기까지는 아직 더 많은 세월과 더 많은 사람들의 노력이 필요할 것 같다.

12 현대 민주주의 사회, 무엇이 문제인가?

민주주의(Democracy)는
정치 형태의 하나이다.
통치 권력이 한 개인이나
소수의 절대자에게
주어져 있는 것이 아니라,
다수자 혹은 민중에게 주어져 있는
정치 형태를 이른다.
민주주의(Democracy)는 민중(Demo)과
권력(Kratos)이 결합된 말로,
어원을 통해서도 쉽게 그 개념을 확인할 수 있다.
고대 아테네의 정치가였던
페리클레스(Perikles)는
"우리 헌정은 권력이
소수의 수중이 아닌 전체
인민의 손에 있기 때문에
민주주의라고 불린다."라고 했다.
결국 민주주의는
누가 지배하는가의 문제이다.

민주주의는 피를 먹고 자란다고?

민주주의는 아직까지 인간이 만든 정치 체제 중 가장 이상적인 형태라고 인정받고 있다. 독재 정치나 과두 정치의 반대 개념인 민주주의 체제를 거부하는 나라는 없다. 사회주의 국가에서도 '민주주의'를 표방하고 있다. 우리가 보통 북한이라고 호칭하고 있지만 정식 국호는 '조선 인민 민주주의 공화국'이다. 즉 인민에 의한 민주주의를 표방하고 있다. 사회주의 국가들이 표방하고 있는 민주주의를 '사회주의적 민주주의(socialist democracy)'라고 부른다. 심지어 국왕이 통치하는 국가들도 민주주의 국가임을 표방하고 있다. 1인 독재 체제 국가의 권력자도 자신의 국가가 민주주의 국가가 아니고 독재 국가라고 하면 기분 좋아할 사람은 없을 것이다. 아마도 국왕 민주주의라고 생떼를 부릴지도 모른다.

그렇다면 대통령이 있는 나라는 민주주의 국가고 왕이 있는 나라는 독재 국가인가? 그렇지는 않다. 대통령이 있더라도 그 대통령이 정당한 절차에 의한 선거를 통해 선출된 것이 아니라면 민주주의 국가라고 할 수 없다. 우리나라에서는 박정희 대통령을 독재자라고 생각한 사람이 많았다. '타는 목마름으로 민주주의여 만세!'를 외쳤던 김지하 시인 같은 이들은 박정희 대통령을 독재자라고 생각했다. 이에 대해 박정희 대통령은 '한국적 민주주의'라는 말로 응수하였다. 독재자라는 말을 듣고 싶어 하는 사람이 어디 있겠는가?

민주주의의 싹은 고대 그리스의 아테네에서 틔웠다. 당시 성인 남자는 아테네 광장에 모여 발언하고 투표할 수 있는 권리가 있었다. 직접 민주주의의 형태를 띠고 있었던 것이다. 하지만 노예나 여자, 어린이는 참여할 수 없었다. 한편 민주주의의 실질적인 토대는 영국에서 시작되었다. 사람들은 왕과 전쟁을 벌이고 왕을 처형하기까지 했다. 의회를 구성하고 권리 하나하나를 얻는 과정에서 수없이 많은 사람들이 피를 흘려야 했다. 그래서 민주주의는 피를 먹고 자란다는 말까지 나왔다.

1789년부터 1794년에 걸쳐 일어난 프랑스 혁명 역시 국왕의 절대주의 체제에 저항하는 시민들의 혁명이었다. 국왕은 국가와 인민 위에 군림하였다. 96%가 넘는 평민층의 납세에 귀족과 성직자들이 기생하면서 절대 권력을 행사하였다. 루이 16세 때, 절대 왕정을 타도하고 그 권력을 되찾기 위해 시민이 나섰다. 결과는 시민 계급의 승리였다. 이때 내건 프랑스 혁명의 구호인 자유·평등·박애 사상은 이후 세계 각국의 민주주의 실현에 가장 중요한 가치로 전파되었다. '인민은 이제까지 아무 것도 아니었다. 그러나 인민은 이제 모든 것이다.'라는 프랑스 혁명 전야에 뿌려진 유인물이 혁명의 의의를 잘 설명해 주고 있다. 혁명의 성공 이후 보통선거에 의해 구성된 국민공회는 공화정을 선포하고, 루이 16세를 처형하였다. 이렇게 프랑스에서도 민주주의는 피를 먹고 자랐다.

미국의 자유기고가 월리친스키는 국제 인권단체인 휴먼라이츠워치, 프리덤하우스, 국제사면위원회, 국경 없는 기자회 등의 의견을 종합해 매년 세계 10대 독재자 순위를 작성했다. 2005년 순위를 보면 1위 오마르 알 바시르 수단 대통령, 2위 김정일 북한 국방위원장, 3위 탄 슈웨 미얀마 군사 정권 수반, 4위 후진타오 중국 국가주석, 5위 압둘라 빈 압둘 아지즈 사우디아라비아 왕세제, 6위 무아마르 카다피 리비아 국가 원수, 7위 페르베즈 무샤라프 파키스탄 대통령, 8위 사파무라트 니야조프 투르크메니스탄 대통령, 9위 로버트 무가베 짐바브웨 대통령, 10위 테오도로 오비앙 은게마 적도기니 대통령이었다. 이들이 10위 안에 들게 된 것은 인권 유린, 대학살, 강제 감금, 장기 집권, 자유의 박탈, 국민 생활의 통제, 개인 비리 등을 저지르고 있기 때문이다.

이렇게 아직 민주주의 체재를 갖추지 못한 국가도 많지만 민주주의 국가라 할지라도 인권 유린이나, 강제 감금이 전혀 없다고 볼 수는 없다. 따라서 민주주의를 완성한 국가가 있다는 말에는 아직 물음표를 찍을 수밖에 없다.

절차가 비민주적일지라도 민주주의는 실현될 수 있는가

현대 사회와 같이 복잡다단한 사회에서 민주주의를 설명하는 일은 매우 어려운 일이다. 단순히 국민이 주인인 나라라는 말로 민주주의를 설명한다는 것은 뭔가 부족해도 한참 부족한 느낌이다. 인구도 많고 사회도 복잡해서 전 국민이 한 자리에 모여 직접 의사를 결정할 수도 없다. 대체로 오늘날 민주주의를 보는 관점은 크게 두 가지다. 하나는 '절차적 민주주의'이고 다른 하나는 '실질적 민주주의'이다.

절차적 민주주의는, 민주주의의 기본 정신이 '절차적인' 부분에서 실현되고 있다면 민주주의가 실현된 것으로 보는 관점이다. 예를 들어 첫째, 현재 정권을 향해 도전하고 경쟁하는 정당들이 존재하는가? 둘째, 민주적인 방식을 통해 그들의 권력을 창출하는가? 셋째, 통치에 있어 법에 의한 공명한 지배가 이루어지는가? 넷째 합법적이고 안정적으로 정권 교체가 이루어지는가? 등이다. 이러한 문제에 있어서 절차의 정당성이 있다면 이 체제는 '민주적'이고 '민주주의'가 실현되고 있는 것으로 판단할 수 있다.

반면, 실질적인 민주주의는, 단순히 표면적인 부분뿐만 아니라 그 구체적인 권력 소유와 행사의 구조에 대해 좀더 실질적인 측면에서 민주주의 정신이 실현되었을 때 민주주의가 실현된 것으로 보는 관점이다. 예를 들어 첫째, 국민이 그 지도자나 정부와의 관계에서 더한 힘을 소유하고 있는가? 정부는 국민의 의사를 존중하고 그에 맞게 움직이는가? 둘째, 시민 사회는 역동적이며, 그들의 뜻을 자유롭게 표현하는가? 셋째, 다양한 이익집단이 존재하고 그들이 서로 타협과 양보를 통해 합리적으로 정책에 대한 영향력을 행사하고 있는가? 넷째, 다수의 의사가 존중되고, 마찬가지로 소수의 의사도 존중되는가? 등이다.

간혹 실질적인 민주주의를 실현하기 위해 비민주적인 절차를 거치는 경우가 있다. 예를 들어 과거 군부 정권을 단죄하기 위해서 제정한 특별법이나 친일파 처단을 위한 특별법을 제정한다면 그것은 소급 입법 금지를 위반한 것이 된다. 법치 국가에서는 소급 입법을 엄격하게 금지하고 있다. 법은 국민 행위의 기준이 되어야 하는데, 이미 지나간 사건에 대해 소급 입법하여 처벌한다면 법이 제대로 국민 생활과 행위의 기준이 될 수 없기 때문이다. 법은 안정성과 예측 가능성이 있어야 한다. 어떠한 행위가 이뤄질 당시에는 불법이 아니었으나, 그 일이 이뤄진 후 법을 만들어 지나간 일을 처벌한다면 법이 악용될 소지가 매우 많다. 따라서 법치주의 국가에서는 소급 입법을 금지하고 있다.

그러나 절차상 위헌의 소지가 있다고 해서 명백한 과거 죄상에 대해 처벌하지 못한다면 법은 정의의 편이 아니라 불의를 옹호하는 꼴이 되고 만다. 모든 불법 행위를 법으로 미연에 방지할 수는 없다. 경우에 따라서는 소급 입법도 필요하다는 뜻이다. 누군가를 살해한 자가 공소시효가 만료되어 처벌 받지 않고 떳떳하게 살아간다면 그 역시 비민주적인 일이 아닐까? 서구 유럽에서도 소급 입법 금지와 공소 시효 제도는 건드릴 수 없는 법의 성역으로 생각하지는 않는다. 다소 절차상의 문제가 있을지라도 명백한 범죄 행위에 대해 단호하게 처벌하는 것이 민주주의의 기본 이념에 부합한 일이다.

한국 민주주의가 걸어 온 길

우리나라의 민주주의 역시 서구의 그것과 크게 다르지 않다. 서구 유럽에서 절대 권력자로부터 권력을 인민이 찾아오는 과정에서 혁명이 일어났듯이, 우리나라의 경우에는 '민주화 운동'이 있었다. 우리 국민은 민주화 운동을 통해 부패 정권 혹은 군부 권위주의 정권을 무너뜨렸다.

1948년 최초의 선거를 통해 우리나라에 제 1공화국이 탄생하였다. 당시 독립 운동가였던 이승만은 환국하여 두터운 국민의 지지를 얻고 있었다. 정치적 수완도 탁월하여 결국 대통령으로 선출되었다. 하지만 그는 '나밖에 없다'는 오만과 권위주의적 사고를 가지고 부패한 자유당과 함께 종신 집권을 노렸다. 국민들은 정치적 비리에 염증을 느끼기 시작했고, 6·25 전쟁 발발 후에는 완전히 신망을 버렸다. 이승만은 1954년에 재집권을 위해 '사사오입 개헌'을 단행하였고, 언론 탄압, 야당 탄압 등을 통해 정권을 연장해 나갔다.

자유당은 1960년 민주당의 대통령 후보인 조병옥이 신병 치료를 위해 미국에 가 있는 동안 5월 중에 실시해야 할 정부통령 선거를 2개월 앞당겨 3월 15일에 실시하였다. 한 말단 경찰관에 의해 폭로된 부정 선거의 내용은, 4할 사전투표(事前投票), 3인조에 의한 반공개(半公開) 투표, 자유당의 완장부대 동원으로 유권자 위협, 야당 참관인 축출, 유령 유권자의 조작과 기권 강요 및 기권자의 대리 투표, 내통식(內通式) 기표소의 설치, 투표함 바꿔치기, 개표 때의 혼표(混票)와 환표(換票), 득표수의 조작 발표 등이었다.

이에 국민과 학생들은 크게 실망하였다. 마침 그동안 행방 불명이 된 마산상고생 김주열(金朱烈) 군이 눈에 최루탄이 박힌 채 무참하게 살해된 시체로 바다에서 발견되자, 시민들은 크게 분개하였다. 이에 4·19 혁명이 발발하였고, 결국 이승만 정권은 무너지게 되었다.

하지만 자유 민주주의의 흥분도 잠시, 1961년 5월 16일, 박정희 육군 소장은 군대를 앞세워 서울에 진입하고 정권을 장악하였다. 제 3 공화국 박정희 정권은 '새마을 운동'을 통해 '절대 빈곤 탈출'이라는 경제적 성과를 크게 냈던 반면, 정치적으로는 절차 무시와 야당 탄압, 장기 집권 등 비민주적 요소가 많았던 시절이었다. 그는 1979년 10월 26일 당시 중앙정보부장 김재규에 의해 시해되었다.

박정희 대통령 서거 이후 1979년 12월 12일 전두환 계엄사령부 합동 수사본부장은 계엄사령관인 정승화를 체포하고 신군부의 12·12 군사 정변을 주도하였다. 5·17 비상 계엄 전국 확대와 함께 5·18 광주 민주화 운동을 진압하고 정권을 장악하였다. 5·18 광주 민주화 운동 당시 공수 부대 병력을 투입하여 무력 진압하는 과정에서 191명이 사망하고, 852명이 부상당하였다. 전두환은 무력으로 민주화 운동을 진압한 후, 장충체육관에 대통령 선거인단을 몰아넣고 거의 만장일치로 12대 대통령에 당선되었다. 정권을 장악한 신군부는 사회를 억압적 공포 분위기로 몰아갔다. 신군부의 권위주의 정권에 맞선 것은 학생들이었다. 80년대의 학생 운동은 '정권 타도'를 목적으로 하고 있었다. 학생 운동은 전두환 정권 말기인 1987년 6월에 '6월 항쟁'으로 절정에 이르렀다. 그 당시 쟁점은 '직선제 개헌'이었다. 직접 선거만이 민주화 세력이 정권을 가져올 수 있다고 믿었기 때문이었다. 강력하게 거부하던 신군부는 결국 6·29선언을 통해 직선제 개헌을 약속했다. 그러나 당시 야당을 이끌고 있던 김영삼과 김대중은 후보 단일화 협상에 실패하여 동시에 출마한 결과 신군부 세력의 한 사람인 당시 민정당의 노태우 후보에게 선거에서 패하고 말았다. 이후 신군부 세력에게서 정권을 되찾아오기까지는 많은 희생과 시간이 소요되었다. 1993년 김영삼 대통령 취임과 1998년 김대중 대통령 취임으로 군사 정권은 종식되었다.

우리나라 민주주의의 역사는 매우 짧다. 볼테르(F. Voltaire), 몽테스키외(Montesquieu), 루소(J. Rousseau) 등 계몽 사상가들의 사상이 프랑스 혁명에 영향을 미친 것에 비하면, 우리나라의 민주주의는 매우 소박하고 사상적인 준비가 되지 못한 상태에서 급격하게 진행되었다. 그 과정에서 많은 사회적 갈등과 가치관의 혼란이 빚어졌으나, 이제라도 민주화가 진척되고 민주주의가 뿌리를 내리게 된 것은 매우 다행스러운 일이다.

대의 민주주의의 한계와 참여 민주주의

어떤 정치인이 국가 안위 혹은 국가의 운명을 좌우할 중대 사안에 대해 특별법을 제정하려고 한다 하자. 많은 정치인이나 국민들은 그 법안을 부당하게 생각한다. 하지만 그 정치인은 '나는 국민이 뽑은 대표이다. 따라서 내가 하려고 하는 것은 국민의 뜻이기도 하다.' 라고 말할 것이다. 이에 대해 '나는 당신에게 투표하지 않았으니, 국민의 뜻이라고 말하지 말라.' 고 말할 사람도 있을 것이다. 또 어떤 이는 '우리나라를 살기 좋게 만들어 달라고 뽑아 준 것이지, 무엇이든지 마음대로 하라고 뽑아 준 것은 아니다.' 라고도 말할 것이다.

어떤 정치인은 국가 경제가 나쁜데도 세금을 더 징수하려고 한다. 그에 대해 반대하는 사람들은 다음 선거 때, 내 생각을 대변할 수 있는 후보에게 투표해서 정치적 의사가 결정되도록 하는 수밖에 없다. 물론, 그 후보가 당선된다면 말이다. 그러나 그것은 이미 그 법이 공표된 뒤일 것이기 때문에 때늦은 일이 될 가능성이 많다. 또한 이 사람을 뽑아 놨는데, 이 사람이 내 생각과 다른 또 다른 일을 하려고 한다. 그럴 때는 어찌할 것인가. 대의 민주주의 정치는 직접 민주주의 정치에 비해 이렇게 한계를 가질 수밖에 없다. 그렇다고 모든 사안마다 국민 투표를 거칠 수도 없다.

이러한 한계를 극복할 수 있는 길이 정보화 시대에 열렸다. 바로 참여 민주주의의 한 형태로 볼 수 있는 전자 민주주의의 시행이다. 인터넷 포탈 사이트인 '다음' 은 네티즌들의 의견을 모으는 '아고라' 라는 페이지를 운영하고 있다. 이곳에는 네티즌 청원 제도를 포함하여 전자 서명 혹은 전자 투표 제도를 상시로 실시하고 있다. 네이버 역시 상시로 전자 투표를 실시하여 결과를 발표하고 있다. 또한 청와대 홈페이지나 전자 정부 혹은 관공서 홈페이지 등을 통해 민원을 접수하고 전자 서명 제도를 실시하고 있다. 각종 사이버 언론사 역시 뉴스 기사마다 독자의 의견을 달 수 있게 해 놓았다. 따라서 국민 투표를 거치지 않더라도 어느 정도 국민의 뜻을 가늠할 수 있게 되었다. 결국 국민이 이미 뽑은 정치인이라 할지라도 국민의 여론을 무시하기 어려울 것이다.

또한 각종 비정부 기구(NGO)인 시민 단체들의 적극적인 정치 활동 역시 참여 민주주의의 중요한 일부를 담당하고 있다. 경실련, 참여연대, 정치개혁 시민연대, 언론개혁 시민연대, 녹색연합, 환경운동연합, 한국여성 정치연맹, 녹색 소비자연대, 우리 농산물 살리기 운동본부, 참교육을 위한 전국 학부모회 등 시민 단체들은 사회개혁, 경제, 환경, 교육, 여성 문제 등의 정책 수립에 있어 집단의 이익 반영을 위해 노력하고 있다. 기존 대의 민주주의 제도의 한계를 전자 민주주의 제도와 시민 단체의 활동을 통해 극복하고 있는 것이다. 따라서 참여 민주주의 제도는 대의 민주주의 제도의 한계를 극복할 수 있는 대안이라고 할 수 있다.

기출문제 둘러보기

2005 건국대 정시 |

제시문 (가)에 제시된 '선거'의 양상을 살펴보고, 제시문 (나)에 제시된 '추첨'이 대안이 될 수 있는가에 대하여 자신의 견해를 논술하시오.

제시문 (가) 그 다음의 순서는 희미한데 한 사람, 애국애족을 되풀이해서 들먹이는 사람이 있었다. 그 뒤에 등단한 사람이 그것을 꼬집었다.

"이제 막 말한 사람, 틀림없이 애국자입니다. 개장국 잘 먹거든요. 또 애족자인 것도 틀림없습니다. 돼지 족발 잘 잡숫거든요."

애국애족한다는 사람이 가만있을 리가 없었다. 단상에 뛰어올라 꼬집은 자의 멱살을 잡는 난장판이 벌어졌다. 뒤에 알고 보니 사돈끼리라고 했다.

그 다음 차례의 어떤 사람은 자기가 국회의원이 되기만 하면 공출을 없애고 뭣을 없애고 하며 한창 신이 나게 없애 가는 통에 세금을 없애겠다고 나섰다.

"미친놈 다 보겠다."

고 내 곁에 있던 영감이 퉁명스럽게 중얼거렸다. 그러자 저편에서,

"이왕 없앨 바엔 국회도 없애 버려라."

고 고함이 터졌다. 〈중략〉

"내 기호는 10, 보시오, 위에 막대기 다섯 개 밑에도 다섯 개, 노름꾼 문자로 5땡이라는 겁니다. 열다섯 사람이 나왔는데 짓고땡이 끗수로선 내가 최고 아닙니까. 노름으로 치면 이긴 거

나 마찬가지지요. 그런데 여러분이 표를 찍어 주건 안 찍어 주건 나는 국회에 갈랍니다. 내 기술이 목공이요. 책상 하나 걸상 하나 만들어 가지고 국회에 턱 갖다 놓고 앉아 버틸 참이오. 국회의원 노릇을 한다 이 말씀입니다. 〈중략〉 허나 선거에 떨어진 놈이 국회에 가서 옥신각신한다면 우리 고을의 창피가 아닙니꺼. 그러니 그런 창피가 없도록 미리 내게 표를 많이 던져 주십시오. 기호는 10, 5땡이올시다……."

—이병주, 〈관부연락선〉에서

제시문 (나) 〈생략〉 정치 체제의 크기와 상관없이 추첨을 통해 필요한 숫자만큼의 개인을 선발하는 것은 가능하다. 선발의 한 방법인 추첨은 실행 불가능한 것이 아니다. 실제로, 오늘날에도 배심원을 구성할 때 정기적으로 추첨을 사용하는 사법제도가 있다. 따라서 현실적인 문제로 인해 추첨이 아닌 선거에 전적으로 의지하게 된 것은 아니다. 〈생략〉

아테네 민주정은 민회(ekklesia)가 수행하지 않는 대부분의 기능을 추첨을 통해 선출된 시민들에게 위탁했다. 이 원칙은 주로 집정관(archai)들에게 적용되었다. 아테네 행정부를 구성했던 700명 가량의 행정직 중에서 600명 정도가 추첨을 통해 충원되었다. 아테네에서 제비뽑기(kleros) 방식을 통해 선임된 행정직은 대부분 협의체였으며, 임기는 1년이었다. 〈중략〉

그럼에도 불구하고 아테네 정치체제는 시민들이 미숙하다거나 무능력하다고 판단한 행정관의 선출을 방지하는 제도적 장치를 가지고 있었다. 우선 행정관은 언제나 민회와 시민법정의 감시를 받았다. 임기가 끝나면 결산 보고서를 제출해야 했으며, 임기 중에도 시민들이 그들에게 책임을 물을 수 있었고 직무 정지를 요구할 수 있었다. 행정관에 대한 신임을 묻는 것은 최고회의(ekklesiai kyriai)의 필수 안건이었다. 시민이면 누구나 행정관에 대한 불신임 투표를 제안할 수 있었다. 만약 행정관이 투표에서 지면 즉각적으로 업무가 정지되고 사건은 법정

에 회부되어 무죄(그 이후에는 다시 업무를 재개할 수 있었다) 혹은 유죄 판결을 받게 된다. 〈생략〉

—버나드 마넹 지음, 곽준혁 옮김, 《선거는 민주적인가》

한국은 민주주의 국가인가?

엄밀히 말해 이 지상에서 온전하게 민주주의를 실현한 국가는 없다. 우리나라 역시 민주주의를 실현한 국가라고 보기는 어렵다. 다만 다른 국가들과 마찬가지로 민주주의 실현을 목표로 삼고 있으며, 민주주의를 지향하고 있을 뿐이다. 민주주의의 핵심 가치는 평등성, 공정성, 민주성이라고 할 수 있다. 그런데 이 핵심 가치에 있어서 우리나라 정치 문화는 매우 이중적인 태도를 지니고 있다. 이중적 태도라는 것은 생각과 언변과 행동이 일치하지 않는다는 것을 의미한다.

우선 '평등성'에 있어서 모든 것을 균등하게 대우하자는 평등주의가 우리 사회에 팽배해 있다. 예를 들어 교육 정책을 보면, 기여입학제 금지, 고교 등급제 금지, 본고사 실시 금지라는 '3불 정책'을 기본으로 하고 있다. 이와 같이 외형적으로는 평등을 매우 지향하고 있다. 하지만 우리 사회는 극심한 경쟁 사회다. 학생들이 사회에 진출한 후 남들과 똑같은 대우를 받기 위해 열심히 공부하는 것은 아니다. 경쟁의 궁극적인 목적은 남보다 더 나은 대우, 불균등하고 불평등한 대우를 받고자 하는 것이다. 일종의 신분 전쟁이라고 할 수 있다. 1894년 갑오개혁으로 우리나라에서 신분 제도는 공식적으로 사라졌지만, 우리의 의식 속에 사회적 신분은 여전히 잔존해 있다. 결국 한국 사회는 평등을 지향하면서도 상위 신분을 얻고자 치열하게 경쟁하는 불평등한 이중적 구조의 사회다.

'공정성'에 있어서도 이중적 잣대를 가지고 있다. 매일 보도되는 정·관계 비리 사건을 보면서 사람들은 분노한다. 우리 사회의 부패 정도와 도덕성은 땅에 떨어져 있다. 날씨와 관련하여 '불쾌 지수'라는 것이 있듯이, 국가의 부패 정도와 관련하여 '부패 지수'라는 것이 있다. 국제적인 부패 감시 민간 단체인 국제 투명성 기구가 1995년부터 매년 1회씩 발표하는 국가별 부패 인식 지수를 말한다. 이 지수는 국가별 공직자의 부패 정도에 관한 설문 조사를 종합 분석해 평가한다. 우리나라는 2004년에 조사 대상 133개국 가운데 47위를 차지했으며, 2005년에는 155개국 가운데 40위를 차지했다. 물론 사회 청렴도가 좋아지고 있기는 하지만, 국민 소득에 비해 부패 지수가 매우 낮은 편에 해당된다.

우리는 흔히, 뉴스 보도를 보면서 몹시 분개하지만 자기 자신에 대해서는 매우 관대하다. 쉽게 불의와 타협하고 만다. 그리고 그것을 아무렇지도 않게 생각하는 이중적인 잣대를 가지고 있다. 제 5 공화국 당시 전두환 대통령은 '정의사회 구현'을 국시(國是)로 제시하였다. 하지만 그 자신은 퇴임 후 정권 탈취 및 각종 비리 혐의로 감옥에 가야만 했다. 우리는 쉽게 교통 법규를 위반하고 단속하는 경찰관에게 뇌물을 제공하려고도 한다. 이렇게 자기 자신의 비리에 대해서는 공정하게 판단하려하지 않는 태도가 만연해 있다.

'민주성'은 과거 권위주의 정권 시절에 비해 매우 향상되었다고 볼 수 있다. 하지만 보통 선거와 다수결의 원칙이 적용되었다고 해서 민주성이 완성되는 것은 아니다. 정치에 대한 혐오 때문에 투표에 참여하지 않는 사람이 다수인데다, 후보자가 누구인지도 모르고 투표하는 경우도 다반사이기 때문이다. 그러다 보니, 후보자의 포장된 이미지가 당선을 결정하고 만다. 실질적인 민주성을 획득하기 위해서는 토론 문화가 활성화되어야 한다. 아리스토텔레스(Aristoteles)가 지적하였듯이 토론을 거치지 않으면 민주주의는 우민 정치에 빠지기 쉽기 때문이다.

한국은 민주주의 국가인가? 한국은 민주주의를 지향하고 있지만, 민주주의를 더 공부해야 한다.

13

성장이 우선인가, 분배가 우선인가?

한 나라의 경제 정책에 있어 성장이 우선인가,
분배가 우선인가의 문제는
영원히 풀리지 않을 숙제인 듯하다.
2006년 7월 국회의원 회관에서는
국회 연구단체인 '시장 경제와 사회 안전망 포럼'의
주최로 '중산층 복원의 해법' 이란 제목의
심포지엄이 열렸다. 주제 발표에 나선 일부
전문가들은 소득 양극화를 해소하기 위해
성장 위주의 정책을 펴야 한다고 주장했다.
성장 우선 정책론자들은
중산층을 해체하면서 복지 정책을
추진하는 것은 바람직하지 않다고 주장했다.
성장 없는 분배가 가능하냐는 것이다.
반면 반론에 나선 분배 우선론자들은
분배가 크게 악화한 것은 아니라면서
양극화가 심각하다는 것은
그만큼 복지 지출이 미약하다는
방증이라고 주장했다.

우선 빵을 키워야 나눠먹지

1960년대 박정희 대통령의 제 3공화국이 들어서기 전까지 우리나라는 절대 빈곤에 시달렸다. 박정희 대통령은 절대 빈곤에 시달리는 국민들을 위해 빵을 우선 키워야 한다고 생각했다. 빵이 작으면 나눠먹을 것조차 없기 때문이다. 국민들은 정부를 믿고 허리띠를 졸라 매며 '잘살아 보세'라는 구호 아래 밤낮을 가리지 않고 일을 했다. 성장 위주의 경제 정책은 어느 정도 성공을 거둬, 경제 규모가 비약적으로 커지기 시작하였다. 다만 '한국이 민주주의가 되는 것은 쓰레기통에서 꽃이 피는 것과 같다.'는 말이 나온 것처럼 민주주의의 길은 멀어 보였다.

그런데 커진 빵을 누가 가져갔는가? 재벌들이 차지하고, 그 빵을 키우기 위해 피땀 흘린 노동자와 농민들은 짐승 취급을 받아야 했다. 도대체 누구를 위한 경제 성장인가? 정부는 빵을 키우기 위해 수출 위주의 공업 정책, 저임금, 저곡가 정책 등 자본가를 위한 정책을 시행해 왔다. 그런데 갈수록 자본가는 배를 불리고, 노동자는 절대 빈곤에 허덕여야 했다. 경제 규모가 커지면 노동자, 농민에게 돌아갈 빵도 많아지는 줄 알았으나 사실은 그렇지 못했다.

2004년 한국개발연구원(KDI)에 의하면 우리나라의 절대 빈곤율은 1996년 5.91%에서 2000년 11.4%로 증가하였다고 한다. 이는 OECD 국가 중에서 가장 높은 국가군에 해당하는 것으로 소득 불평등 정도가 심하고 경제 여건이 좋지 않다는 것을 의미한다. 절대 빈곤율은 한달 소득이 최저 생계비에도 못 미치는 절대 빈곤 가구의 비율을 말한다. 이제 빵을 키울 때가 아니라 제대로 나눠야 할 때라는 말이 설득력을 얻고 있다.

가장 이상적으로 말한다면 성장과 분배가 조화를 이뤄야 한다. 성장을 추구하면서 분배의 정의가 실현되어야 한다.

중산층이 무너지고 있다

소득 양극화 현상이란 중간 소득 계층이 사라지면서 소득 분포가 양극단으로 쏠리는 현상을 의미한다. 여기서 양극단이란 소득 상위 계층과 소득 하위 계층을 말한다. 소득 양극화 현상을 측정하는 경제 지표로는 '지니 계수'와 '5분위 혹은 10분위 분배율' 등이 있다.

지니 계수는 그 지수가 0일 때, 모두가 동일한 소득을 가진 완전 평등 상태를 의미하며, 1일 때는 한 개인이 모든 소득을 독차지하여 완전 불평등한 상태를 나타낸다. 따라서 지니 계수는 그 지수가 1에 가까워질수록 소득 양극화 현상이 심화되고 있음을 보여 준다. 한편 소득 5분위 배율이란 것은, 전체 조사 가구를 소득 순으로 5등분하여 소득 수준이 가장 높은 5분위의 평균 소득을 가장 낮은 1

분위의 평균 소득으로 나눈 값을 말한다. 따라서 수치가 커질수록 소득 양극화 현상이 심화되고 있음을 나타낸다.

우리나라의 경우 이 지수가 1984년부터 IMF 외환 위기가 닥친 1997년까지는 개선되고 있었다. 높은 경제 성장률과 임금 상승은 중산층을 두텁게 하면서 소득 양극화 문제를 크게 개선하였다. 하지만 1997년 이후 이 지수가 급격히 커지면서 중산층이 크게 감소하고, 소득 상위 계층과 소득 하위 계층은 증가하였다. 외환 위기를 극복한 2000년부터 2002년 사이에는 다시 소득 양극화 현상이 완화되더니 2003년 이후 또 심화되고 있다.

2006년 8월 삼성 경제 연구소 민승규 연구원이 낸 보고서에 의하면 저성장과 내수 침체, 노동 시장의 변화 등이 소득 불균등의 원인이라고 한다. 수출 호조에도 불구하고 고용은 크게 늘지 않고 있으며, 노동 시장에서 구조 조정 등으로 비정규직이 급증하여 양극화가 크게 심화되었다는 것이다. 또한, IMF 외환 위기 이후 급격하게 세계화가 진행되면서 글로벌 경쟁 체제로 돌입한 국내 기업들이 매우 강도 높은 구조 조정을 하였고, 이로 인한 실업률의 증가, 그리고 중국이 급부상하면서 우리나라의 국제 경쟁력이 크게 저하되어 소득 양극화 현상이 더욱 심화되었다는 것이다.

2005년 중산층 비중은 1997년에 비해 5.3% 하락한 반면, 소득 상위 계층은 1.7% 상승하였고, 하위 계층은 3.7% 상승하였다. 즉 중산층이 상위층으로 이동하기보다는 주로 하위층으로 이동했다는 것이다. 국가의 부는 증가하고 있는데도 빈민층이 늘어나고 '빈익빈 부익부' 현상이 더욱 심화되고 있다. 2004년 기준 우리나라의 소득 양극화 지수를 100으로 잡았을 때, 영국(98.2), 스웨덴(84.7), 독일(71.4), 프랑스(65.3), 일본(76.2) 등으로 미국(125.3)을 제외하고는 대부분의 선진 국가들보다 지수가 높아 문제가 매우 심각한 상태다.

부자 나라일수록 빈곤이 심각하다?

앤서니 기든스(Anthony Giddens)의 《현대 사회학》은 현대 사회의 주요 테마들을 사회학적 관점에서 설명한 사회학의 기본서다. 사회학을 공부하려는 이 뿐만 아니라 사회를 이해하고자 하는 이들에게 교양서로서 추천할 만한 책이다.

앤서니 기든스는 이 책에서 세계화가 소득 불평등의 큰 원인이라고 지적했다. 선진 산업 국가와 개발 도상국 간 소득의 격차는 더욱 커졌다는 것이다. 1999년 유엔에서 발간한 《인간 개발 보고서(Human Development Report)》는 가장 부유한 나라에 살고 있는 세계 인구 1/5의 평균 소득이 가장 가난한 나라에 살고 있는 1/5의 평균 소득보다 74배 더 크다는 것을 보여 주고 있다. 또한 1990년대 말 세계 인구의 20%가 세계 전체 소비의 86%를 차지했고, 82%의 수출 시장과 74%의 전화 회선을 차지했다고 한다. 세계에서 가장 부유한 200명이 1994년과 1998년 사이 재산 가치를 두 배로 늘렸다. 세계 3대 억만장자들의 재산을 합친 것은 모든 저개발 국가의 국민 총생산과 거기에 살고 있는 6억 명의 재산을 합친 것보다 더 컸다고도 한다.

자유 시장 체제에서 불평등은 피할 수 없는 결과라고도 했다. 사실 평등은 가장 달성하기 어려운 과제임이 분명하다. 수많은 좌파 정치가들은 부자로부터 빈곤한 사람들에게 부를 재분배하여 불평등을 근절하려고 하였다. 지난 대통령 선거에서 한 진보 정당의 후보가 '부유세'를 걷어 소득 하위 계층의 복지에 사용하겠다고 정책을 발표한 것도 경제적 평등을 실현해 보고자 하는 노력이었다. 이러한 노력은 높은 수준의 복지 정책 시행과 조세 정책을 통해 이뤄질 수 있다. 그러나 이러한 노력들은 빈곤을 근절하는 데 실패했고, 평등에 대한 개념도 많이 바뀌었다.

가난의 원인은 크게 두 가지로 나눌 수 있다. 첫째는 개인의 책임이라는 것, 둘째는 사회 구조적인 힘에 의해서 생산되고 재생산된다는 것이다. 과거에는 가난은 개인의 책임이 크다는 주장이 설득력을 얻었다. 가난한 자는 기술이 없거나, 능력이 평균 이하이거나, 육체가 연약하거나, 성취 동기가 없거나, 성공할 능력이 없는 자라고 여겨 왔다. 하지만 모순된 사회 구조에서는 아무리 개인의 능력이 우수해도 가난을 벗어나기 어렵다는 사실을 인정하기 시작했다. 가난은 대대로 전승된다. 그 이유는 어려서부터 가난을 보아왔고, 가난을 벗어날 수 없다는 것을 체험으로 깨우친 이들이 가난을 숙명으로 받아들이기 때문이다.

그런데 여전히 사회 구조적 책임보다는 개인적 능력이나 노력 부족이라고 믿는 사람들은 사회 복지 정책을 강화하여 빈곤층을 돕는 일에 의심의 눈초리를 보내고 있다. 빈민들도 원하면 언제든지 일자리를 얻어서 어느 정도는 잘 살아갈 수 있을 텐데, 게으름을 피우면서 정부의 도움을 받아 국세를 축내고 있다고 생각한다. 하지만 빈곤층의 대다수는 일자리가 있는 사람들이다. 이들은 대부분 너무나 낮은 보수 때문에 절대 빈곤을 벗어나기 어려운 상태에 있다.

절대 빈곤에 시달리는 이들 중 무주택자들, 일명 홈리스 족들은 거리에서 잠을 자고, 먹고 입을 것을 스스로 해결하지 못하는 이들이다. 이들은 버스를 타고 친구를 만나러 가거나, 우체국에서 편지를 부치고, 집에서 편지를 받고, 은행을 이용하고, 생필품을 구멍가게에서 사는 등 보통 사람들이 너무나 자연스럽게 하는 일들을 전혀 하지 못한다. 이들 중 상당수는 정신병력이 있거나 범죄 경력이 있는 사람들이다. 이들은 어쩌면 평생을 거리에서 보내게 될 것이다. 이들이 가난을 벗어난다는 것은 기적이 일어나기를 바라는 일이다. 소득 상위 계층들이 하루 쓰는 돈이면 무주택자들이 1년 먹을 식량을 해결할 수 있다.

또한 누구든지 생존을 위해서 필요한 경제적 조건, 즉 의식주가 충족되지 못한다면 삶 자체를 영위할 수 없다. 이것을 절대 빈곤 상태라고 할 수 있고 이는 전 세계 어디든지 통하는 빈곤의 개념이다. 그러나 국가마다 부의 정도가 다르기 때문에 문화적으로 '빈곤'의 개념도 다르다. 예를 들어 부유한 국가의 가정에서 집에 전화기나 냉장고가 없는 사람은 자신이 빈민이라고 생각하겠지만, 빈국의 가정집에서 전화기나 냉장고가 없다고 해서 그들은 자신을 빈민이라고 생각하지 않는다. 왜냐하면 빈국에서 전화기나 냉장고는 사치품으로 여겨지기 때문이다. 빈곤은 상대적인 것이다. 따라서 부자 나라일수록 소득 양극화의 심화로 인한 상대적 빈곤층이 커질 수 있는 것이다. 결국, 부자 나라에서 오히려 빈곤층이 더 많을 수 있는 것이다.

왜 같은 곳에 살면서 그곳이 누구에게는 천국이고, 누구에게는 지옥인가?

빈곤이 개인의 능력 부족 때문이라면, 그는 빈곤에서 벗어나고자 더욱 노력하여야 할 것이다. 하지만 대부분의 노동자 개인들은 더욱 노력해도 적은 임금 때문에 그 빈곤에서 벗어나기 어렵다. 사회 구조적으로 개인이 빈곤에서 벗어나기 어렵고, 또한 그 빈곤이 대대로 세습된다면 그 사회는 좋은 곳이 아닐 터이다. 소설가 조세희의 《난장이가 쏘아 올린 작은 공》은 그러한 사회 구조적 빈곤과 빈곤의 세습 문제를 소설화한 작품이다. 이 책은 웬만한 사회학 서적보다 더 빈곤의 문제를 매우 현실적 시각에서 접근하고 있다. 이 소설은 12편으로 된 연작 소설로 1970년대 산업화에 밀려난 도시 빈민들의 궁핍한 삶과 한을 그리고 있다.

세상의 부조리함을 이 소설은 뫼비우스의 띠로 설명하고 있다. 수학 교사가 교실에서 학생들에게 질문을 한다. 두 아이가 굴뚝 청소를 했다. 한 아이는 얼굴이 새까맣게 되어 내려왔고, 또 한 아이는 그을음을 전혀 묻히지 않고 깨끗한 얼굴로 내려왔다. 어느 쪽 아이가 얼굴을 씻을 것이라고 생각하는가? 수학 교사의 답은 엉뚱했다. 똑같은 굴뚝에 들어가 청소를 하고 나왔는데, 한 아이의 얼굴은 깨끗한데 다른 아이의 얼굴은 더럽다는 것은, 있을 수 없는 일이라고 했다.

사람들은 사회라는 같은 굴뚝 안에서 살고 있다. 그런데 어떤 이는 그곳이 천국이고, 어떤 이에게는 그곳이 지옥이다. 난쟁이 가족 중 어머니와 장남인 영수, 둘째 아들 영호, 여동생 영희가 함께 개천 근처를 걷다가 개천 건너 주택가에서 나는 고기 굽는 냄새를 맡게 된다. 같은 세상에 살고 있지만 그 세상 안에는 고기를 구워 먹을 수 있는 부자들이 있고, 반면 고기를 구워 먹을 수 없는 빈민들이 있다. 수학 교사의 표현대로라면 있을 수 없는 일이다.

난쟁이 가족이 도시 빈민이 된 것은 가장인 아버지의 천성이 게으르거나 어머니 혹은 아이들이 게을러서가 아니다. 영수나 영호 역시 공장에 다닌다. 그러나 현실은 철거민이다.

> 아버지는 그 동안 충분히 일했다. 고생도 충분히 했다. 아버지만 고생을 한 것이 아니다. 아버지의 아버지, 아버지의 할아버지, 할아버지의 아버지, 그 아버지의 할아버지 또 대대로 거슬러 올라간다.

그렇다. 아버지의 조상은 노비였다. 어머니의 조상도 노비였다. 노비는 상속, 매매 기증, 공출의 대상이었다. 주인의 소유물이었다. 이 가족들이 그동안 살았던 무허가 집은 마련하는 데 천 년이 걸렸던 가족의 보금자리였다. 그 집이 지금 철거 위기에 처해졌다.

결국 난쟁이는 공장 굴뚝에 올라가 자살하고 만다.

사회 구조의 모순은, 아무리 개인이 발버둥쳐도 빈곤을 벗어날 수 없게 한다. 장남 영수는 공장을 전전하다가 노동 운동에 뛰어들어, 은강 그룹 회장의 동생을 죽이고 사형 선고를 받는다. 동생 영호 역시 형을 따라 공장을 전전한다. 여동생 영희는 자기네 입주권을 사간 부자 사내에게 자신의 순결을 빼앗기고 입주권을 몰래 훔쳐 온다. 이 난쟁이 가족의 삶은 소외된 도시 빈민의 당면 현실이 어떠한가를 매우 전형적으로 보여 주며, 우리 사회 구조의 모순이 얼마나 심각한가를 잘 보여 준다. 그런 점에서 매우 비극적이다.

기출문제 둘러보기

2002 경희대 정시 |

제시문은 공정한 분배·분담에 대한 공리주의적 견해를 담고 있다. 이 글에 나타난 공리주의적 분배·분담 원칙의 특징을 기술하고, 이를 토대로 자녀가 여럿 있을 경우 누가 부모를 모셔야 하는가에 대한 공리주의적 해결 방안을 제시한 후, 이러한 접근법이 갖는 장단점에 대해 논술하시오.

제시문

〈중략〉 예전부터 공정한 분배·분담은 매우 중요한 관심사였다. 우리는 솔로몬 왕의 일화를 통해 공정성에 대한 그의 지혜를 엿볼 수 있다. 어느 날 솔로몬 왕 앞에 두 여인이 나타나 한 아이를 두고 제각기 자기가 아이의 엄마라고 주장한다. 솔로몬은 아이를 반으로 잘라서 나누어 주라고 명령한다. 그러자 그의 예상대로, 가짜 엄마는 솔로몬의 제안에 선뜻 동의함으로써 자신이 아이에게 매우 작은 가치를 부여하고 있음을 드러낸다. 반면, 진짜 엄마는 아이의 목숨을 구하기 위해 즉시 자신의 주장을 철회함으로써 아이를 얼마나 아끼는지 짐작할 수 있게 한다. 솔로몬은 진짜 엄마에게 아이를 돌려주도록 명한다.

〈중략〉 솔로몬은 진짜와 가짜의 구별 기준을 아이에 대한 엄마의 애착심에서 찾았다. 이는 가치가 원하는 사람의 선호나 욕구와 무관하지 않다는 사실과 동일한 재화라고 하더라도 모두에게 똑같이 가치 있는 것은 아니라는 사실을 가르쳐 준다. 많은 학자들이 솔로몬의 지혜를 학문적으로 정립하려고 노력했다. 그러나 최근까지도 공정한 분배·분담 원칙의 모델은 주로 이론적인 차원에서만 논의되어 현실 생활에 적용할 수 없었다.

그런데 일부 학자들이 "케이크 자르기"라 부르는 매우 단순하지만 함축적인 모델을 개발하여 제한적으로나마 실제 상황에 적용하기 시작했다. "케이크 자르기"는 다음과 같은 절차로 이루어진 모델이다.

먼저 두 사람이 케이크를 나누어 가지려 한다고 가정하자. 이 경우, 공정한 분배 방식은 먼저 한 사람이 케이크를 자르고 이어서 다른 사람이 자기 몫을 선택하도록 하는 것이다. 이때 첫 번째 사람은 자기가 원하는 방식으로 케이크를 자름으로써 자신이 원하는 바를 반영할 수 있다. 〈생략〉 반면 두 번째 사람은 상대방을 고려할 필요 없이 두 조각 중 하나를 택하면 된다. 이렇게 분배할 경우, 두 사람 모두 만족할 수 있다. 〈생략〉

케이크 자르기 모델은 이처럼 소수가 제한된 재화를 나누어 갖는 경우 매우 유용하다. 그러나 네 사람 이상의 경우에는 더 이상 적용할 수 없었다. 그래서 다수가 참여하는 경우에도 공정한 분배·분담을 보장할 수 있는 절차가 고안되었다. 일종의 경매 방식을 원용한 이 모델은 분배·분담에 참가한 모두에게 동일한 구매력을 부여한 후, 각자가 원하는 재화가 모두 낙찰될 때까지 경매 절차를 통해 분배한다. 예를 들어 이혼한 부부가 예전에 공동으로 소유한 물품을 나누어 갖는 경우를 생각해 보자. 우선 당사자들이 동일한 구매력을 보유토록 하기 위해 각자에게 100환이라는 가상 화폐를 지급한다. 그리고 이들이 나누어 가질 공동 소유물에 하나씩 번호를 붙인다. 만약 모두 10개의 물품이 있다면, 부부는 각자 나름대로 10개의 물품에 대한 선호도에 따라 입찰할 금액을 배정할 것이다. 일례로 집이 입찰 대상인데 만약 남편이 집에 대해 50환의 가치를 부여하고 부인은 40환의 가치를 부여했다면, 집은 남편에게 낙찰된다.

결과는 모두에게 만족스럽다. 남편은 원하던 것을 얻었으니 만족할 것이고 부인은 원하던 것을 얻지 못했지만 대신 나머지 물품의 경매에서 상대적으로 유리한 입지를 확보할 수 있기 때문이다. 〈생략〉

이와 같이 경매 모델은 당사자 모두가 스스로 가치를 부여하도록 함으로써 각자의 선호와 욕구가 분배·분담에 반영될 수 있도록 하며, 동시에 모두에게 대등한 기회를 부여함으로써 절차상 제기될 수 있는 분쟁의 소지를 제거한다. 경매 모델은, 충분히 개발할 경우, 재산 분배 문제에서 환경오염에 대한 비용 분담 문제에 이르기까지 다양한 경우에 적용할 수 있을 것이다.

소득의 양극화 현상을 해소하기 위한 대안은 무엇인가?

우리 옛말에 '콩 한 쪽도 나눠 먹는다.'는 말이 있다. 하지만 나눠 먹을 콩이 더 많다면 좋은 일이겠지만 현실은 그렇지 못하다. 콩이 100알이 있다고 하자. 그런데 그 콩을 누구는 99알을 가져 가고, 다른 이는 1알을 가져 가야 한다고 하자. 99알은 평생 먹고도 남는데, 1알로는 배를 불릴 수 없어서 결국 굶어 죽어야만 한다고 하자. 아무리 자본주의 사회가 능력주의 사회라고는 하지만, 최저 생계비도 벌지 못하는 절대 빈곤층에서는 굶어 죽는 이들이 속출하는데, 99알을 가진 이들이 내 일이 아니라고 방치해야 하겠는가? 그래서 누군가가 99알을 가진 이들에게 10알씩을 거둬 1알 가진 이들에게 나눠줬다고 하자. 11알이면 생존을 위한 식량으로는 적당한 양이라고 하자. 그 사회에 살고 있는 모든 이들은 일단 절대 빈곤에서 벗어나게 된다.

분배란 인간이 생활을 영위하는 데 필요한 생산·분배·소비(지출)의 한 단계이며, 다음 단계인 소비와 함께 다시 생산 과정에까지 영향을 미친다. 소득의 분배는 사회 정의의 중요한 부분이다. 소득의 불평등은 사회의 안정을 저해하며, 개인의 삶을 불안정하게 만든다. 생존을 위한 최저 생계비를 벌지 못해 굶고 있는 이들에게 행복이란 있을 수 없다.

복지는 삶의 과정에서 겪게 되는 질병이나, 장애, 실직과 노령화 등의 위험을 국가가 돌보는 형태를 말한다. 대체로 복지 국가를 지향하는 나라들은 교육, 보건, 주택, 수입 보조, 장애, 실직, 연금 등의 영역에서 복지 사업을 벌인다. 복지 체계는 국가마다 다르겠지만 스웨덴의 경우 복지 분야 국가 지출이 국내 총생산(GDP)의 50%에 육박하는 것으로 알려져 있다.

복지 사업의 기금은 세금에 의해서 마련된다. 시장은 냉혹한 곳이라서 가난한 사람에게 동정심을 발휘하지는 않는다. 국가는 조세 부담이 증가하더라도 적절한 조세 정책을 통하여 사회 복지 기금을 마련하여야 한다.

물론 더 근본적인 대책은 소득 하위 계층들이 스스로 빈곤에서 벗어날 수 있도록 일자리를 제공하는 등의 적극적인 정책을 시행하는 것이다. 소위 복지 - 노동 연계 프로그램은, 단순한 수혜 위주의 복지 정책보다 사회 양극화 해소에 훨씬 효율적이란 사실을 증명하고 있다.

한편에서는, 사회 복지 제도가 사람들로 하여금 독립적이고 의미 있는 삶을 살도록 해 주어야 하는데, 그러기 보다는 국가에 의존하게 된다고 곱지 않은 시선으로 보고 있다. 특히 물질적으로 뿐만 아니라 심리적으로 의존한다는 것이다. 이는 결국 영국이나 미국에서 복지 예산 삭감으로 이어지기도 했다. 하지만 이러한 복지 예산 삭감은 강력한 반대에 부딪쳤고, 사회적 빈곤과 불평등에 대처하기 더욱 어렵게 되었다.

14

교육은 만병통치약인가?

가끔 텔레비전이나 라디오 등의 언론 매체에서는
전문가들이 모여 사회 문제를 의논하곤 한다.
전문가들이 나와 사회 문제에 대한
원인을 찾고 개선 방안을 제시한다.
우리 사회의 문제들은 매우 다양하다.
사회 문제의 예를 들면 인구 과밀 문제, 주택 문제,
교통 문제, 환경 문제 등 도시 문제, 농어촌 문제,
계층간 빈부 격차에 의한 양극화 문제,
노인 문제나 장애인 문제 같은 사회 복지 문제,
가족 붕괴 문제, 인간 소외 문제, 정치 민주화 문제
등이 있을 것이다. 그런데 이런 사회 문제를
다루면서 대부분의 전문가들은 교육을 통한
해결을 강조한다. 그것은 다시 말하면
현재의 교육이 이러한 사회 문제를 해결하지
못하고 있는 주범이라고 믿고 있는 것이다.
정말 모든 사회 문제의 근원은 교육으로부터
비롯되었는가? 혹은 모든 사회 문제는 교육을 통해
해결할 수 있는가? 교육은 만병통치약인가?

모든 사회 문제의 근원은 교육이라고?

우리나라 학부모들의 교육열은 세계에서 둘째 가라면 서러워 할 것이다. 우리나라가 세계에서 가장 못사는 빈국에서 50년 만에 다른 나라를 도와주는 OECD(경제협력개발기구) 가입 국가가 될 수 있었던 것도 교육열 때문이었다고 믿고 있다. 자녀의 과외비를 벌기 위해 주부가 노래방 도우미를 할 정도로 우리나라의 교육열은 대단하다. 우리에게 교육은 희망이었다. 가난한 농부의 아들도 서울대 법대에 들어가 사법고시에 합격만 하면 판사도 되고, 행정고시에 합격하여 고위직 공무원이 되어 금의환향할 수도 있었다. 교육은 숙명적인 가난을 벗어나게 해 주는 '도깨비 방망이'였다.

한때, 대학을 상아탑이 아닌 우골탑이라고 불렀다. 시골에서 부모들이 소를 팔아 도시의 학교로 보냈기 때문에 대학을 '우골탑'이라고 한 것이다. 이 '우골탑'에는 가난을 대물림하고 싶지 않은 부모들의 꿈이 담겨 있었다. 최근에는 '기러기 아빠'라는 말도 생겼다. 자녀를 부인과 함께 외국에 유학 보내 놓고 우리나라에 남아 돈을 벌어 외국으로 교육비를 보내 주는 아빠들을 가리키는 말이다. 심지어는 처자식을 외국에 보내 놓고 비행기 삯이 없어 가족들을 만나러 갈 수도 없는 이들도 있는데 이들을 '펭귄 아빠'라고 한다.

통계청 자료에 의하면 가구별 월 평균 교육비 총액은 2004년에 49만 4천 원이었다고 한다. 월 평균 100만 원 이상을 지출하는 가구도 10%를 넘었다. 물론 그 비용 중 상당 부분은 사교육비로 지출하고 있었다.

그런데 왜, 항상 무슨 문제만 생기면 교육이 잘못되었다고 지적받는가? 교육 당국자나 교육에 종사하는 많은 이들이 억울해 할 법도 하다. 하지만 그만큼 교육에 거는 기대가 크다는 뜻이기도 하니 억울함을 하소연하기 전에 우리 교육이 무엇을 할 수 있을까를 고민해 보는 것이 더 생산적인 일이 아닌가 싶다.

인간은 태어나는가, 만들어지는가?

1920년 인도의 캘커타 지방의 정글에서 선교사로 가 있던 씽 목사 부부는 늑대 굴에서 두 어린이를 발견하게 된다. 작은 어린이는 두 살 정도였고, 큰 어린이는 일곱 살 정도의 여자 아이였다. 두 아이는 가슴과 어깨에 털이 많이 나 있었다. 서서 걸어 다니지 못하고 손발을 이용해 기어 다녔으며, 늑대처럼 울부짖었다. 사람은 분명한데, 늑대와 같았다. 처음에는 어미 늑대의 젖을 먹고 자랐으나 어느 정도 자란 뒤에는 어미 늑대가 잡아 온 고기를 먹고 자랐다. 아마도 버려진 아이들을 늑대가 데려다 키웠을 것이다.

만약, 인간이 성장하는 데 유전적 요인이 더 중요하게 작용했다면, 아무리 버려진 아이를 늑대가 데려다 키웠더라도 이들은 인간으로 자라났을 것이다. 그런데, 이들은 주어진 환경에 의해 늑대로 자란 것이다. 그 어디를 봐도 인격적 요소를 찾을 수 없었고, 인간의 행동 특성을 갖추고 있지 않았다. 맹자의 어머니가 자식을 교육시키기 위해 세 번을 이사했다는 '맹모삼천지교(孟母三遷之敎)'라는 말을 생각해 볼 때도, 인간의 성장에는 유전적 요인보다 환경적 요인이 더 크게 작용하는 듯싶다.

존 로크(John Locke)는, 인간은 태어나면서 백지 상태였으나 자라나면서 후천적으로 관념과 지식을 획득하게 된다고 주장하였다. 이 '백지설'에 근거하여 인간은 후천적인 교육(환경)을 통해 선인이 될 수도 있고 악인이 되기는 한다는 것이다. 칸트(I. Kant) 역시 '인간은 오직 교육에 의해서만 인간이 될 수 있다.'라고 했다. 라이프니츠(G. W. Leibniz)는 '우리에게 교육을 다오. 그러면 반세기 이내에 유럽 인의 성격을 변화시킬 수 있다.'고까지 했다. 이렇게 되면 교육이 모든 사회 문제를 해결할 수 있는 '만병통치약'이라 해도 무방할 듯하다.

하지만, 인간 성장에는 환경적 요인보다는 유전적 요인이 더 크게 작용한다고 보는 견해도 있다. 같은 혈액형을 지닌 아이들끼리 모아 놓고 외부 자극을 준 후, 그 행동 특성을 관찰한 결과 놀랍게도 매우 유사한 점이 많이 발견되었다. 이것은 인간이 동물과는 다른 존엄한 존재라고 보기에는 너무 엉뚱한 결과였다.

2001년 10월, 전북 고창군 평지리 야산 무덤 위에 초등 학교 여학생이 전라의 변사체로 발견됐다. 사건 발생 두 달 후, 같은 고창에서는 한 남매가 또다시 끔찍한 사체로 발견됐다. 범인은 사체를 무덤 위에 십자 모양으로 전시했을 뿐 아니라, 두 번째 사건에선 시신의 살점을 도려내 집으로 가져 갔다. 범인은 체포된 후 어떤 죄책감이나 피해자에 대한 미안함 등의 감정 변화 없이 무척 태연했다고 한다. 무려 21명을 살해한 연쇄 살인 사건의 범인 유영철 역시 어떠한 죄책감도 느끼지 않는다고 했다. 이렇게 도덕적 양심이 없고 반사회적 성격 장애를 갖고 있는 정신 이상자를 '사이코패시(Psychopathy)'라고 부른다. 과연 교육을 통해 이들에게 도덕적 양심을 갖게 하고, 성격 개조를 할 수 있을까?

쇼펜하우어(A. Schopenhauer)는 '사람이란 소질이 지배하는 것이며, 미래의 발전도 소질에 의해 좌우된다.'고 했으며, 롬브로소(C. Lombroso)는 '범죄자의 골상은 선천적으로 나타나 있으므로 교육의 힘으로 어쩔 수 없다.'고 주장했다. 멘델(G. Mendel)은 '생물의 특질은 염색체 상에 있는 유전 형질에 의하여 결정된다.'고 했다. 결국, 교육이 할 수 있는 일은 아무 것도 없을 듯하다. 교육으로는 그 본래의 타고난 특질을 바꿀 수 없다 하니 우리 사회의 희망은 없어 보인다.

하지만, 그렇게 너무 비관적으로만 볼 필요는 없을 것이다. 찰스 디킨스(Charles Dickens)의 《크리스마스 캐럴》에 나오는 스크루지 영감처럼 하룻밤의 경험주의적 교육을 통해 본성이 바뀔 수도 있는 것이 인간이기 때문이다. 개조가 불가능해 보이는 '사이코패시' 환자들도 1% 미만의 극소수 사람들에게만 나타나는 정신 질환이다. 대부분은 교육을 통해 변화시킬 수 있다. 교육은 특정한 사회 속에서 사회성을 기르는 체계적이고 계획적인 활동이라 할 수 있다. 우리는 이런 계획적인 활동을 통해 인간을 변화시킬 수 있다고 믿고 있다. 결국은 인간은 만들어지는 것이다.

지금 우리 청소년들이 흔들리고 있다

구소련은 미국보다 앞선 1957년 스푸트니크라는 인공위성을 하늘로 쏘아 올렸다. 이 사건은 세계 최고라고 믿고 있던 미국인들의 자부심에 큰 상처를 입혔다. 그 당시 미국인들이 찾아낸 문제점은 바로 교육이었다. 이때부터 미국은 지식 전수 위주의 닫힌 교육을 실시해 왔다. 더 이상 학교는 삶의 연습장이 아니었다. 미국 교육을 주도해 왔던 경험주의 교육학자들은 국가를 망친 주범이라고 비난을 받아야만 했다. 모든 교과서가 어려워졌다. 1973년에 미국식 교육 방식을 받아들인 우리나라도 '4당 5락'을 외치면서 이유도 모른 체 어려운 교과서를 달달 외워야만 했다.

'십대들이 무섭다.'는 말은 어제 오늘의 일이 아니다. 무서운 십대들이 저지르는 범죄는 폭행, 절도, 살인, 강도, 강간, 윤락, 방화, 사기 등 성인 범죄와 크게 다르지 않으며, 오히려 더 잔혹함을 보인다. 왜, 우리의 청소년들이 길거리를 헤매고 다니면서 범죄를 저지르고 있는가? 올바른 가치관을 형성하고, 좋은 심성을 갖춘 인격체로 자라나야 할 청소년들이 길거리를 배회하게 된 것은 우리 학교와 가정이 그들을 올바른 길로 인도해 주지 못하고 있기 때문이다. 학교는 냉혹한 생존 경쟁의 학습장이며, 가정은 사회에서 살아남기 위해 경쟁하는 학생들의 휴식처에 불과하다.

해마다 수능 시험만 끝나면 자살하는 학생들이 생긴다. 이 일은 매해 반복되고 있다. 반드시 성적이 나쁜 학생들만 자살을 하는 것은 아니다. 한 중학생은 자살을 하면서 남긴 유서에 온통 어머니를 원망했다고 한다. 전교 1, 2등을 다퉜던 이 학생은 항상 공부만을 강요하고 친구도 못 만나게 하는 비정한 어머니를 원망한 것이다. 그래서 그 학생은 소주에 수면제를 타 마시고는 생을 끝마쳤다.

통계청이 2002년도에 15세 이상 24세 미만 청소년들에게 복수 응답으로 설문 조사한 결과에 의하면, 청소년들의 고민거리는 신체·용모·건강(47.4), 가정 환경(24.5), 용돈(21.1), 공부(64.6), 직업(22.3), 친구(21.6), 이성 교제(37.9), 학교 폭력(10), 흡연 음주(9.1), 인터넷 중독(18.4) 등이었다.

이러한 청소년들의 고민이 해소되는 곳이 학교여야 하는데 오히려 청소년들은 학교에서 이런 고민들을 키우고 있다. 한준상은 그의 저서 《사회 교육과 사회 문제》에서 "학교를 제도와 조직의 차원으로부터 분석할 때, 우리는 곧 학교 현장이 청소년 교육에 있어서 교육적으로 문제투성이의 감호 기관과 거의 같은 기능을 발휘하는 장소라는 점을 이해하게 된다."라고 하며 공교육기관인 학교를 '문제투성이의 감호 기관'이라고 비유하였다. 왜냐하면 어떤 형태로든 제도와 조직은 청소년뿐만 아니라 인간을 질식시키는 속성이 있기 때문이라는 것이다.

결국, 삶의 공간인 학교는 청소년들의 감호 기관이다. 가정은 이들을 더욱 경쟁의 전선으로 내몰고 있다. 청소년들은 끝내 일탈을 시도하게 된다. 그들이 편안하게 쉴 곳은 이 사회 어디에도 없어 보인다.

기성세대는 이런 청소년들을 위해 '즐거운 학교에서 즐거운 공부'를 하자는 '열린 교육'을 외치고 있다. 하지만 이들이 열린 교육을 통해 생존을 위한 최소한의 지식도 얻지 못한 채, 학교에서 나갔다가는 우리 사회가 그들에게 절망만을 안겨주리라는 것을 서로가 잘 알고 있다.

지금 교사는 난처하다

중국 당나라 때의 명문장가인 한유(韓愈)는 〈사설(師說)〉에서 "옛날의 배우는 자는 반드시 스승이 있었다. 스승은 도(道)를 전하고 학업을 주고, 의혹을 풀어 주기 위한 것이다. 사람은 나면서부터 아는 것이 아니니, 누가 의혹이 없을 수 있겠는가?"라고 했다. 오늘날 말로 고치면 전인 교육(全人教育)이라 하겠다.

중국 북송(北宋) 시대, 사마광(司馬光)이 지은 역사서 《자치통감(資治通鑑)》에도 "경사(經師)는 만나기 쉬워도 인사(人師)는 만나기 어렵다."고 했다. 여기서 '경사'라는 것은 경서(經書)를 가르치는 사람을 말하고, '인사'는 사람을 가르치는 사람을 말한다. 오늘날 말로 하면 지식을 전수해 주는 교사는 많은데, 참스승은 없다는 말로 생각할 수 있다.

지금 우리나라 교사들은 매우 난처한 처지에 놓여 있다. 한국 교육 개발원 연구 보고에 의하면 교육 여건 만족도에 있어 서울시 평균은 29%인데, 서초구가 82.1%인 반면, 구로구는 12.5%로 지역별 격차가 매우 심했다. 또한 학교 간 차이, 사교육 여건의 차이, 교육열의 차이 등으로 공교육보다는 사교육을 선호하는 것으로 나타났다. 우리나라 사교육 시장의 규모는 연간 15조 원에서 30조 원에 이를 것으로 보고 있다.

예전에 한 주요 일간 신문사에서 전국 고교의 서울대 합격생 수를 발표한 적이 있다. 이 보도 기사는 자연스럽게 전국 고교의 순위를 매기는 결과를 가져 왔다. 학부모들이 원하는 학교는 우리 자녀를 안심하고 맡겨서 좋은 인성을 갖춘 인격체로 키워 주는 곳이 아니다. 내 자식을 좋은 대학에 보내 주는 학교가 필요하다. 또한 그러한 교육열이 국가 발전의 초석이 되었으니, 그리 탓할 일도 아니다.

이런 환경 속에서 교사들은 끊임없이 학원 강사처럼 되기를 강요받는다. 교사들은 사람을 가르치는 '인사'가 되고 싶은데, 사람들은 시험 문제를 잘 푸는 기계를 만드는 '경사'가 되어 주기를 바란다. 게다가 교사 평가제를 도입하여 학부모와 학생, 그리고 동료 교직원에게 평가를 받으라고 한다.

교육부의 수장인 교육 부총리가 공개적인 석상에서 "학원 강사보다 노력 안 하는 교사"라는 표현을 사용하기도 했다. 심지어 대통령은 외국 순방 중인 2006년 3월 7일에 "우리 사회에서 변화에 가장 강력히 저항하는 집단이 학교 선생님이다."는 발언을 했다. 교육 부총리를 지낸 바 있는 김진표는 그의 저서 《한국 경제 희망 있다》에서 다음과 같은 말로 자신의 교육관을 피력하고 있다.

지금 우리 교육계는 병들었다. 교육 개혁의 방법은 시각부터 달리 해야 한다. 그동안 해온 교사 위주의 개혁은 안 된다고 믿는다. 소비자 위주의 개혁이 이루어져야 한다. 즉 수요자인 학생과 학부모 입장에서 개혁이 되어야 하는 것이다. 지금 아이들은 목베개를 지참하고 학교에 간다. 학원에서 배운 것을 집에서 공부하면 새벽이니 학교에서는 잠을 자는 것이다. 학교는 잠자러 가는 곳이 될 만큼 공교육이 신뢰를 못 받고 있다면, 사교육 강사를 동원해서라도 가르치게 하고 학부모가 선택할 수 있게 해야 한다. 나의 오랜 가정 교사 체험을 통해 최선의 방법을 말하는 것이다.

군사부일체(君師父一體)라 하여 스승의 그림자도 밟지 않는다는 우리나라에서 지금 교사들은 개혁의 주체가 아닌 개혁의 대상이 되고 있다. 학생의 인권은 교문 앞에서 멈춘다고 교사들을 비난하고 있다. 이런 사회적 분위기 하에서 신이 날 교사가 과연 얼마나 될지 의문이다.

기출문제 둘러보기

2001 서울교대 정시 |

다음 글은 현대 사회가 당면하고 있는 문제, 그 문제와 학교 교육과의 관련, 그리고 앞으로 학교 교육이 수행해야 할 역할 등을 암묵적으로 시사하고 있다. 이 글의 내용에 의거하여 우리나라 학교 교육의 현실과 나아가야 할 방향을 밝히고, 그에 따른 교사의 역할이 무엇인지를 논리적으로 서술하시오.

마르틴 부버(Martin Buber)에 따르면, 세계는 중층(重層)으로 이루어져 있다고 한다. 중층의 아래층은 '나와 그것'의 세계로서 인간이 '경험'을 매개로 하여 알 수 있는 세계라면, 위층은 '나와 너'의 세계로서 인간이 '만남'을 통하여 비로소 알 수 있는 세계이다. 그러나 오늘날 우리 인간은 자신이 몸담고 있는 이 세계가 중층으로 이루어져 있다는 것을 망각한 채 '나와 그것'의 세계에 집착하며 살아가고 있는 것이 아닌가 생각된다.

'나무'를 예로 들어 두 세계를 구분하여 설명하면 다음과 같다. 여기 자연 상태의 한 그루 나무가 있다고 상상해 보자. 우리는 이 나무를 하나의 풍경으로서 미적 대상으로 볼 수도 있고, 하나의 운동으로서 물리학적 대상으로 볼 수도 있을 것이며, 구조와 원소를 지닌 하나의 생명체로서 생물학이나 화학적 대상으로 볼 수도 있을 것이다.

그러나 그것들은 나무의 외형, 구조, 화학적 성분, 움직임 등에 불과한 '그것'일 뿐, 그 어느 것으로도 환원될 수 없는 나무 자체의 고유한 본질과는 애당초 거리가 멀다. 나무만의 고유한 본질은 그러한 경험적 인식의 한계를 뛰어 넘는 직접적 만남

속에서 비로소 나의 '너'로 그 모습을 드러낸다.
부버에 의하면, 만남은 개인적 경험이나 노력으로 얻어질 수 있는 것이라기보다는 주체와 객체가 분리되지 않은, 마치 신의 은총처럼 선험적으로 주어지는 직관적 판단에 가까운 것이다. 만남은 영혼의 한가로움 속에서 존재를 있는 그대로 받아들이는 영적 합일(合一) 또는 고양(高揚)을 의미한다.
만남은 생텍쥐베리의 《어린 왕자》에 나오는 여우와 왕자의 조우(遭遇)에 잘 형상화되어 있다. 왕자가 여우한테 사귀자고 제안했을 때 여우는 자신은 아직 길들여지지 않았기 때문에 친구가 될 수 없다는 말을 한다. 여우에 따르면, 서로를 길들인다는 것은 곧 '관계 맺음'인데 이것이야말로 서로를 진정으로 알게 하는 것이라는 것이다. 이러한 '관계 맺음'은, 《어린왕자》 책 전체의 취지에서 알 수 있듯이, 단순히 인식의 문제에 그치는 것이 아니라 인간의 존재 또는 삶의 방식에 관한 문제의식을 담고 있다. 다시 말하면, 우리가 세계를 어떻게 인식하는가 또는 우리가 세계와 어떤 관계를 맺는가 하는 것은 어떤 삶이 올바른 삶인가 하는 문제와 결코 무관하지 않다는 것이다.
현대인들은 생산이든 소비든 간에 무엇인가를 써먹기에 바빠서 위에서 말한 '나와 너'의 세계를 망각하며 살아가고 있다. 아마도 이러한 현실은 오늘날 우리 사회 전체에 만연한 학교교육의 왜곡이나 도덕적 타락의 원인과 결코 무관하지 않을 것이다.

—마르틴 부버, 《나와 너》

'학교 무용론'과 교사의 역할

우리가 나중에 선생님이 되면은
파도를 가르며 이땅의 가장 궁벽진 섬으로 갑시다.
어젯밤 갱도에 아버지를 묻고 검은 눈물자국
아직 지워지지 않은 아이들 곁
지게마다 가득가득 빈곤을 지고 한평생 땅을 파다
얼굴빛 흙빛이 된 아버지 둔 아이들 곁으로 갑시다.
그들이 삼킨 눈물
그들이 귀에 못박이도록 들은 신음소리 곁으로 갑시다.

우리가 나중에 선생님이 되면은
거짓이 없는 학교로 갑시다.

현직 교사이자 시인인 도종환의 〈우리가 나중에 선생님이 되면은〉이란 시다. 교사가 되려는 사람은 누구나 이런 생각을 한번쯤은 해 본다. 마치 의사가 되어 가난한 이들의 생명을 구하는 '밀림의 성자 슈바이처'가 되겠다고 다짐하는 것과 같은 일이다. 하지만 교사가 지금 하고 있는 일은 무엇인가?

사회를 지배 계급과 피지배 계급의 갈등 관계로 파악하고, 학교

교육은 사회적 불평등을 재생산한다고 보는 견해가 있다. 이들은 학교가 경제적, 혹은 문화적으로 부모가 가진 지위를 재생산하는 곳이라고 믿는다. 보울스, 긴티스, 애플, 카노이, 보르되 같은 이론가들은 '학교 무용론'까지 주장한다. 그렇다면 교사들은 지배 계급의 사회적 지위를 확고하게 해 주고, 피지배 계급의 사회화를 돕는 '시녀' 역할을 하는 자들이라고 해야 할 것이다.

최근 미국의 마이크로소프트 사 회장인 빌 게이츠가 설립한 빌 멜린다 게이츠 재단이 발표한 〈소리 없는 질병-고교 중퇴 현황〉이란 보고서에 의하면 미국 공립고교의 졸업률이 68~71%밖에 되지 않는다. 입학자의 3분의 1이 학교를 다 마치지 못한다는 이야기다. 특히 흑인 중도 포기자는 50%, 아메리카 인디언은 49%에 이른다.

또한 학교 무용론자들은 학교가 학생 스스로를 만족시키는 교육을 하는 것이 아니라, 교사를 만족시키기 위해 노력하는 학생들에게 심한 스트레스만 받게 한다는 것이다. 결국 학생들은 학교에서 배우는 것에 대한 심한 거부감을 갖게 된다는 것이다. 따라서 학교를 세우려면 그 자리에 차라리 아파트를 세우라고 주장한다.

현대에 가장 위험한 사상 중 하나로 분류되고 있는 '학교 무용론'을 이야기하는 사람들은 사실 교사가 제 역할을 하지 못하고 있다는 불신감에서 기인한 것이기도 하다.

프뢰벨은 《인간 교육》에서 교사는 교사로서의 모범적인 자질과 태도를 지닌 자여야 한다고 주장했다. 그리고 교사는 어린이의 보호자, 지식 제공자, 관찰자, 어린이를 자극하는 자, 그리고 교량 역할을 하는 연결자라고 말했다.

교사와 학생 간에는 좋은 인간 관계가 형성되어야 교육 효과를 높일 수 있다. 상호 이해를 바탕으로 해야 교육적 영향력이 커지기 때문이다. 또한 수직적 관계가 아닌 수평적 관계, 혹은 열린 관계를 통해 학습 의욕을 높이고, 학생 생활 지도를 위한 상담이 매우 잘 이루어질 수 있기 때문이다.

공교육을 이대로 포기할 것인가?

국가의 기초는 그 나라 젊은이들의 교육에 달려 있다는 말이 있다. 즉, 우리 공교육을 살리지 못하면 우리에게는 미래가 없다고 해도 과언이 아닐 것이다. 자원이 부족한 우리가 어려움을 극복한 것도 교육 때문이었고, 우리가 장밋빛 미래를 꿈꿀 수 있는 것도 교육이 있기 때문이다. 그런데 지금 우리의 공교육은 급속도로 붕괴되고 있다. 또한 과거 공교육이 맡아서 해 오던 일을 이제 사교육이 하고 있다. 사교육은 공교육에 비해 그 비용이 엄청나게 많이 든다. 국민들은 엄청난 사교육비를 감당하기 위해 '기러기 아빠'가 되길 주저하지 않는다. 그렇다면 우리의 공교육을 내실화하고 사교육을 줄일 수 있는 방안은 없을까?

그 해결 방법 중에서 국가 교육 제도의 개선이 최우선 과제라고 할 것이다. 오스트리아 출신 철학자인 칼 포퍼는《열린 사회와 그 적들》에서 열린 사회를 만들기 위해서는 "예술·정치가는 현존하는 제도와 관습을 뿌리째 뽑아버려야 한다. 그는 사람들을 정화하고, 숙청하고 쫓아내고, 추방하고, 죽여 버려야 한다."고까지 주장했다. 그만큼 제도 개혁은 어려운 일이며 새로운 패러다임으로 대수술을 하지 않고는 성공할 수 없다. 반면 우리 교육 제도의 개선은 항상 미봉책에 불과하였다는 비난을 면할 수 없다.

공교육을 살리기 위해서는 공교육에 힘을 실어 주어야 한다. 하지만 국민들은 공교육을 신뢰하지 않고, 학생 선발권을 가지고 있는 대학들은 학교 성적을 믿지 않고 있다. 우리나라 교육 정책의 근간인 교육부의 '3불 정책'인 기여 입학제, 고교 등급제, 본고사 실시 불가 정책을 놓고 정책 당국과 대학들 간 줄다리기를 하고 있는 동안 국민들의 허리가 휘고 있다.

국가를 위해 내 자식을 포기하는 성숙한 국민 의식이 필요하다는 전체주의적 사고는 이 시대에는 맞지 않는 말이다. 즉, 국민의 의식 개선에 의존하기보다는 제도 개혁을 통해 공교육만으로도 교육을 완성할 수 있어야 한다. 대학 진학도 공교육을 통해서만 가능하도록 개선하여야 한다.

학교는 제품을 생산하는 공장이 아니다. 학생이라는 인격체를 키우는 곳이다. 학생은 개개인이 독특한 특성을 지니고 있어서 규격화된 교육 방식이나 어떤 특수한 이론으로 교육시킨다고 해서 성공할 수 있는 것이 아니다. 만약 그것이 가능하다면 교육 전문가들이 자신의 자녀를 누구보다 훌륭하게 키울 수 있었을 것이다. 하지만 교육 전문가라도 좋은 학생을 빵 찍어내듯 만들지는 못한다. 그런 점에서 학교는 대중 교육을 포기하고, 소수 전문 교육으로 발전되어야 한다고 믿는다. 어느 학교든지 소수의 인원을 많은 지도 교사들이 세심하게 지도할 수 있어야 한다. 결국 학교에 많은 인적, 물적 자원의 뒷받침이 이루어져야 한다.

교사와 학부모도 변해야 한다. 아무리 좋은 환경과 제도를 갖추었다고 해도 그것을 운용하는 사람들의 의식이 뒤따라주지 못한다면 성공할 수 없다. 아무리 사회가 변했다 해도 교사는 지금보다 훨씬 더 본연의 소명 의식을 가져야 한다. 학부모는 가족 이기주의를 버려야 한다. 과잉의 자식 사랑으로 같이 망하자는 식으로 흘러가서는 안 되기 때문이다.

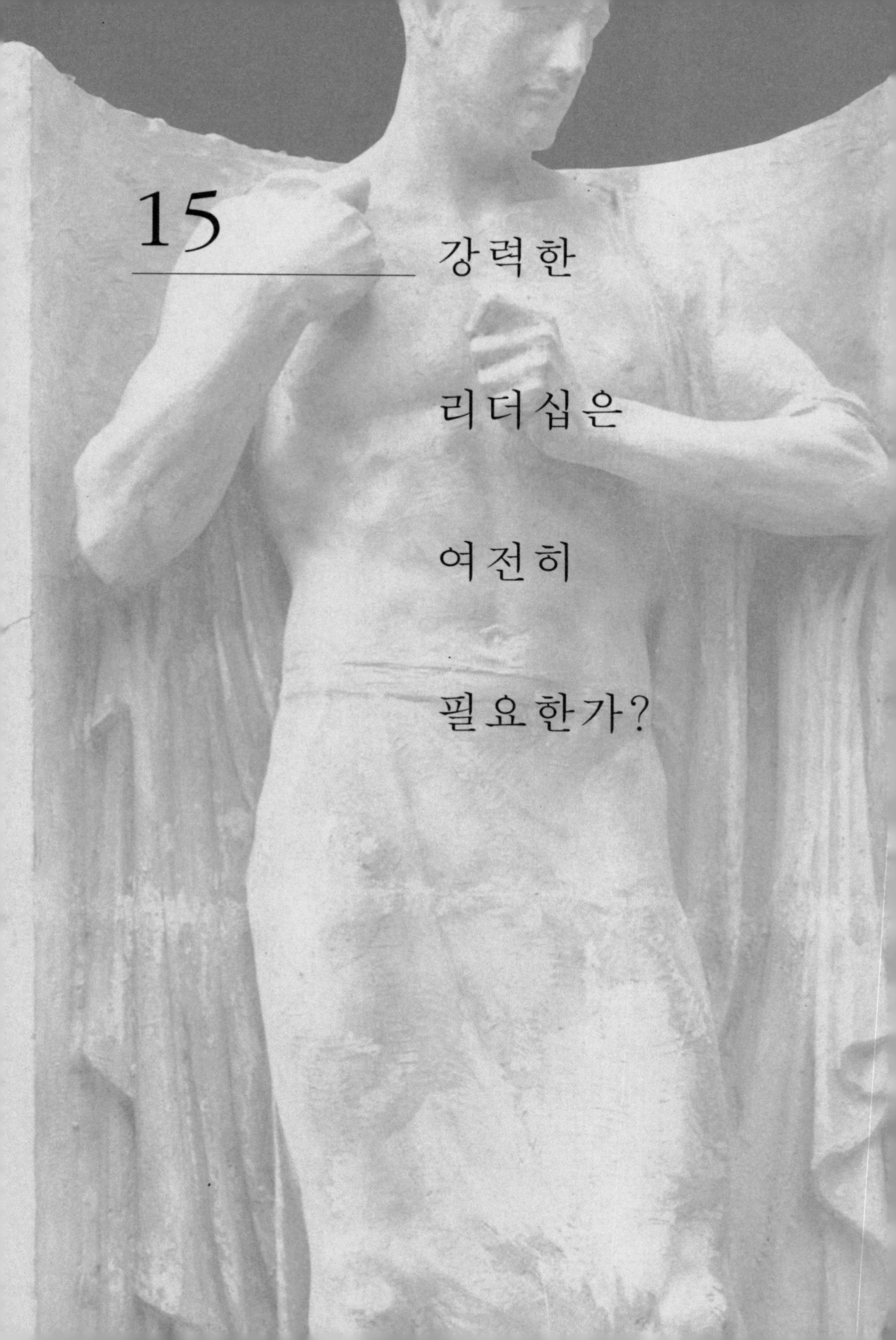

15

강력한 리더십은 여전히 필요한가?

커다란 연못에 많은 개구리들이 살고 있었다.
개구리들은 날마다 배불리 먹고
아무 걱정 없이 살았다.
이렇게 평화스럽게 살아가던 어느 날,
개구리들은 자기들에게도
임금님이 있으면 좋겠다고 생각했다.
그래서 임금을 보내 달라고 제우스에게 기도했다.
제우스는 연못에다 통나무 하나를 던져 주었다.
개구리들은 임금이 온 줄 알고
모두들 물 속에 숨었다.
그리고 그 뒤로는 조용히 헤엄을 쳤고,
노래를 부를 때도 너무 시끄럽지 않도록 조심했다.
며칠이 지났다.
통나무는 소리 없이 연못에 떠 있기만 했다.
개구리들은 가만히 있는
통나무를 툭 건드려 보기도 하고
흔들어 보기도 하다가는
마침내 위에 올라가서 뛰어놀기도 했다.

개구리들에게도 임금님이 필요하다?

개구리들은 다시 제우스 신에게 다른 임금님을 보내 달라고 기도했다. 그래서 이번에는 커다란 물뱀 한 마리를 연못에 던져 주었다. 물뱀은 연못에 오자마자 이리저리 돌아다니면서 개구리들을 닥치는 대로 잡아먹었다. 그러자 연못에서 자유롭게 살던 개구리들은 돌 틈에 숨어서 벌벌 떨었다. 개구리들은 배불리 먹고 평화롭게 지냈던 지난날을 그리워했지만, 이미 돌이킬 수 없는 일이었다.

개구리들의 임금님이라는 동화 이야기이다. 평화롭게 살던 개구리들에게 왜, 통치자인 임금님이 필요한지는 나와 있지 않다. 일반적으로 인간은 본성이 악하고, 남을 해치려 하기 때문에 통치자가 필요하다고 말한다. 그런데 개구리들은 날마다 배불리 먹으면서 걱정 없이 평화롭게 살고 있었다. 사실상 절대 권력의 통치자가 필요 없었던 것이다. 이들에게 제우스는 통나무를 보내 주었다. 통나무는 어떠한 권력도 행사하지 않는 자유 방임형의 군주를 상징한다. 어떠한 통제도 가하지 않는 통나무는 이 연못의 평화를 깨지 않는다. 하지만 개구리들은 보다 강력한 임금님을 원했다. 제우스가 다시 보낸 임금님은 물뱀이었다. 물뱀은 연못의 가혹한 통치자라고 할 수 있다. 물뱀은 개구리들을 잡아먹어 버릴 만큼 가혹했다.

이 이야기 속에 나오는 개구리 사회와 임금님의 관계를 볼 때, 세 가지 형태의 사회 구조가 있을 수 있다는 것을 알 수 있다. 첫째는 통치자가 없는 사회 구조, 둘째는 자유 방임형 혹은 무기력한 통치자가 지배하는 사회 구조, 셋째는 강력하고도 가혹한 통치자에 의해 지배되는 사회 구조가 그것이다. 물론 인간의 사회는 개구리 집단과는 비교가 되지 않게 복잡한 구조로 되어 있다. 이런 복잡한 사회 구조에서는 어떤 통치자가 가장 바람직한 리더라고 할 수 있을까?

자기들이 알아서 하게 내버려 두자

애덤 스미스(Adam Smith)는 《국부론》에서 개인이 자본을 투자할 만한 생산 활동이 무엇이며, 또 그러한 생산 활동이 어떻게 최상의 가치를 가지는 제품을 만들어 낼 수 있는가 하는 문제들에 관해서, 당사자인 개인이 다른 어느 정치인이나 국회의원보다 옳은 판단을 내릴 수 있다고 했다. 따라서 자본을 투자하고 운영하는 문제에서 정치인이 시민 개개인을 조정하고 감독하려 한다는 것은, 정치인 스스로가 전혀 불필요한 일을 하여, 사서 고생하려 하는 것일 뿐만 아니라, 어느 개인에게나 어느 국가 기구에도 안전하게 맡겨질 수 없는 '권위'를 정치인 자신이 가로채려 하는 것으로 해석할 수 있다는 것이다. 그러한 권위를 행사할 만한 능력이 자신에게 있다고 감히 착각할 만큼 우둔하고 자만에 찬 사람의 손에 그 권위를 쥐어 주는 것보다 위험스러운 일은 이 세상에 없을 것이라고도 했다. 자본을 투자하고 운영하는 일에서 국가가 지시하고 감독하는 것은 거의 모든 경우에 전혀 쓸모없거나 오히려 해로운 '규제'에 지나지 않는다고 생각했다. 이러한 애덤 스미스 식의 국가 경영을 자유 방임주의라고 한다.

이전의 절대 군주 국가와는 달리 17~8세기 시민 혁명과 산업 혁명 이후 등장한 근대 국가는 사상적으로 자유주의를 바탕으로 하고 있다. 그리고 애덤 스미스의 자유 방임주의 경제 정책이 강조되었다. 근대 국가의 출현과 함께 등장한 신흥 세력들은 상공업을 중시하였는데, 이들은 정부가 적극적으로 개입하지 않아도 사회 질서를 충분히 유지할 수 있다고 생각했다. 그리고 정부의 역할은 외적의 침입 방어, 개인의 재산권과 자유권을 지키는 일 정도로 최소화되어야 한다고 생각했다. 이러한 국가를 야경(夜警) 국가라 한다. 야경 국가론은 매우 소극적인 국가관으로 로크의 시민 정부, 애덤 스미스의 자유 방임주의, 벤담의 최대 다수의 최대 행복 등 개인의 자유와 권리를 옹호하는 이론을 바탕으로 하고 있다.

한편, 통치 권력 자체를 부정하는 사상도 있다. 무정부주의(anarchism)가 그것이다. 무정부주의는 국가와 법 또는 감옥, 사제(司祭), 재산 등이 없는 사회를 지칭한 것인데, 요즘은 일상적으로 혼란, 무질서 등을 의미하는 말로 사용하기도 한다. 무정부주의는 개인의 자유를 최상의 가치로 내세우며, 개인의 자유를 억압하는 힘을 부정한다. 무정부주의는 또 인간은 본래 선(善)하다는 생각을 바탕으로 한다. 그리고 인간은 사회적 존재로서 자발적으로 협력하며 공동체적 삶을 추구한다는 긍정적 사고를 바탕으로 하고 있다. 또한 사회가 자생적이고 대중적인 것에 바탕을 둔 조직이어야지, 권위주의적 억압에 의한 조직은 곧 타락하고 말 것이라고 주장한다.

자유 방임주의, 야경 국가론, 무정부주의 등은 모두 인간의 자유와 권리를 옹호하면서 인간의 선(善)의지에 의한 자율성을 최대한 긍정하였다. 자기들이 알아서 하게 내버려 둔다는 것은 인간 사회를 포기한다는 뜻이 아니고, 그렇게 해서 인간의 가장 이상적인 조직을 만들겠다는 뜻이기도 하다. 하지만 이러한 사고는 현대 복지 국가론에 의해 모두 퇴조하게 되었다.

가혹한 행위를 하는 군주가 더 자비롭다?

마키아벨리(N. Machiavelli)는 《군주론》에서 군주는 자신의 백성들을 한데 모으고 충성을 바치도록 만들 수 있다면, 잔혹하다는 비난에 대해 걱정할 필요는 전혀 없다고 했다. 도에 넘치는 인자함을 베풀어 혼란 상태가 지속되어 백성들로 하여금 약탈과 파괴를 경험하도록 만드는 군주보다 아주 가끔 가혹한 행위를 하는 군주가 더 자비롭다는 것이다. 또한 도에 넘친 인자함은 모든 사람들에게 해를 끼치지만, 군주가 집행한 가혹한 조치들은 특정한 개인들에게만 해를 끼치고 만다는 것이다. 따라서 어설픈 인자함보다는 가혹함이 더 낫다는 것이다.

마키아벨리는, 군주라면 사랑도 받고 두려움의 대상도 되는 것이 바람직하다고 생각하지만, 두 가지를 한꺼번에 얻는 것이 불가능하기 때문에 하나를 선택해야 한다면, 사랑받는 것보다 두려움의 대상이 되는 것이 더 안전하다고 했다. 왜냐하면 사람들은 은혜를 모르며 변덕스럽고, 위선적이며, 비겁하고, 탐욕스럽기 때문이라는 것이다. 그렇기 때문에 군주가 자기들에게 은혜를 베푸는 동안만큼만 온갖 충성을 다 바친다는 것이다. 군주에게 위험이 닥치지 않았을 때라면 그들은 군주를 위하여 피 흘리고 재산과 생명을 내놓으며 자식마저도 바칠 것이지만, 군주에게 위험이 닥치면 그들은 정반대로 행동한다는 것이다. 그러므로 군주는 전적으로 약속을 권력의 기반으로 삼고 다른 방비책을 마련하지 않으면 안 된다는 것이다. 그리고 인간은 사랑하는 자를 해칠 때보다 두려워하는 자를 해칠 때 더 주저한다는 것도 군주가 두려움의 대상이 되어야 하는 이유라는 것이다.

토마스 홉스(Thomas Hobbes)는《리바이어던》에서 인간의 본성에는 싸움을 불러일으키는 세 가지 요소가 있다고 했다. 첫 번째는 경쟁심이고, 두 번째는 소심함이며, 세 번째는 명예욕이다. 경쟁심은 인간으로 하여금 이득을 보기 위해, 소심함은 안전을 보장 받기 위해, 명예욕은 좋은 평판을 듣기 위해 남을 해치도록 유도한다는 것이다. 경쟁심은 타인과 그 처, 자식과 가축을 자기 것으로 만들기 위해, 소심함은 자기 자신을 보호하고 방어하기 위해, 명예욕은 자기 자신을 직접적으로 겨냥하거나, 아니면 자신의 가족, 동료, 민족, 직업 또는 이름에 간접적으로 먹칠을 하는 말, 비웃음, 상이

한 견해뿐만 아니라 경멸의 몸짓 등과 같은 하찮은 일에도, 인간으로 하여금 폭력을 사용하도록 만든다는 것이다. 따라서 강력한 국가가 모든 이에게 두려움의 대상으로 존재하지 않는다면 인간들은 서로 '전쟁'을 벌일 것이다. 그러한 전쟁 상태에서는 노동의 결실을 온전히 얻을 수 없다. 결국 아무도 노동을 하려 하지 않을 것이다. 전쟁 상태에서 인간은 고립되고, 비참하고, 험악하며, 단명하고, 짐승 같은 삶을 살아갈 수밖에 없을 것이다. 홉스는 이것이 국가가 있어야 하는 이유라고 생각했다.

또한, 홉스는 인간이 국가의 구속 아래 살아가고 자기 자신에게 제약과 통제를 가하는 것에 동의하게 되는 궁극적 원인은, 처참한 전쟁 상태로부터 벗어나기 위해서라는 것이다. 인간 위에 군림하면서 공포감을 불어넣는 가시적 권력이 없을 때, 인간의 자연스러운 욕구와 열망에 의하여 전쟁이 일어날 수밖에 없다고 생각했다. 만인이 각자 가진 조금씩의 권력과 힘을 한 사람이나 한 집단에게 모아 주어서 공동 평화와 안전을 추구하는 것이 인간 본성에 의해 생겨나게 될 전쟁 상태에서 벗어날 수 있는 유일한 방법이라고도 생각했다.

이렇게 해서 '리바이어던'이라는 괴물같이 거대한 힘을 지닌 국가 권력이 형성된다. 만인은 이 괴물에게 자신들의 평화와 안전을 위탁하는 셈이다. 물론 국가 권력의 통제에 인민이 시달릴 수도 있다. 하지만 이것은 인민에게 일어날 수 있는 최악의 해악인 전쟁과 같은 상황에서 맛보게 될 비참함이나 재앙에 비하면 아무것도 아니다.

강력한 국가 권력과 통치자에 의한 지배는 결국 무능한 통치자에 의해 발생할 수 있는 혼란 상태보다 더 정의롭고 자비롭다고 말할 수 있을 것이다. 물론 그것은 혼란이나 전쟁이 발생할 소지가 많은 사회 조직에서는 더욱 그렇다.

우리를 행복하게 만들어 줄 리더가 필요하다

세계에서 1인당 국민소득(GDP, Gross Domestic Product)이 가장 높은 나라는 룩셈부르크이다. GDP가 55,600달러가 넘는다. 그렇다면 세계에서 가장 부자 나라인 룩셈부르크 국민들은 세계에서 가장 행복하게 살고 있을까?

국민이 체감하는 행복의 정도를 계량화하여 수치로 표시한 것을 '행복지수' 라고 한다. 행복지수는 영국의 심리학자 로스웰(Rothwell)과 인생 상담사 코언(Cohen)만들어 2002년 발표한 행복 공식이다. 이들은 18년 동안 1,000명의 남녀를 대상으로 80가지 상황 속에서 자신들을 더 행복하게 만드는 5가지 상황을 고르게 하는 실험을 하였다. 그 결과 '행복은 인생관 · 적응력 · 유연성 등 개인적 특성을 나타내는 P(personal), 건강 · 돈 · 인간관계 등 생존 조건을 가리키는 E(existence), 야망 · 자존심 · 기대 · 유머 등 고차원 상태를 의미하는 H(higher order) 등 3가지 요소에 의해 결정 된다.' 고 주장하였다.

이 3가지 조건 가운데서도 생존 조건인 E가 개인적 특성인 P보다 5배 더 중요하고, 고차원 상태인 H는 E보다 3배 더 중요하다고 생각했다. 따라서 P+(5×E)+(3×H)라는 행복지수 공식이 탄생한 것이다.

다음은 2006년 영국의 레스터 대학에서 조사 발표한 국가별 행복지수 순위이다.

단위 : 달러

순위	나라	1인당 GDP
1	덴마크	34,600
2	스위스	32,300
3	오스트리아	32,700
4	아이슬란드	35,600
5	바하마	20,200
6	핀란드	30,900
7	스웨덴	29,800
8	부탄	1,400
9	브루나이	23,600
10	캐나다	34,600
11	아일랜드	34,000
12	룩셈부르크	55,600

표에서 보듯이 부탄은 1인당 국민소득이 1,400달러인 아시아의 소국으로, 행복지수 순위가 8위이다. 히말라야 산맥 중심부에 묻혀 고립되어 있는 부탄이 세계에서 여덟 번째로 행복한 나라다. 오염되지 않은 환경과 아름다운 풍경들, 친절한 사람들, 독특하고 순수한 문화, 불교식 생활양식 등이 특징이다. 시간의 손길이 미치지 않은 나라, 사람의 발길이 없는 고립된 지역이라는 점에서 도연명이 지은 '도화원귀' 에 나오는 '무릉도원' 을 연상시킨다. 부자가 아

니어도 행복하게 살 수 있는 나라! 정말 꿈속에서나 나올 법한 이상향이다.

국민들이 행복하다고 느끼는 국가들은 역시 서구의 복지 국가들이 많았다. 복지 국가는 국민 전체의 복지 증진을 목적으로 하고, 국민의 행복 추구를 사명으로 생각하는 국가를 말한다. 이러한 복지 국가는 완전 고용, 최저 임금 보장, 사회 보장 제도 등에 의해 달성할 수 있다. 또한 대표적인 사회 보장 제도에는 국민연금법, 의료보험법, 의료보호법, 실업보험법, 사회보장기본법, 생활보호법, 아동복지법, 재해구호법 등이 있다.

당신이라면 부자 나라에서 거지로 살겠는가, 아니면 가난한 나라에서 행복하게 살겠는가? 결국 우리에게는 자유 방임형의 지도자나 강력한 독재자보다는 우리를 행복하게 만들어 줄 리더가 필요하다.

기출문제 둘러보기

2007 성균관대 수시 1학기 |

제시문 (가), (나)와 제시문 (다), (라)는 대중의 속성에 관한 상반된 두 견해를 담고 있다. 다음 제시문들이 담고 있는 두 견해 중 하나를 선택하여, 현재 우리 사회가 안고 있는 한 문제와 연결시켜 논제로 삼아 그 해결 방안을 논술하시오.

제시문 (가) 〈생략〉 그들은 자신의 성질을 억누르는 공통된 성질을 획득하며, 자신들의 개별적인 의지를 침묵시키는 집단 의지에 복종하게 된다. 이러한 압력은 실제적인 위협을 나타내는데, 많은 사람들은 자신들이 무엇인가에 휩쓸리고 있다고 느낀다.

"〈생략〉 그곳에서 나는 곧 마치 저항할 수 없는 신비한 영향력과 전력을 다해 싸우는 것처럼 괴상하고 참을 수 없는 불편함과 굉장한 신경질을 느낀다. 그리고 사실 나는 나의 마음속에 파고들려고 하는 군중의 혼과 싸운다. 나는 사람이 혼자서 살 때는 지성이 강해지고 향상되지만, 다른 사람들과 섞이면 지성이 약해지고 쇠퇴하는 것을 여러 번 확인하였다. 〈중략〉 사람이 혼자 있을 때 갖고 있는 자질, 즉 지적인 창의력, 자유 의지, 분별 있는 성찰력, 심지어는 통찰력 등의 자질이 그가 많은 사람들 속에 섞이면 일반적으로 곧 사라진다."

제시문 (나) 〈생략〉 "대중은 셋째 부류이겠는데, 이들은 손수 일을 하고 정치에는 관여하지 않으며 재산도 그다지 많이 갖지 못한 모든 사람일세. 이들이 집회라도 갖게 될 땐, 민주 정체에 있어서는 이들이 최대 다수이며 주도권을 갖는 부류가 되네."라고 말했

더니,

"실상 그렇습니다. 그러나 이 부류는 꿀의 한 몫을 얻지 못한다면, 자주 집회를 가지려 하지 않습니다."라고 그가 말했다네.

"따라서 이들은 언제나 한 몫을 얻기는 하나, 앞장서는 자들이 가진 자들한테서 재산을 빼앗아서 대중한테 나누어 주되 대부분은 자신들이 차지할 수 있는, 그 한도 내에서라네."라고 내가 말했더니,

"아닌 게 아니라 그 정도 몫을 얻습니다."라고 그가 말했다네.

〈중략〉

"그런데 대중은 언제나 어떤 한 사람을 앞장세워, 이 사람을 보살피고 키워 주는 버릇이 있지 않은가?"

"그들에겐 그러는 버릇이 있죠."

"그러므로 참주가 자라나게 될 때는, [대중의] 선도자 격(格)인 뿌리 이외의 다른 어떤 것에서도 그 싹이 트지 않는다는 것은 명백하네."라고 말했다네.

제시문 (다) 〈생략〉 일반적으로 말해서, 공공의 이익을 증진시키려고 의도하지도 않고, 공공의 이익을 그가 얼마나 촉진하는지도 모른다. 외국 노동보다 본국 노동의 유지를 선호하는 것은 오로지 자기 자신의 안전을 위해서였고, 노동 생산물이 최대의 가치를 갖도록 그 노동을 이끈 것은 오로지 자기 자신의 이익을 위해서였다. 이 경우 그는, 다른 많은 경우처럼, 보이지 않는 손(an invisible hand)에 이끌려서 그가 전혀 의도하지 않았던 목적을 달성하게 된다. 그가 의도하지 않았던 것이라고 해서 반드시 사회에 좋지 않은 것은 아니다. 그가 자기 자신의 이익을 추구함으로써 흔히, 그 자신이 진실로 사회의 이익을 증진시키려고 의도하는 경우보다, 더욱 효과적으로 그것을 증진시킨다. 나는 공공이익을 위해 사업한다고 떠드는 사람들이 좋은 일을 많이 한 것을 본 적이 없다. 사실 상인들 사이에 이러한 허풍은 일반적인 것도 아니며, 상인들은 말 몇 마디만 해도 그런 허풍을 떨

지 않는다.

제시문 (라) (A) 〈생략〉 다른 사람이 보고 들은 것을 전해 듣고 사람을 쓸 경우, 한 사람에게만 듣는 것이 두 사람에게 각각 듣는 것만 못하고, 두 사람에게 각각 듣는 것은 각각 세 사람에게 듣는 것만 못하다. 세 사람이 전하는 말을 차례로 들어 신기(神氣)를 소통하면, 이리저리 참작(參酌)하여 간혹 세 사람이 미처 보지 못한 것까지 보게 될 것이다.

(B) "좌우의 신하가 다 어질다고 말하여도 뇌물에 의한 것일까 두려워하며 믿지 말고, 여러 대부(大夫)가 다 어질다고 말하여도 붕당에 관계가 있을까 두려워하며 믿지 말고, 온 나라 사람이 다 어질다고 말하면 그 이후에 그 말을 따라 살펴서 그 어진 실상을 보고 의심이 없어야 합니다. 〈생략〉

좌우의 신하가 다 죽여야 한다고 말하여도 사사로운 분노가 있기 때문인가 두려워하며 듣지 말고, 여러 대부가 다 죽여야 한다고 말하여도 사사로운 원망이 있기 때문인가 두려워하며 듣지 말고, 나라 사람이 다 죽여야 한다고 말하면 혹 죄주어 마땅할 것입니다. 〈생략〉"

더 생각해 봅시다

현대 사회에 필요한 바람직한 리더십이란 무엇일까?

전 세계에서 가장 강연을 많이 한 사람이 미국의 스티븐 코비(Steven Covey)라고 한다. 코비는 20세기 말 자본주의 기업인들의 '영적 스승'이라고 불린다. 미국의 《포춘》 지가 선정한 500대 기업 중 절반이 그의 이념에 따라 사원을 교육하고 있으며, 세계적으로 수천 개의 기업이 코비의 교육 프로그램을 채택하고 있다고 한다. 그런 면에서 그의 저서《성공하는 사람들의 7가지 습관》은 개개인의 삶에 대중적이고도 광범위한 영향력을 미쳤다. 여기서 성공하는 사람들이란 현대 사회의 리더들을 말한다. 그는 적절한 예를 들어가며 성공하기 위해서는 일곱 가지의 습관이 필요하다고 역설하였다. 그가 제안한 일곱 가지 습관은 이렇다.

습관 1) **Be proactive** : 기분에 좌우되거나 여건에 영향을 받지 않고 자신의 가치관에 기반을 두면서 스스로의 삶에 책임을 지고 주도적으로 살아가라.

습관 2) **Begin with the end in mind** : 목표를 정하고 행동하라.

습관 3) **Put first things first** : 일의 우선 순위를 정하고, 중요한 것부터 먼저 하라.

습관 4) **Think win-win** : 나도 이기고 상대방도 이기는 방법을 모색하라.

습관 5) **Seek first to understand, then to be understood** : 다른 사람의 말을 진심으로 들어 주면서 내가 먼저 상대방을 이해한 후 상대를 이해시켜라.

습관 6) **Synergize** : 더 많은 성과를 이룩하기 위해 서로의 차이를 존중하고 강점을 활용하며, 약점을 보완하라.

습관 7) **Sharpen the saw** : 끊임없이 자신을 새롭게 하라.

결국, 생각을 바꾸고 행동을 바꿔 습관이 되면 성공할 수 있다는 말이다.

유학의 경전인 《대학(大學)》에 '수신제가 치국평천하(修身齊家治國平天下)'라는 말이 있다. 나라를 다스리고 천하에 '명덕(明德)'을 밝히려면 수신(修身), 즉 자기 몸을 바르게 해야 한다는 뜻이다. 부모는 부모로서, 자식은 자식으로서, 아내는 아내로서, 스승은 스승으로서, 제자는 제자로서 자신의 몸과 마음을 바르게 하여야 한다. '수기치인(修己治人)'도 결국 같은 말이다. 자기 몸을 바르게 하여야 남을 다스릴 수 있다는 것이다. 이렇게 자신을 수양하고 끊임없이 새롭게 하는 일은 어느 시대에나 리더가 갖춰야 할 중요한 덕목일 것이다.

그러나 사회는 변했다. '남북 전쟁 이래의 영웅인 카우보이는 기술 시대의 새로운 영웅인 엔지니어로 대체되었다. (중략) 효율성이라는 도구로 무장한 엔지니어는 신(新)제국의 건설자였다.'고 제레미 리프킨(Jeremy Rifkin)은 말하였다. 심지어 미국의 사회 이론가 베블렌(Veblen) 같은 이는 국가를 전문 엔지니어들에게 위탁해서 경제를 구원하고 미국을 새로운 에덴 동산으로 변혁시켜야 한다고 주장했다. 그들은 인간에 의한 지배가 아닌 기술에 의한 지배, 기술 유토피아를 꿈꾸었다. 이렇듯 변화된 시대에는 새로운 시대를 이끌어 갈 새로운 유형의 리더도 필요할 것이다.

뿐만 아니라 현대 사회는 자본주의의 위기를 극복하고 소득 재분배, 완전 고용 등을 통해 복지 국가를 실현해야 하는 과제가 있다. 또한 다양한 사회 갈등을 해소하기 위해서는 정부가 적극적인 역할을 담당해야 한다. 이러한 과제를 완수하기 위해서는, 특히 세계화 시대에는 보다 적극적이고 유능하며 시대를 앞서 가는 글로벌 리더가 필요할 것이며, 그들의 존재가 국가의 운명을 좌우하게 될 것이다.

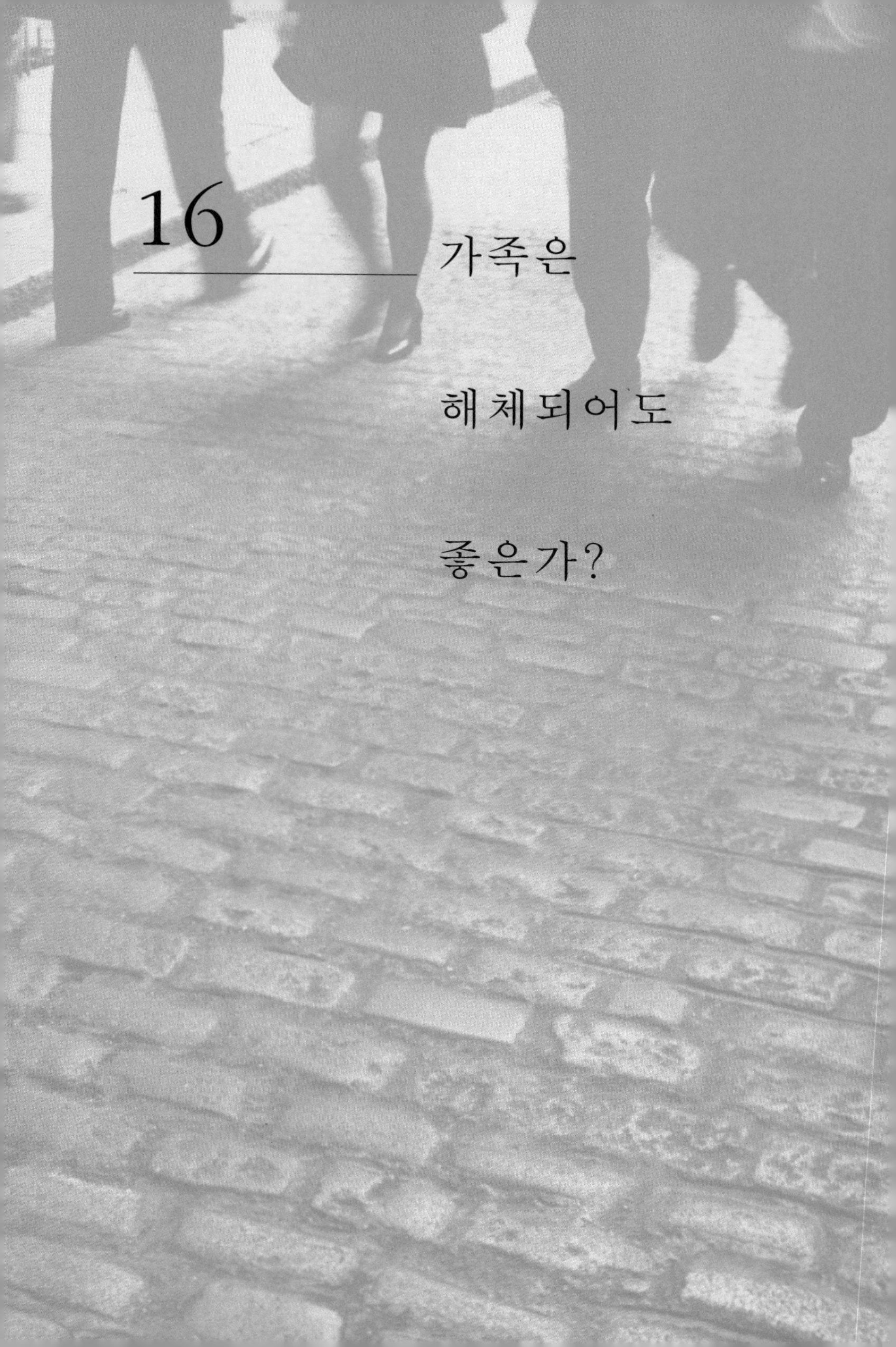

16 가족은 해체되어도 좋은가?

사람은 태어나서

부모에 의해 양육된다.

성인이 되면 결혼을 하여

자식을 낳고 키우면서 살아간다.

시간이 흐르면 늙어서 죽는다.

이것은 인생에서

피해갈 수 없는 중요한 단계다.

살면서 부모의 죽음을 지켜봐야 하고,

자식이 태어나는 것을 지켜본다.

사람이면 누구나 그렇게 한다.

사람이면 누구나 겪게 되는 이와 같은 일을

통과 의례(通過儀禮)라고 한다.

통과 의례는 프랑스의 인류학자이자

민속학자인 반 즈네프가

장소·상태·사회적 지위·연령 등의

변화에 따른 의례를 가리키기 위해

1909년에 처음 사용한 용어다.

가족은 왜, 생기는가?

사람은 일생을 통해 여러 단계나 상태를 통과하는데, 그 중에 특히 중요한 것이 출생·성인(成人)·결혼·죽음이다. 한 사람의 인생에서 거치게 되는 이러한 과정은 인류 보편적인 것이다. 결혼식이나 장례식과 같은 그 의례의 형식이 다를 수는 있어도 어느 종족이나 민족이라도 반드시 통과 의례를 거친다. 이러한 통과 의례라는 일정한 관문을 통과하여 새로운 사회적 지위를 획득하게 되면 그 지위는 공인을 받게 된다. 성인식·결혼식·장례식 등은 그러한 관문을 통과하는 의례적 형식이다.

남녀가 부부 관계를 맺는 일을 결혼이라 한다. 인간은 결혼을 통해 가족을 만들어 간다. 가족은 부부를 중심으로 하여 그 근친 관계에 있는 혈연자가 주거를 같이 하는 생활 공동체를 말한다. 가족은 강한 유대감을 갖는다.

프랑크 쉬르마허는 《가족-부활이냐 몰락이냐》에서 '가족'의 의미를 생각하게 하는 두 가지 사건을 소개하고 있다.

먼저 '돈너 계곡의 비극'의 사연은 대강 이렇다. 1846년, 81명의 일행이 캘리포니아 주를 향해 길을 떠났다. 그들은 대부분 독일과

오스트리아 출신으로 대가족이 여럿이고, 혼자 여행하는 사람들도 있었다. 그런데 그들은 돈너 계곡에서 눈 폭풍에 갇혀 고립되고 만다. 그들이 구조되기까지 6개월 동안 독신자들의 대부분은 사망했다. 반면 노인과 병자, 어린 아이들이 목숨을 부지했다. 그들이 목숨을 부지한 이유는 가족과 같이 있었기 때문이었다.

또 하나의 사건은 1973년 8월에 영국의 대표적인 휴가 시설인 섬머랜드 호텔 화재 현장에서 발생했다. 당시에 그 호텔에는 약 3,000명의 휴가객들이 있었는데, 상당수가 친구나 가족들과 휴가를 온 사람들이었다. 그 화재로 인해 약 51명이 사망하고, 400여 명 정도가 부상하였다. 이 사건이 있은 지 몇 년 후 심리학자인 조나단 사임에 의해 재미있는 사실이 드러났다.

처음에는 대부분의 사람들이 공포로 방향을 잃고 각자 살길을 찾아 탈출을 시도했을 것이라고 생각했었다. 그러나 혼란의 와중에도 가족들은 당황하지 않고 함께 탈출하기 위해 사력을 다했다. 그러나 친구들끼리 온 사람들은 그런 행동을 보이지 않았다 한다. 가족의 67%가 함께 움직였지만, 친구들의 경우 겨우 25% 정도만이 서로를 찾았다고 한다. 화재가 발생하기 전에는 가족보다 더 진한 애정을 과시했던 친구들이 사건이 터지자 순식간에 그 우정의 끈을 놓았다는 것이다. 하지만 가족의 경우는 달랐던 것이다. 과연 피는 물보다 진했다. 화재 현장에서 친구들은 '사방으로 흩어진 고독한 전사'가 되었고, 가족은 '번개 같은 속도로 정렬한 구조대'가 되었던 것이다.

이 이야기를 통해 프랑크 쉬르마허는 결국 "가족은 생존의 보증

수표다."라고 결론을 내렸다. 가족은 서로를 버리지 않을 것이라는 깊은 신뢰를 가지고 있다. 그리고 서로가 서로를 아끼고 보호할 것을 잘 알고 있다. 그런 의미에서 가족은 개인의 편안한 안식처이며 복잡한 세상에서 어깨를 부축해 줄 동반자인 것이다.

가족의 해체

한국 영화의 위상이 최근 국제 무대에서 높아진 것은 누구도 부인할 수 없는 사실이다. 외국에서 '한류(韓流)'라는 문화적 열풍이 일어나게 된 것에는 한국 영화의 영향이 컸다. 우리 영화가 국제 영화제에서 수상하는 일도 이제 낯설지 않다. 〈바람난 가족〉이란 영화 역시 플랑드르 영화제 '최우수 감독상', 베르겐 영화제 '비평가상', 스톡홀름 영화제 '여우주연상'과 '촬영상', 도빌 아시아 영화제 '최우수 작품상' 등을 수상하였다. 이 영화는 배우의 연기력도 탁월했지만, 이 영화가 보여 준 현대 사회에서 가족이 어떻게 해체되고 있는지를 잘 보여 주는 문제작이라는 평가가 많다.

초등 학교 동창생과 바람난 시어머니는, 비로소 인생의 주인이 되었다며 자신에게 솔직하게 살기로 했다 한다. 그녀는 시아버지가 간암으로 세상을 뜨게 되었는데도 어떠한 미련도, 애정도 느끼지 않는다. 여주인공의 남편은 나이 어린 애인과 바람이 났다. 그들은 섹스를 하면서 집에서는 할 수 없었던 요구를 서로 하고 들어준다. 결국 여주인공인 아내도 바람이 났다. 열일곱 살짜리 옆집

고등 학생과 말이다. 진하게 연애 한 번 하자는, 머리에 피도 안 마른 녀석에게 호감을 느끼기 시작한 것이다.

각자 바람이 나기 전 이 가족의 모습은 매우 지루하고 일상적이며, 재미없었다. 따뜻한 가족의 사랑이라고는 찾아볼 수가 없다. 단지 그들에게는 무거운 의무감만 있을 뿐이었다. 그들은 각자 새로운 인생을 찾아 나선 것이다. 전통적인 가족의 형상은 온데간데없었다. 결국 그 가족은 깨지고 말았다.

사람들은 그동안 통과 의례로 받아들였던 결혼에 대해 '왜?' 라는 질문을 던지기 시작했다. 탄생과 죽음이야 피할 수 없는 것이지만, 왜, 결혼을 해서 자신의 인생을 불행하게 만드는가에 대해서 생각하기 시작했다. 가족에 대한 의무감 때문에, 왜, 자신의 자유를 포기해야 하는가? 그동안 역사 속에서 순종하며 결혼이라는 제도에 따르던 이들의 일대 반란이 시작되었다. 소위 '독신주의 신드롬'을 불러일으켰다.

독신주의자들은 '가족'을 시대에 뒤떨어진 골동품이거나 촌스러운 것으로 여긴다. 독신은 형제, 자매가 없는 사람. 혹은 배우자가 없는 사람을 말한다. 문제는 그런 독신주의자들이 많이 늘었다는 것이다. 독신주의자들은 가족이라는 굴레에서 벗어나 '자유'를 선포한 사람들이다. 그들은 결혼이 선택의 문제라고 주장한다.

통계청이 2005년에 실시한 인구 조사에 의하면, 우리나라의 독신자가 혼자 사는 '나 홀로 가정'은 전체 가정의 20%였다. 이는 2000년에 비해 42.5% 증가한 것이다. 미국의 '나 홀로 가정'이 25%라는 점에서 이 통계치는 결코 낮은 비율이 아니다.

독신주의자 중에는 여성의 비율이 더 높은데, 그 이유는 가족 관계 혹은 사회의 불평등 구조 때문이다. 현대 사회의 여성들은 평등한 가족 관계를 요구하는데, 남성들은 여전히 가부장적 권위에서 벗어나지 못하고 있다. 여성들은 가정에서 가사를 분담할 것을 요구하지만 남성들은 이를 거부하고 있다. 직장 생활을 하는 여성들이 늘어났지만 육아 문제는 여전히 여성들이 담당해야 할 몫으로 남아 있다. 육아 문제는 여성들이 직장 생활을 포기하고 가정이라는 감옥에 들어앉아야 하는 족쇄와 같은 것이다. 자녀가 많아질수록 그 족쇄는 더 단단하고 무거워진다.

한편, 가족의 해체에는 낮은 출산율도 한몫하고 있다. 통계청의 자료에 의하면 1970년도의 출생아 수는 약 100만 명에 달했지만, 그 1970년생의 성인이 낳은 자녀의 수는 43만 8,000명으로 뚝 떨어졌다고 한다. 출산율 1.08이라는 수치는 가히 충격으로 다가온다. 결국 세대가 바뀌면서 인구가 급격히 줄 것을 예고하고 있다. 이 정도면 인구 재앙이라고 해도 과언이 아니다. '덮어놓고 낳다 보면 거지꼴을 못 면한다.'(60년대) '딸·아들 구별 말고 둘만 낳아 잘 기르자.'(70년대)던 표어가 이제 '아빠, 혼자는 싫어요. 엄마, 저도 동생을 갖고 싶어요.'(2004년)로 변모했다. 출산율 저하는 가족의 형태도 바꿔 놓았다. 형제가 없이 자란 아이들은 커서 역시 형제가 없이 자란 배우자를 만나 하나의 자식을 낳는다. 결국 그들에게는 친족이란 것이 없어질 것이다.

또한, 이혼율의 급증은 탈가족화 현상을 더욱 부추기고 있다. '나 홀로 가구' 중 이혼자 가구 비율은 1985년에 4.9%에 불과했으나, 1990년에는 5.3%, 1995년에 6.1%, 2000년에는 9.8%에 달하였다. 이혼율의 급증은 여성의 사회적 지위가 높아진 탓도 있지만, 경제적인 이유가 더 크다. 1997년 외환 위기 이후 이혼율이 급증한 것은 이를 뒷받침하고 있다. 이혼 가정은 소년 소녀 가장 문제, 빈곤 문제, 자녀 양육 문제, 부모 부양 문제 등 많은 가족 문제를 파생시키고 있다.

교육열이 높은 우리나라에는 '기러기 가족'이라는 특이한 가족 형태가 존재한다. 자녀 교육 때문에 아내와 자식을 멀리 떠나 보내 놓고 자신은 돈을 벌어 생활비와 교육비를 보내 주는 이들을 '기러기 아빠'라고 한다. 이들에게 아빠는 '돈을 벌어 보내 주는 기계'로 전락하게 된다. 이처럼 가족은 혈연적 유대 관계가 아닌 경제적 필요 관계로 성격이 변한다.

2005년 통계청 인구 조사에 의하면, 전체 가정의 평균 가족 수는 2.88명을 기록했다. 과거 농경 사회에서 노동력의 원천이었던 대가족은 이제 찾아보기 어렵게 되었다. 그렇다고 되돌릴 수도 없다. 지금 다시 농경 사회로 돌아갈 수는 없기 때문이다. 이제 우리 사회는 시대의 변화에 따른 탈가족화 현상을 인정하고 그에 걸맞은 사회 복지 정책을 마련해야 한다. 더불어 사회적 불평등 구조를 개선하기 위한 노력도 멈추지 말아야 할 것이다.

나는 초라한 더블보다 화려한 싱글이 좋다

미치 앨봄은 루게릭 병으로 죽어 가는 스승 모리 교수와 매주 화요일마다 10여 차례 정도 만나서 나눈 이야기를 책으로 엮었다. 그 책이 《모리와 함께한 화요일》이다. 이 책은 죽음을 눈앞에 둔 모리 교수가 제자에게 해 주는 인생 이야기를 담고 있다. 모리 교수가 죽어 갈 때, 그의 침상을 항상 따뜻하게 지켜 준 이들이 가족이다. 가족은 늘 그 침대 옆에서 모리 교수의 손을 잡아 주었다. 애정이 흘러 넘쳤다. 입맞춤과 농담이 수없이 오갔다. 모리 교수는 큰아들의 사진을 보면서 이렇게 말했다. "사람들이 자식을 낳아야 되느냐 낳지 말아야 되느냐 물을 때마다, 나는 어떻게 하라곤 말하지 않네. '자식을 갖는 것 같은 경험은 다시 없지요.'라고만 간단하게 말해. 정말 그래. 그 경험을 대신할 만한 것은 없어. 친구랑도 그런 경험은 할 수 없지. 애인이랑도 할 수 없어. 타인에 대해 완벽한 책임감을 경험하고 싶다면, 그리고 사랑하는 법과 가장 깊이 서로 엮이는 법을 배우고 싶다면 자식을 가져야 하네."

한 인간이 태어나서 죽을 때까지 항상 곁에서 따뜻하게 지켜 주는 이들이 가족이다. 그 가족은 어떠한 역경에서도 '나'를 버리지 않는다. 그 역할을 누가 대신할 수 있겠는가. 하지만 이런 따뜻하고 사랑스런 가족이 있기까지는 한 여성의 희생(?)이 필요하다.

헬렌 브라운(Helen Gurley Brown)의 《나는 초라한 더블보다 화려한 싱글이 좋다》를 읽은 전 세계의 수많은 여성 독자들은 '화려한 싱글'을 꿈꾸면서 독신을 선택했을 것이다. 멋지고 당당하게

'싱글'로 살 수 있다는 자신감을 얻었을 것이다. 이 책은 그녀의 성공 경험을 바탕으로 하고 있기 때문에 더욱 신뢰감을 준다. 사람들이 꿈꾸는 화려한 결혼 생활과 왕비 같은 일상은 말 그대로 헛된 환상에 불과하다. 브라운은 자기에게 화려한 결혼 생활을 하게 해 줄 멋진 남자들이 당신이나 나 같은 이름도 없는 처녀들과 결혼할 이유가 없다고 말한다. 그들이 결혼 대상으로 생각하는 이들은 여배우나 모델 혹은 대부호의 딸이라는 것이다. 설혹 귀엽고 사랑스런 전업 주부가 되었다고 해서 안심할 수는 없다. 아내나 어머니의 역할에 만족하고 멍청히 있다가는 차고에 버려지고 만다는 것이다. 요즘의 남자들은 아내의 급료도 사랑한다는 것이다. 즉 아내가 나가서 돈을 벌어 오기를 원한다는 것이다.

대개의 여성들은 결혼만 하면 꿈꾸었던 인생이 손안에 들어올 것이라고 생각한다. 그러나 사랑스런 아내는 집안일을 잘하는 파출부도 되어야 하고, 자녀를 잘 키우는 신사임당도 되어야 하며, 나가서 돈도 잘 벌어 와야 한다. 뒤늦게 오직 한 남성을 위해 희생하고 있는 자신을 발견하지만 때늦은 후회에 불과하다. 인생의 대부분을 소비한 후 얻은 깨달음으로 인생을 되돌릴 수는 없기 때문이다.

브라운은 '화려한 싱글'로 당당하게 살아갈 것을 권한다. 남에게 의지하지 않고 혼자서도 당당하게 살 수 있는 방법이 있다고 말하고 있다. 일과 사랑에서 성공을 꿈꾸는 젊은 여성들에게 인생 설계에서부터 다이어트, 운동, 화장, 몸매 가꾸기, 패션, 섹스, 애정, 친구 관계, 재테크 등에 관해 폭넓은 지식과 조언을 하고 있다.

기출문제 둘러보기

2004 건국대 정시 |

제시문 (가)의 논지를 근거로 하여 (나)와 (다)에 나타난 가족관의 차이를 밝히고 이에 대한 자신의 견해를 논술하시오.

제시문 (가) 가정 하면 우리는 자유·행복·사랑·프라이버시 등의 단어를 떠올린다. "집 떠나면 고생이다."는 말도 있듯이 가정은 우리가 편안히 먹고 입고 자는 곳이다. 바깥에서 지친 우리의 심신이 마음 놓고 쉴 수 있는 곳이다. 가정에서 자녀는 사랑을 받으며 양육된다. 메마르고 각박한 바깥 사회와는 달리, 가정에는 부부 간의 깊은 유대와 희생을 무릅쓰는 자녀에 대한 사랑이 흐르고 있어 우리는 정서적으로 안정을 얻으며 바깥에서 느끼지 못하는 행복과 자유를 느낀다. 〈중략〉

그러나 우리는 키워 주고 보살피는 관계만을 요하는 것은 아니다. 다 자라 버린 자녀에게 혹은 대화 상대가 아쉬운 배우자에게 키우고 보살피는 태도로만 일관한다면 도리어 상대방을 구속하는 질곡이다. 〈중략〉 얼굴 맞댄 더할 수 없이 가까운 가족 관계에서도 우리는 서로 대등한 타인이기를 필요로 하는 것은 아닐까? —이정원, 〈사랑, 결혼, 가족〉, 《삶과 철학》에서

제시문 (나) 결혼만 하면 꿈꾸었던 인생이 손에 들어온다. 멋진 남성의 '상냥하고 좋은 아내'가 된다. 여유 있으면 자원봉사를 하고, 자선기금도 모으며, 주 1회는 미술관에도 가는 생활……. 이것이 무슨 부족함이 있으랴. 이런 생활을 꿈꾸고 있는 여성이 아직 많다는 것을 알고 있다.〈중략〉

다시 말하면, 존 케네디나 레이니에 공과 같은 남성은 당신이

나 나와 같이 이름도 없는 처녀와는 우선 결혼할 이유가 없다는 것이다. 그들이 결혼 대상으로 생각한 것은 여배우나 모델, 그리고 대부호의 딸 등, 많은 돈을 가지고 있든가, 돈 많은 가족이 있는 여성이다. 더욱이 여기서 중요한 것은 이러한 여성들은 모두 아내나 어머니로 만족하지 않는다는 것이다. 〈중략〉
귀엽고 사랑스런 전업주부라고 해서 안심하고 있을 수는 없다. 상상도 할 수 없을 만한 대저택에 살며 벤츠를 몇 대나 굴리는 생활은 오래 계속되지 않는다. 아내나 어머니 역할에 만족하며 멍청히 있다가는 벤츠와 함께 차고에 버려지고 만다. 〈중략〉
—헬렌 브라운, 《나는 초라한 더블보다 화려한 싱글이 좋다》에서

제시문 (다) 내가 고민하는 것—너무 늦기 전에 하고 싶은 일들—중의 하나는 바로 가족을 일구는 일이었다. 나는 선생님에게 우리 세대가 자식을 갖는 데서 느끼는 딜레마를 털어놓았다. 자식이 우리를 얽어맨다고. 자식을 낳으면 하고 싶지 않은 '어버이 노릇'을 해야 한다고 생각한다는 점을 말했다. 〈중략〉
그는 죽어 가면서조차 자식들의 세계를 존중했다. 이들 가족이 모여 있을 때는 애정이 폭포처럼 흘러났고, 입맞춤과 농담이 수없이 오갔다. 그리고 침대 곁에 쪼그리고 앉아 손을 잡아 주고 있는 광경은 이 가족에게 특별한 일이 아니었다.
모리 선생님은 큰아들 사진을 보면서 이렇게 말했다.
"사람들이 자식을 낳아야 되느냐 낳지 말아야 되느냐 물을 때마다, 나는 어떻게 하라곤 말하지 않네. '자식을 갖는 것 같은 경험은 다시 없지요.'라고만 간단하게 말해. 정말 그래. 그 경험을 대신할 만한 것은 없어. 친구랑도 그런 경험은 할 수 없지. 애인이랑도 할 수 없어. 타인에 대해 완벽한 책임감을 경험하고 싶다면, 그리고 사랑하는 법과 가장 깊이 서로 엮이는 법을 배우고 싶다면 자식을 가져야 하네."
—미치 앨봄, 《모리와 함께 한 화요일》에서

가족 문제, 해결할 수 없는가?

가족 문제라고 하면 노인 부양 문제, 자녀 양육 문제, 소년 소녀 가장 문제, 가족 이기주의, 결혼에 대한 가치관의 변화, 자녀 과잉 보호 문제 등을 말한다. 산업화에 따른 핵가족화 현상과 이혼 증가로 인한 가족 해체 현상이 심화되는 현대 사회에서 가족 문제는 공동체 구성원이 함께 해결책을 모색해야 할 중요한 문제다.

고령화 사회로 진입한 현대 사회에서 노인 부양 문제는 눈에 띄는 가족 문제 중 하나다. 이 문제의 해결을 위해서는 국민연금을 비롯한 각종 사회 복지 정책의 확충이 필요하다. 특히 국가적 차원에서 무료 양로원 시설을 확충하는 것을 비롯해 노인 일자리를 창출하여 노후의 경제적 안정과 함께 노인의 삶의 질을 높여야 한다.

자녀 수 감소 문제를 비롯한 자녀 양육 문제는 최근 문제의 심각성이 더하고 있다. 여성들의 사회 진출이 많아졌기 때문이기도 하지만 출산을 기피하는 근본적인 이유는 자녀 양육에 많은 돈이 들어가기 때문이다. 따라서 국가는 이제 출산율의 저하가 민족의 생존을 위협하는 인구 재앙이라는 인식을 가지고 문제 해결을 위해 적극 개입해야 한다. 모든 공교육은 무상으로 이루어져야 하며, 사교육을 확대시키는 교육 정책은 당장 중지되어야 한다. 또한 직장 내 보육 시설을 비롯한 육아 시설을 확대하여 부모들이 마음 놓고 직장에서 일할 수 있는 분위기를 만들어 주어야 한다.

한편 자녀 양육과 소년 소녀 가장 문제가 발생하는 원인으로 이혼율의 증가를 꼽을 수 있다. 최근 시범 실시하고 있는 '이혼 숙려 제도' 는 이혼율을 낮추기 위한 바람직한 정책 중 하나다. 이혼을 결심한 부부에게 최소 1주 ~ 3개월까지의 이혼 전 숙려 기간을 두어 이혼을 심사숙고하도록 하는 이 제도에 대해, 이혼 기간이 장기화되어 이혼 당사자들의 고통을 장기화시킨다는 주장도 있다. 그러나 실제 이 제도를 시행한 지방 법원에서 이 제도 실시 후 이혼 청구 취소가 이전보다 5배 이상 늘었다고 사실은 제도적 개선이 가족 문제 해결에 실마리를 제공한다는 것을 증명하는 것이다. 하지만 이혼율이 준다고 이혼으로 인해 파생되는 문제가 없어지는 것은 아니다. 따라서 이혼율을 낮추려는 제도적 장치를 마련하는 것과 함께 모자 가정이나 소년 소녀 가장의 생계 지원을 위한 정책이 뒷받침되어야 할 것이다.

가족 문제의 진정한 해결을 위해 앞서 언급한 제도적인 장치를 마련하는 것 못지않게 사람들의 의식의 변화도 중요하다. 효 윤리 사상의 정립, 경로 효친 사상 정립, 가족 공동체 의식의 함양, 친족 간 유대 강화 등 의식 개혁을 위한 노력이 함께 이루어질 때 비로소 가족 문제 해결에 진정한 진전이 있을 것이다.

17

평등은 인간을 행복하게 하는가?

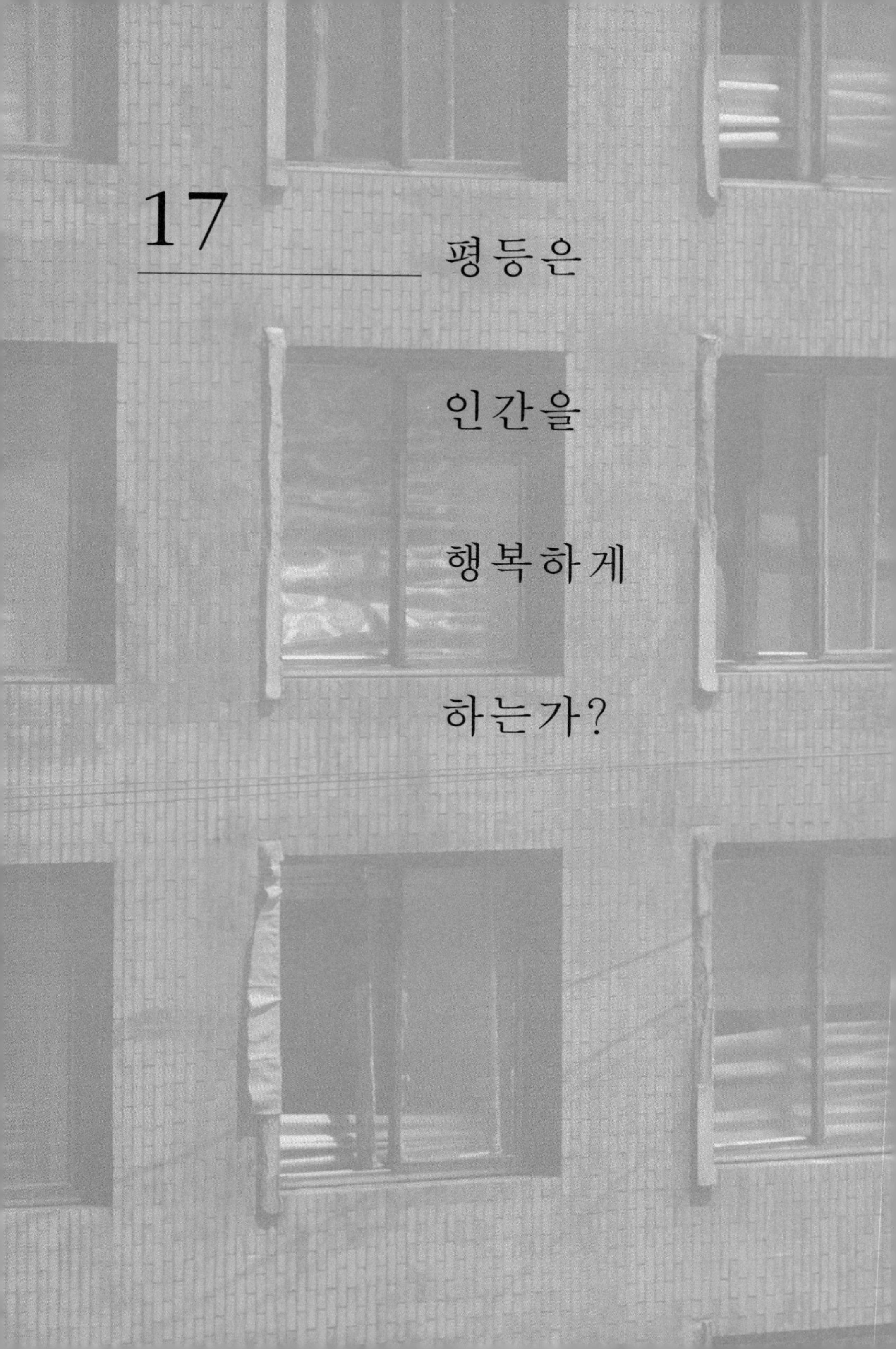

'차이'라는 말은 늙음과 젊음, 남자와 여자,
강하고 약함, 크고 작음, 길고 짧음 등
대상의 속성이 구별된다는 뜻이다.
이렇게 속성이 다르다는 것을 말한 것이지,
가치를 다르게 평가하는 말은 아니다.
그러나 '차등'은 가치를 다르게 평가한 말이다.
즉, 좋다든지 나쁘다든지 혹은 옳다든지
그르다는 평가를 담고 있다.
차등의 반대 개념이 '평등'인데,
평등은 이런 가치의 차별이 없는 상태를 의미한다.
다시 말해, '평등'은 권리, 의무, 자격 등이
차별 없이 고르고 한결같다는 의미이다.
예를 들어 백인과 흑인은 피부색에 있어
차이는 있지만 차등이 있는 것은 아니다.
같은 인간이기 때문이다. 따라서 '평등'은
어떠한 모양과 형태 혹은 속성 때문에
차이가 있을지라도 그 가치에 있어서는
차이가 없는 상태를 말한다.

여자도 군대를 가고, 남자도 애를 낳아야 하는가?

사회 계약론자들은 모든 인간은 본래 자유롭고 평등하게 태어났다는 자연적 평등, 즉 생리적 평등 사상을 주장하였다. 이것은 오늘날 법 앞에서의 평등 사상으로 발전하였다. 그러나 현대 복지국가에서는 평등이 법 앞에서의 평등에 머물러 있어서는 안 되며, 전체 국민의 인간다운 생활 보장에까지 발전되어야 한다고 생각하고 있다. 그런 점에서 오늘날 평등의 개념은 절대적·기계적 평등보다는 개인적 차이를 인정하는 상대적·비례적 평등을 의미한다.

절대적 평등은 선천적, 후천적 속성의 차이를 고려하지 않고 모든 인간을 똑같이 대우해야 한다는 사상이다. 그러기 위해서는 출발을 똑같이 하거나, 결과를 똑같이 해 줘야 한다. 예를 들면 재산, 성별, 능력, 직업, 교육 수준 등과 상관없이 일정한 연령에 도달하면 누구에게나 한 표의 선거권을 주는 경우라 하겠다.

반면 상대적 평등은 성별, 체력, 능력 등과 같은 선천적인 조건의 차이나 직업, 재산, 교육 수준 등과 같은 후천적인 차이를 고려하여 능력과 공헌도에 따라 차등 대우하는 것을 의미한다. 즉, 개인의 차이에 따른 합리적 차별은 공정하다고 보는 견해이다. 예를 들면 연봉제나 성과급제처럼 개인의 업적에 따라 각기 다른 봉급을 책정하는 경우라 하겠다.

요컨대 절대적 평등은 절대로 차별을 해서는 안 되는 것을 말하고, 상대적 평등은 '같은 것은 같게, 다른 것은 다르게' 하여 합리적인 차별을 할 수 있다는 것을 말한다. 이 두 개념은 서로 모순되는 것처럼 보이지만, 사실은 보완적인 개념으로 보아야 마땅하다. 인간이 가지는 기본적인 인권이나 정치적 권리 등은 절대적 평등권이 적용되어야 하며, 사회 경제적 분야에는 상대적 평등이 적용되어야 하기 때문이다.

우리나라 헌법은 제11조에 "모든 국민은 법 앞에 평등하다. 누구든지 성별·종교 또는 사회적 신분에 의하여 정치적·경제적·사회적·문화적 생활의 모든 영역에 있어서 차별을 받지 아니한다."라는 조항을 두어 절대적 평등권을 강조하고 있다. '같은 것'을 다르게 대우해서는 안 된다는 주장이기도 하다.

하지만 '다른 것'을 같게 대우하는 것도 평등의 원칙에는 위배되는 것이다. 서로 조건이 다른 토끼와 거북이가 같은 출발선에서 경주한다는 것은, 절대적 평등 개념에서는 옳지만 상대적 평등 개념에서는 옳지 않은 일이다. 마찬가지로 전통적으로 차별을 많이 받아 온 여성들이 남성들과 동등한 조건에서 경쟁하거나, 장애인이 비장애인과 같은 조건에서 경쟁하는 것 역시 옳지 않은 일이다.

아리스토텔레스(Aristoteles)가 그의 저서 《정치론》에서 주장한 바와 같이 어느 경우에 있어서는 '숫자적인 평등'(절대적 평등)을 또 어느 경우에 있어서는 '비례적인 평등'(상대적 평등)을 채택하여야 한다. 만약 절대적 평등이나 상대적 평등 개념 중 어느 한 속성에 의해서만 조직되어야 하는 국가가 있다면 그것은 좋은 국가가 아니며, 그러한 정치 형태는 오래갈 수 없다. 가령, 지위 고하를 막론하고 누구에게든지 단 한 표의 투표권을 주는 것은 절대적 평등 원칙을 따른 것이며, 19세 이하의 미성년자에게 투표권을 주지 않는 것은 '다른 것은 다르게' 대우하는 상대적 평등 원칙을 따른 것이라 할 수 있다.

한편, 오늘날 사회에서는 절대적 평등이 아닌 상대적 평등이 적용되어야 하는 경우도 많다. 그런데도 모든 경우에 있어서 절대적 평등을 요구하는 것은 여자도 군대에 가야 한다고 주장하거나, 남자도 출산을 해야 한다고 주장하는 셈이다. 또는 지금 태어난 아이에게도 평등하게 선거권을 주자는 것과 같다.

자유와 평등은 양립할 수 있는가?

시각 장애인에게만 안마사 자격을 취득할 수 있도록 한 안마사에 대한 규칙에 대해 헌법 재판소는 위헌 결정을 내렸다. 이에 대해 2006년 6월 4일 한 시각 장애인은 이 판결에 비관해서 투신 자살하는 사태까지 벌어졌다. 우리나라 헌법 제 15조에는 "모든 국민은 직업 선택의 자유를 가진다."는 조항이 있다. 이 조항에 따라 헌법 재판소는 위헌 결정을 내린 것인데, 시각 장애인 기독교 협의회는 시각 장애인들의 유일한 생계 수단인 안마업을 빼앗는 것은 이 시대가 요구하는 진정한 평등이 아니며, 헌법상 평등은 실질적인 평등이어야 한다고 주장하고 있다. 이렇게 자유와 평등이 충돌하는 경우가 종종 있는데, 자유와 평등은 양립할 수 없는 것인가.

'자유'란 소극적 의미에서 외부로부터 구속이나 속박을 받지 않고 마음대로 행동할 수 있는 상태를 의미한다. 그래서 '소극적 자유'를 '국가로부터의 자유(freedom from the state)'라고 한다. 그렇다면 인간이 완전한 자유를 누리기 위해서는 무인도에 들어가 각자 혼자 살아야 할 것이다. 외부로부터 어떠한 구속도 받지 않을 터이니 말이다. 하지만 인간은 사회 안에서 당당하게 자신의 의사를 표현하고 자신의 권리를 자유롭게 행할 때 더욱 큰 자유를 얻게 된다. 따라서 현대적 의미에서 '적극적 자유'란 '국가에의 자유(freedom to the state)'를 말한다.

정신적으로나 신체적으로 구속받지 않는 상태인 자유가 인간 생존에 있어 매우 중요한 가치라는 것은 고대로부터 인정되어 왔다. 하지만 근대에 들어와서야 인간은 진정한 자유를 얻기 시작하였다.

자유와 평등은 자유 민주주의를 지탱하는 두 개의 기둥이다. 민주주의가 추구하는 목표를 달성하기 위해서는 반드시 자유와 평등이 보장되어야 한다. 우리나라 역시 신체의 자유, 거주 이전의 자유, 직업 선택의 자유, 양심의 자유, 종교의 자유, 언론·출판 및 집회·결사의 자유, 학문의 자유, 예술의 자유 등을 헌법에 명시하여 보장하고 있다.

해방 직후, 남을 한 대 때리고서는 '왜 때려?' 하고 물으면 '내 자유야.'라고 대답하는 것이 유행이었다. 자유는 책임이 따른다는 사실을 알지 못했다. 남에게 피해를 주지 않는 범위 안에서 자유를 누릴 수 있다는 사실도 몰랐던 것이다. 역설적으로 들릴지 모르겠지만, 다수가 자유를 마음껏 누리기 위해서는 타인의 자유를 침해하는 행위에 대해서는 처벌이 뒤따라야 한다. 개개인의 자유를 보장하기 위해서, 다시 말해 타인에게 자유를 침해받지 않고 타인의 자유를 침해하지 않기 위해서는, 자유의 제한이 있어야 한다는 것이다. 그런 뜻에서 계몽주의 사상가 루소나 몽테스키외가 자유를 위해서는 자유를 제한해야 한다고 주장한 것이다.

자유가 무제한으로 허용될 경우 타인의 자유가 나의 자유를 침해할 소지가 커진다. 결국 아무도 자유를 누릴 수 없게 된다. 몽테스키외는 〈페르시아 인의 편지〉에서 아라비아에 살고 있는 트로글로다이트라는 가상의 부족 이야기를 이용하여 자유의 제한이 필요함을 역설하였다. 트로글로다이트 부족은 최대한의 자유를 누리기 위해 왕과 왕족을 모두 죽여 버렸다. 그러고 나서 남을 죽이고 아름다운 그의 아내를 빼앗고, 또 다른 이를 죽이고서 그의 재산을 빼앗은 자가 있었다. 그러나 그는 곧 그의 재산과 아름다운 아내를 탐낸 또 다른 이에게 곧 살해되었다. 이 이야기는 자유의 무한한 허용은 그 누구도 자유로울 수 없게 만든다는 사실을 증명하고 있다.

그런 의미에서 시각 장애인의 생존권과 실질적이고 상대적인 평등권을 위해서라면, 비장애인들의 직업 선택의 자유권은 역시 제한을 받을 수 있다고 본다. 대부분의 비장애인들에게는 직업 선택의 자유가 보장되고 있다. 그러나 시각 장애인은 사실상 직업을 자유롭게 선택할 수 없는 처지이다. 유일하게 생존을 위한 직업으로 할 수 있는 일이 '안마업'이다. 그렇다면 직업 선택의 문제에서 장애인과 비장애인이 동등하게 경쟁하라는 것은 평등의 원칙에 위배되는 것이다. 그리고 이때의 자유는 평등권을 해치지 않는 범위 안에서의 자유가 되어야 할 것이다.

이렇게 자유와 평등은 상호 보완적인 면을 지니고 있으면서도 한편으로는 서로 대립하고 충돌하는 경우가 종종 발생한다. 자유가 커지면 평등을 유지하기 힘들고, 평등을 지나치게 강조하다 보면 개인의 자유권을 침해할 수가 있다. 예를 들어 자유를 무제한으로 허용할 경우 강자는 더욱 강해지고, 약자는 더욱 약해지게 될 것이다. 결국 약자들은 비참한 생활을 면치 못하게 된다. 반대로 지나치게 사회적 평등을 강조하다 보면 개인의 자유가 침해당하여 경쟁력이 떨어지게 될 것이다. 부자들의 재산을 세금으로 환수하여 빈자들에게 분배한다면 평등 사회를 이룰지 모른다. 하지만 누가 애써 부자가 되려 하겠는가. 결국 경쟁력이 떨어져 국가 경제에 악영향을 미칠 것이다. 결국 자유는 평등을 침해하지 않는 한에서, 평등 역시 자유를 침해하지 않는 한에서 서로 조화를 이루어야 할 것이다. 그런 의미에서 '자유와 평등은 양립할 수 있는가?'라는 질문에 대한 명확한 답변은 '자유와 평등은 반드시 양립하여야 한다.'이다.

평등이 인간을 행복하게 하는가?

우리나라 헌법 제 10조에는 '모든 국민은 인간으로서의 존엄과 가치를 가지며, 행복을 추구할 권리를 가진다.'라고 규정하고 있다. 행복 추구권은 인간이 누려야 할 당연한 권리이다. 인간의 존엄성을 인정하고, 개인의 행복 추구권을 보장하는 것이야말로 국가의 의무이다. 그 의무를 다하기 위해 국가는 개인의 자유와 평등을 법으로 수호하는 것일 터이다. 그런데 진정 평등이 인간을 행복하게 하는지는 의문이다.

그리스 신화에는 프로크루스테스라는 도둑 이야기가 나온다. 그는 길에 숨어 있다가 행인들을 유괴해서 자기 집으로 끌고 간 뒤 침대에 묶어 놓는다. 이 사람이 침대보다 키가 크면 침대에 맞춰 다리와 발목을 잘라 버렸고, 키가 작은 사람이면 침대에 맞춰 몸을 늘였다. 물론 유괴당한 자는 그 고통으로 죽게 된다. 이 이야기는 각자 키가 다른 법인데 모든 사람을 똑같은 키로 맞추려 한 것은 잘못된 것임을 보여 준다. 그리고 남을 자기 사고에 맞추려고 하는 것도 잘못임을 깨닫게 한다.

모든 사물은 각기 독특한 속성을 지녔는데도 동등함을 주장하는 것이 과연 바람직한 것인지는 생각해 볼 문제이다. 만약 평등이 '동등화'를 의미한다면, 평등은 인간을 행복하게 하는 것이 아니라 오히려 불행하게 만들고 말 것이다. 이 질문에 대해 메베스와 오르트리프는 〈동등화의 원리에 의해 인간이 불행해지는 것에 대하여〉는 라는 글 등에서 '동등한 사회는 결국 멸망'할 것이라고 주장하고 있다.

누구든지 똑같은 키로 맞춰지는, 즉 똑같은 결과를 얻게 되어야 한다는 동등화의 원리를 살펴보자. 나이든 사람은 젊어져야 한다. 어린이들은 어른이 되어야 한다. 여성은 남성화되고 남성은 여성화되어야 한다. 영리한 자는 우둔해져야 하고, 재능을 적게 받은 자는 더 영리해져야 하며, 아이들은 가족 없이 지내야 한다. 부자들은 가난해져야 한다. 국민은 요구해야 하며, 병자는 더 건강해져야 한다. 서열은 동등해져야 한다. 이렇게 되면 결과가 동등해져서 모두가 행복하게 되었다고 느껴질지 모르겠다. 하지만 이 동등한 사회는 결국 멸망하고 말 것이다.

'동등화'는 아리스토텔레스가 말한 '숫자적인 평등' 개념에 가깝다. 이 '동등화'가 겉으로는 평등한 것처럼 보이지만 사실은, 능력 있고 더 많이 노력한 자가 그렇지 못한 자와 결과가 같게 되기 때문에 오히려 불평등을 느끼게 된다. 또한 어린이가 어른이 되고, 어른이 어린이가 되며, 여자가 남자가 되고, 남자는 여자가 되는 일은 일어날 수도 없는 일이다.

그렇다면 결과가 다를 것을 인정하고 애초에 인종, 혈연 등 선천적 조건과 재산, 교육 수준, 직업 등 후천적 조건과 관계없이 출발점을 같게 해 주면 이는 평등한 것인가? 이 역시 사회의 역동성과 경쟁력을 떨어뜨려 나쁜 영향을 미치게 된다. 따라서 평등이 '동등화'를 의미하고, 반드시 절대적 평등을 의미하는 것이라면 인간을 행복하게 만들지는 못할 듯싶다.

그러나 현대 사회에서 평등이란 개념은 상대적 평등, 비례적 평등을 의미한다. 출발점이나 결과를 같게 하는 것이 아니라 진행과정에서 기회를 동등하게 제공한다는 의미라고 해석하는 것이 마땅할 것이다.

인간의 불평등은 어떻게 기원한 것인가?

인간은 언제부터 불평등하게 되었을까? 왜, 헌법을 통해 평등을 보장해야만 하게 되었을까? 사회 계약론자인 홉스는 원시 자연 상태의 인간의 삶을 "예술도 없고, 학문도 없고, 사회도 없다. 무엇보다도 나쁜 것은 계속적인 공포와 난폭한 죽음의 위험이 존재한다는 것이다. 그리고 인간의 생활은 고독하고 가난하고 더럽고 잔인하며, 그 목숨도 짧다."라고 하였다.

그리고 자연 상태의 인간의 삶을 홉스는 '만인에 대한 만인의 투쟁'이라고 주장하였다. 각자의 이익을 위해 끊임없이 타인과 투쟁하는 미개의 상태였다는 것이다. 하지만 그는 인류의 역사는 진보하는 것으로 보았다. 서로 계약을 맺고 국가를 구성하여 미개 상태에서 벗어나며, 국가는 전제 군주에 의해 통치되는 것이 가장 이상적이라고 믿었다. 이러한 그의 사상은 《리바이어던》에 잘 담겨 있다.

그러나 장 자크 루소는 홉스와 반대로 《인간 불평등 기원론》에서 '인간은 원시적 자연 상태에서 가장 평등'했다고 주장했다. 원시적인 자연 상태에서 평등하고 행복한 삶을 누리던 인간이 역사가 진행되자 가족, 사회, 국가, 계급을 형성하면서 불평등하게 되었다는 것이다.

원시 자연 상태에서 인간의 삶을 추리해 보자. 인간은 동물과 별반 다르지 않았을 것이다. 배가 고프면 먹고, 졸리면 자고, 아프면 누워서 낫기를 기다렸을 것이다. 시간 외에는 다른 의사가 없었을 것이다. 육체적 욕구를 채우는 것이 삶의 전부였을 것이다. 때로는 동물의 공격을 받기도 하고, 다른 동물을 공격하여 먹이로 삼기도 했을 것이다. 석기를 사용하기 전까지는 인간이 이용할 수 있는 유일한 도구는 본인의 신체뿐이었다. 적어도 원시 상태의 인간에게는 선악의 판단력조차 없었을 것이다.

하지만 루소는 원시 자연 상태의 인간을 가장 이상적인 인간형으로 보았다. 역사의 진행은 진보의 과정이 아니라 퇴보와 타락의 과정이라고 하였다. 인간은 석기를 사용하고 농경 문화를 가지게 되면서 정착 생활을 하였다. 가족이 생기고, 사회가 형성되었으며, 청동기나 철기의 발명은 국가의 탄생을 가져왔다. 집단이 생기면서 계급이 생기고 인간 사이에 차별이 생겼다.

루소는 어떤 땅에 울타리를 두르고 "이 땅은 내 것이다."라고 하자, 다른 사람들이 그런 말을 믿을 만큼 단순하다는 사실을 발견한 최초의 인간이 문명 사회의 실질적인 창시자라고 주장하였다. 만약 그 울타리의 말뚝을 뽑아 버리고 그 일을 제지한 사람이 있었다면 그는 인류 역사상 그 많았던 죄악, 싸움과 살인, 비참과 공포에서 인류를 구제했을 것이라고도 했다. 인구가 증가하면서 어려움이 늘어났고, 사회가 형성되면서 여러 가지 복잡한 인간 관계가 성립되었다. 범행이 잦아짐에 따라 처벌이 필요했기에, 규칙을 만들어 재판관을 두었다. 토지의 경작은 필연적으로 분배의 문제를 발생시켰고, 소유 개념이 강화되었을 것이다. 자신이 경작한 토지에서 나온 산물에 대한 소유권을 인정받기 시작했다. 또한 동족 간에도 계급이 형성되어 주인과 노예 개념이 생겼다. 이렇게 하여 강한 자와 약한 자, 가진 자와 못 가진 자가 생기게 된 것이다. 사회와 법률은 약자에게 새로운 구속이 되었으며, 다른 부분을 얻기 위해 개인의 자유를 희생해야만 했다. 그리고 법률을 통해 소유와 불평등 구조를 고착화하게 되었을 것이다.

인간이 자유롭고 평등한 사회를 만들려고 탄생시킨 법률과 제도가 오히려 불평등을 고착시키고, 개인을 구속하게 된 것이다. 결국 인간은 선악을 판별할 정신적인 능력조차 없었던 원시 자연 상태에서 가장 자유롭고 평등하게 살았다는 것이다. 그렇다면 결론은 우리 인류는 자유와 평등, 행복을 찾아 잘못 들어선 길을 가고 있다는 것이다. "자연으로 돌아가라."는 루소의 말은 그런 뜻에서 나왔는지도 모른다.

기출문제 둘러보기

2007 중앙대 수시 1학기 |

제시문에 근거하여, 각각의 사례에 내포되어 있는 평등의 개념적 차이를 설명하고, 이 가운데 우리 사회가 가장 비중 있게 추구해야 할 것은 무엇인지 논술하시오.

제시문 복지 국가는 국가 구성원들의 경제·사회적 안전과 평등의 증진을 최우선적으로 추구한다. 그러나 사람에 따라서 평등의 개념을 달리 사용하고 있고, 이에 따라 많은 논란이 있는 것이 사실이다. 실제로 사회복지 정책을 둘러싼 많은 논쟁들은 바로 이러한 평등의 개념에 대한 논란에서 비롯된다고 해도 과언이 아니다. 평등이 어떤 개념에 기초하느냐에 따라 사회복지 정책의 효과가 전혀 다르게 나타날 수 있기 때문이다.

사례 (가) 자영업자인 A는 봉급 생활자인 B보다 소득 수준이 높다. 하지만 정부가 소득 파악을 제대로 못하고 있어, A와 B는 동일한 세금을 내고 있다. 세금 부담에 있어서 A와 B 간의 불공평 정도를 완화하기 위해, A의 정확한 소득을 파악하기 위한 대책이 마련되어야 한다.

사례 (나) C와 D는 모두 일정한 기술을 습득한 후에야 올라갈 수 있는 어떤 지위(status)를 얻고 싶어한다. C는 경제적으로 어려운 가정 형편상 그러한 기술을 습득하는 것이 어려운 반면, D는 상대적으로 쉽게 습득할 수 있는 위치에 있다면, C에게 재정적 후원을 통해 기술 습득의 기회를 제공해야 한다.

사례 (다) E와 F는 모두 65세 이상의 노인이다. E는 젊은 시절 국민연금에 가입하여 월 소득의 일부를 보험료로 납부해서, 현재 상당 수준의 연금 혜택을 받고 있다. 그러나 F는 젊은 시절 생활이 어려웠던 관계로 보험료를 납부하지 못해서, 현재 아무런 연금 혜택도 받지 못하고 있다. F와 같은 사람의 적정한 노후 생활을 보장하기 위해서는, 일정 연령 이상의 모든 노인에게 이전의 소득 수준이나 보험료 납부 여부와 관계없이 정액(定額)의 연금을 지급하여야 한다.

'남녀 고용 평등법'의 근거는 무엇인가?

2006년 4월 19일, 국회 본회의장에서는 우리나라 첫 여성 총리인 한명숙 총리의 임명 동의안이 가결되었다. 헌정 사상 우리나라 최초의 첫 여성 총리가 나왔다. 정당 대표, 헌법 재판소 재판관, 지방 자치 단체장 등 여성의 진출이 활발하다. 교사 채용에 있어 여성의 비율이 80%를 넘었다는 보도도 있었다. 우리나라에서 시행된 지 10여 년이 넘은 이 법은 '남녀의 평등한 기회 및 대우를 보장하는 한편 모성을 보호하고 직장과 가정 생활의 양립과 여성의 직업 능력 개발 및 고용 촉진을 지원함으로써 남녀 고용 평등 실현을 목적'으로 하고 있다.

'남녀 고용 평등법'은 성비 불균형 해소를 위해 남녀 모두의 최소 채용 비율을 설정하는 제도다. 특히 '양성 평등 채용 목표제'는 공무원 채용 시험에 남성이든 여성이든 어느 쪽이 합격자의 70%를 넘지 않도록 하는 것으로, 여성이나 남성이 합격자의 30%가 못 되었을 때 가산점을 주어 합격자의 성비를 조정하는 제도이다.

그런데 이 제도는 공무원 채용시 군가산점제가 폐지된 후 오히려 여성 합격자가 70%를 넘는 바람에 남자들이 역차별을 받고 있다는 지적에 따라 '양성 평등 채용 목표제'로 전환한 것이다. 실제로 우리나라 상위 50대 기업 중 공기업이었다가 민영화한 기업들에서 여성의 비율이 높고 남녀 간 급여차도 적었으며 여직원의 근속 연수도 상대적으로 길었다.

하지만 우리나라는 아직도 여성에 대한 고용 차별이 심각한 것으로 드러났다. 노동부에서 조사한 '남녀 고용 평등 국민의식 조사'(2006년) 결과에 의하면 우리나라 국민의 80.9%는 남녀 고용 차별이 많이 개선된 것으로 보지만, 64.9%는 아직도 차별이 심각하다고 대답했다. 실제로 우리나라 시가 총액 상위 50대 기업의 여직원 비율은 20%에 불과했으며, 연봉은 남자의 63%에 그쳤다. 공기업에서 민영화한 KT&G나 KT를 제외하면 대부분 50%에도 미치지 못했다. 평균 근무 연수 역시 남성의 11.1년에 비해 여성은 6.8년에 그쳤다. 더구나 50대 기업 안에 들어가지 못하는 중소기업의 남녀 고용 불평등은 훨씬 심각할 것이다.

2005년 5월 16일, 스위스의 세계 경제 포럼(WEF)이 발표한 〈여성의 권리 : 글로벌 남녀 불평등 조사〉에 따르면 조사 대상 58개국 중 한국의 남녀 평등 성취도는 54위였다. 이것은 방글라데시(39위), 말레이시아(40위), 태국(44위), 인도네시아(46위)보다도 낮은 순위이다. 부문별로 보면 경제 활동 참여도가 34위, 경제 활동 기회는 55위, 정치적 권리 56위, 교육 성취도 48위, 보건 및 복지 27위로 대부분의 항목에서 최하위 점수를 받았다.

전통적으로 차별을 많이 받아 온 여성이 똑같은 출발선에서 남성과 경쟁하는 것은 토끼와 거북이가 같은 출발선에서 경주를 시작하는 것과 같다. 또한 장애인과 비장애인이 똑같은 출발선에서 달리기 경주를 시작하는 것과 같다. 우리나라의 남녀 불평등 구조는 국민의 절반인 여성들의 행복한 삶과, 국가 경쟁력 제고를 위해서라도 시급히 개선되어야 한다. '남녀 고용 평등법'에 따라 여성이 출발선보다 앞에서 출발하게 배려하는 것은 상대적 평등 혹은 비례적 평등 원칙에도 어긋나지 않는다.

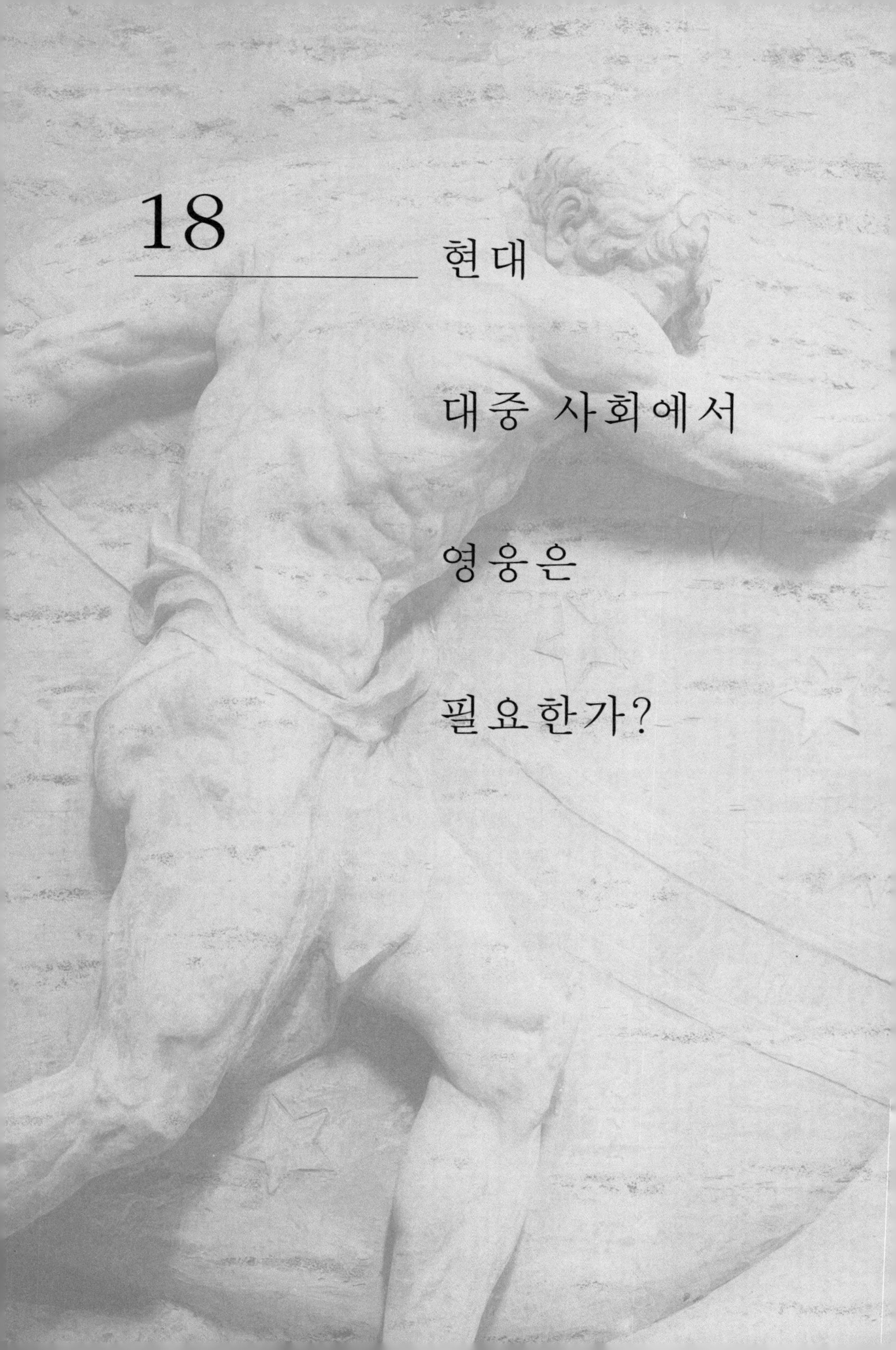

18

현대 대중 사회에서 영웅은 필요한가?

대중(大衆)이란 대량 생산과 대량 소비를 특징으로 하는 현대 사회의 구성원들을 말한다. 귀족 혹은 엘리트와 상대되는 개념이기도 하다.
이러한 대중(大衆)이 정치·경제·사회·문화 등 모든 분야에서 동향을 좌우하는 사회 상황 또는 사회 형태를 대중 사회(mass society)라 한다.
현대 사회가 대중 사회로 발전한 것은 자본주의의 발달과 밀접한 관계가 있다. 대량 생산과 대량 소비가 가능해지면서 대중이라는 커다란 집단이 형성된 것이다.
과거에 소수의 귀족과 다수의 민중이 있었다면 현대 사회는 다수의 대중만이 존재할 뿐이다.
게다가 민주주의가 발달하면서 대중의 개념은 더욱 강화되었다. 보통 선거가 실시되어 성인이면 누구나 투표권을 가지게 되었고, 대중 교육이 발달하면서 상당한 의식 수준을 가진 대중이 형성된 것이다. 민주화는 필연적으로 계급의 구별이 사라지는 대중화를 통해서 이루어졌다.

대중이 역사의 주인공이 되다

우리나라 역시 중세까지는 엄격한 신분제 사회였다. 혈통, 문벌, 재산, 공적 정도에 따라 정치적, 경제적으로 특권을 누리는 계층이 존재해 왔다. 그 특권은 양천민의 납세에 의해 유지되었으며 다음 세대에 세습되었다. 우리나라에서 신분 제도가 철폐된 것은 1894년 갑오개혁 때의 일이다. 갑오개혁은 반상(班常)의 계급 타파, 문벌을 초월한 인재의 등용, 인신 매매의 금지, 천민 대우의 폐지 등 전통적인 양반 체제하에서의 신분 제도 철폐가 주 내용이었다. 이외에 죄인의 고문과 연좌제(連坐制)의 폐지, 조혼 금지, 자유 의사에 의한 과부의 재혼, 양자 제도의 개정, 의복 제도의 간소화 등 인습적인 전통을 근대적인 것으로 바꾼 사회 개혁이었다. 물론 갑오개혁은 구제도를 일신한 근대적 개혁이었으나, 일제의 침략적 의도에 의해 단행된 것이라 국내의 반발 또한 만만치 않았다.

근대화, 산업화 과정에서 대량 생산과 대량 소비가 가능해지자 소수의 특권층은 기존에 누려 왔던 지위를 인정받을 수 없었다. 산업 사회는 세습된 혈통이나 문벌보다는 개인의 능력을 중시했기 때문에 더 이상 개인의 출신 성분과 귀속적 지위는 의미가 없었다. 또한 민주주의의 발달과 함께 자유와 평등 의식이 널리 전파되면서 권위주의적 특권 의식은 점점 사라져 갔다. 신분 차별 없이 누구든지 자신의 정치적 의사를 표현할 수 있는 보통 선거에 의한 투표권을 가지게 된 것도 신분 의식을 무너뜨리는 데 크게 기여하였다. 결국 대중은 상업화, 민주화되는 과정에서 그 실체를 형성해 나갔다.

또한 산업 사회에서는 TV나 라디오 같은 대중매체가 크게 발달하였다. 대중매체는 상품을 광고하는 가장 효과적인 수단으로 이용되었다. 대중매체는 대중을 상대로 대량의 정보와 사상을 전달하기 때문에 대중을 획일화시킨다는 문제점도 있지만 여론을 선도하여 대중을 하나로 묶으면서 대중 사회를 열어 나갔다. 대중매체는 개방 사회를 이끌어 내면서 과거 장막에 가려져 있던 특권층 혹은 왕족이나 귀족들의 권위를 무너뜨렸다. 특권층들은 더 이상 설 곳을 얻지 못하고 대중에 편입되었다.

대중 사회의 빛, 그 뒤의 그림자

대중 사회가 반드시 바람직한 것만은 아니다. 대중 사회에서 대중은 각자의 고유한 개성과 존엄성을 가진 존재로 인정받지 못하고 익명적인 인간 일반으로 추상화된 존재다. 그리하여 인간은 소비자, 노동자, 직원, 계급, 집단, 종족 등으로 분류되고, 이용하고, 다루고, 조작해야 할 대상으로 사물화되며, 그럴 때 삶은 그 모든 고귀함과 가치를 잃고 황폐하게 된다.

미국 시카고 대학의 내셔널 오피니언 리서치 센터가 2004년 미국 전역의 성인 남녀 1,467명을 대상으로 조사한 결과, 응답자 가운데 24.6%는 절친한 친구가 단 한 명도 없다고 답변했다. 이는 20년 전인 1985년 조사 시 같은 응답자가 10%였던 것보다 2.5배가 증가한 것이다. 또한 '믿고 의논할 수 있는 친구'가 평균 3명이었는데, 2명으로 줄어 '군중 속의 고독'이 심화되고 있는 것으로 조사되었다.

이러한 현상은 대중 사회에서 개인이 존재의 주체로 살지 못하고 하나의 '부속품'이 되어 인간의 고귀한 가치를 상실하고 있다는 것을 증명하는 사례다. 현대 사회의 개인은 대중이라는 이름으로 공동체를 형성하고 있는 것처럼 보이지만, 사실은 그 집단 안에서 공동체를 형성하지 못하고 파편화되어 고독한 존재로 살아간다.

대중 사회는 매우 상업화된 사회이다. 대중은 대량 생산 체제에서 노동력을 제공하여 잉여 가치를 창출한다. 상품을 소비하는 소비자이기도 하다. 여기서 발생하는 이익은 소수의 자본가에게 돌아간다. 대중의 인격적 가치는 고려되지 않는다. 자본가들은 대중에게 광고를 통해 현실을 왜곡하고 환상을 심어 준다. 그리하여 구매력을 자극한다.

대중 사회는 획일화된 사회이다. 대량 생산과 대량 소비를 통해 형성된 대중문화는 대중매체를 통해 매우 획일적으로 전파된다. 대중 사회는 개성이 상실되고 대중 속에서 특정한 가치관이 없이 대중과 함께 행동하면서 편안함을 느끼는 매우 획일화된 사회다.

대중 사회에서 영웅은 왜 필요한가?

역사는 어떤 측면에서는 영웅들의 기록이라고 할 수 있다. 역사적 영웅들은 신에게 직접 능력을 받아 내려온 위인이요, 군중의 우상이었다. 하늘과 인간이 동시에 선택한 자만이 영웅이 될 수 있었다. 이러한 영웅들은 위대한 능력을 지닌 엘리트 영웅들이다. 그리스 로마 신화 속에 나오는 등장 인물들은 그러한 '영웅'들이었다. 고대 그리스 로마 시대의 영웅과 위인들의 삶을 그린《플루타크 영웅전》에 나오는 그러한 '영웅'들이었다.

그런데 프랑스 혁명 이후 영웅 숭배는 커다란 변화를 겪게 되었다고 한다. 대중 영웅이 등장하기 시작한 것이다. 하늘이 선택한 영웅이 아니라 인간이 선택한 영웅들이 등장하기 시작한 것이다. 프랑스 혁명 이후 시민들은 절대 왕정을 몰아낸 시민들 중에서 영웅을 찾아내어 영웅의 전당을 만들었다.

영국의 역사 비평가 토머스 칼라일(Thomas Carlyle)은 인류 사회의 발전에 '영웅'들이 결정적 역할을 하였다고 주장하였다. 그는 혁명을 지배 계급의 악정(惡政)에 대한 천벌이라 하여 지지하는 한편, 영웅적 지도자의 필요성을 제창하였다. 영웅은 '우주의 질서를 깨달아 성실로써 대응하는 용기 있는 사람들'이라 논하고, 역사에 있어 개인의 역량을 강조하였다. 그는《영웅 숭배론》에서 영웅을 숭배하는 사람 역시 성실성과 통찰력을 갖고 영웅을 알아보는 사람이어야 한다고 믿었다. 그래야 영웅과 그 영웅을 숭배하는 이들이 역사 발전을 이뤄 나간다고 주장하였다. 칼라일이 말하는 숭배는 '자발적 존경과 추종'을 의미하는 것이다. 따라서 역사가 발전하기 위해서는 '성실성, 통찰력, 도덕성을 지닌 영웅'이 있어야 하고 '성실성과 통찰력을 지니고 있으면서 영웅을 알아보고 추종하는 작은 영웅들'이 있어야 한다는 것이다. 심지어 그는 인류가 향유하는 모든 것은 영웅이나 위인의 산물이라고까지 하였다. 그리고 그는 신화나 역사에 등장하는 11인의 영웅을 예로 들었다. 나폴레옹이나 크롬웰 같은 군사 영웅은 물론 북유럽 신화의 주인공인 오딘, 이슬람교 창시자 무함마드, 종교 개혁가 루터, 단테와 셰익스피어, 루소 등이 그러한 인물들이다.

칼라일의 영웅 숭배론은 훗날 제국주의적 오만이라는 비판을 받는다. 그는《영웅 숭배론》에서 "우리 잉글랜드 인을 보고 인도와 셰익스피어 둘 중 어느 것을 포기하겠느냐고 묻는다면 어떻게 하겠습니까? (중략) 우리는 이렇게 말해야 하지 않겠습니까? 인도야 있든 없든 상관없으나, 셰익스피어가 없이는 살 수 없다고 말입니다!"라고 하여 그의 영웅 숭배론이 제국주의적 우월감에서 나온 오만이라는 혹평을 받기도 한다. 다만 그는 왜, 역사 발전에 영웅이 필요한가를 잘 말해 주고 있다.

역사의 발전 단계마다 영웅들이 필요했고 활동했다. 현대 대중 사회에서도 영웅이 필요한가? 칼라일의 영웅 숭배론에 따른다면, 대중 사회 역시 역사 발전을 위해서는 '영웅'들과 그를 알아보는 '작은 영웅들'이 필요하다고 할 수 있다. 다만 그 영웅들이 과거에 신의 능력을 위임 받은 '엘리트 영웅'이었다면 지금은 그 자리를 대중들이 선택한 '대중 영웅'들이 차지하고 있다.

과거 엘리트 영웅들은 일반 대중과는 그 출신과 능력 면에서 비교할 수 없는 위인들이었다. 하지만 '대중 영웅'들은 무명의 대중들 속에서 나왔다. 누구든지 영웅이 될 수 있었다. 영웅은 전쟁터의 무명 병사들 중에서도 탄생하였고, 재난의 현장에서 생명을 건진 이도 영웅이 되었다. 귀족 사회에서와 마찬가지로 사람들이 본받아야 할 영웅들은 대중 사회에서도 필요하였다. 한편, 지배자들은 그러한 영웅들을 잘 이용하여 대중 심리를 자극하고, 이념적으로나 사상적으로 대중을 무장시키는 데 그들을 활용하기도 하였다.

대중 독재는 대중 영웅을 통해서 만들어진다?

박정희 대통령 서거 이후 국장(國葬)으로 치러진 장례식 때 많은 시민들이 거리에 나와 오열하였다. 어떤 사람들은 그를 독재자라고 하였고, 어떤 사람들은 그의 죽음을 안타까워 하고 그를 그리워 했다. 좀 다른 경우이겠지만 북한의 김일성 주석 사망 이후 북한 주민들이 보여 준 모습은 그를 신 이상으로 생각하고 있다는 믿음을 주기에 충분했다. 항상 독재자 순위 1, 2위를 기록하는 김정일 국방위원장이 통치하고 있는 북한의 주민들은 자신이 지상의 낙원에서 살고 있다고 믿고 있으며, 김정일에 대한 신뢰는 변함이 없는 듯하다. 그러다면 대중은 우매한 것인가, 아니면 독재를 바라는 것인가?

독재 하면 억압과 폭력이 떠오르지만, 실제로 독재는 위로부터의 강제적 동원이 아닌 아래로부터의 자발적 동원 체제에 의해 구축되며, 대중의 광범한 동의를 기반으로 하고 있다. 이런 면에서 대중은 독재의 공모자인 셈이다.

소수의 독재자가 대다수의 대중을 억압하고 통제하고 있다는 논리로는 독재 국가들의 건재함과 대중의 독재자 옹호 현상을 설명할 길이 없다. 독재에 의해 억압받고 저항한 대중이 사실은, 독재를 묵인하고 옹호하기까지 하는 바로 독재의 지지자들이란 사실을 우리는 간과하고 있다. '다수결'이 가장 민주적이라고 믿는 것처럼 대중은 항상 순수하고 옳은 존재라고 믿는 것 역시 매우 순진한 생각이다. 독재에 저항하는 대중이 있는가 하면, 또 다른 대중들은 지지, 수용, 적응, 체념, 소극적 반대 등을 통해 독재를 돕고 있는 것이다. 또한 '신체적 자유'를 얻기 위해 독재를 묵인하는, 즉 '정신적 자유'를 포기하는 경우도 있다.

대중 독재의 효과적인 수단은 '대중 영웅'을 만드는 데 있다. 독재 권력이 추구하는 이념을 국민들에게 효과적으로 주입하고 세뇌시키기 위해 '이순신'과 같은 민족적 성웅을 이용하기도 하지만, '나는 공산당이 싫어요.'라고 외치며 죽은 반공 어린이 이승복과, 부하들의 목숨을 구하기 위해 몸을 던져 수류탄을 안고 장렬하게 죽어 간 강재구 소령과 같은 '대중 영웅'들을 이용하기도 한다. 이들은 대중이 반공 의식으로 무장하는 데 매우 효과적으로 이용되었다. 대중 독재를 위해 '대중 영웅'이 만들어지고, 심지어는 가공되어 독재에 이용된 사례를《대중 독재의 영웅 만들기》가 잘 보여주고 있다. '대중 영웅'의 가공은 '대중 독재'를 위한 매우 효과적인 수단이란 것을 이 책이 잘 설명해 주고 있다.

'대중 영웅'들은 권력자들이 추진하는 일을 합리화시키는 데 매우 효과적이다. 이라크 전쟁이 장기화되고 이라크의 대량 살상 무기의 실체가 드러나지 않고 있을 때, 미군의 이라크 포로 학대 사건이 터졌다. 부시 대통령은 매우 난처했다. 이때 부시를 구한 것은 금발의 미군 전쟁 영웅, '바비 전사'다.

> 당시 3시 방향에서 총탄이 날아들었어요. 나는 너무나 놀라서 소리를 지를 수도 공포감을 느낄 겨를도 없었죠……. 50밀리 기관총은 이전에는 본 적도 없었지만 나는 그것을 붙잡고 적을 향해 마구 쏘기 시작했어요. 무엇인가를 맞췄는데 폭발이 일어나더군요……. 그것은 너무나 스릴 넘치는 경험이었어요. 내 인생에서 아드레날린이 그렇게 높이 치솟은 것은 처음인 것 같아요.

전투는 10분간 지속되었으며 미군측 부상자는 없었다. 미국인들은 '바비 전사'에 크게 열광하였다. 이라크 전쟁 영웅인 그녀는 이라크 전쟁에 대한 국민들의 회의를 단숨에 날려버렸다.

이런 '대중 영웅'들은 다양하게 이용된다. 북한의 경우 각 분야에서 모델이 될 만한 인물을 선정하여 '영웅' 칭호를 붙여 준다. 이들 인민 영웅들은 북한 인민이 본받아야 할 '공화국'의 영웅들이다. 영웅들은 보통 사람들이 본받아야 할 거울과 같은 존재들이다. 보통 사람들은 그 영웅과 같이 되지 못한 것에 부끄러움을 느낀다. 그리고 유사한 상황이 되면 나도 그렇게 하리라 마음먹게 된다.

반공 영웅인 이승복은 1969년 박정희 대통령의 신년사 이래로 한참 동안 추앙 받았다. 박정희 정권은 언제 전쟁이 다시 일어날지 모르는 상황에서 하루빨리 경제적 번영을 이루어 북한 괴뢰도당을 모든 면에서 압도해야 한다고 국민들에게 주입시켰다. 국민들의 정신 무장을 위해 '무장 공비에 의한 이승복 일가족 살해 사건'은 더없이 좋은 교육 자료였을 것이다. 장한 행동을 한 이승복 어린이는 1990년대 중반까지 초등 학교 교과서를 통해 국민의 영웅으로 추앙되어 왔다. 그런데 이 사건을 보도한 조선일보는 '현장 취재를 하지 않은 허위 보도'를 했다는 의혹을 받기도 하였다. 대중매체라는 속성 때문에 사건은 실제보다 과장되기도 했을 것이다. 다만, 총칼을 든 무장 공비 앞에서 당당히 "나는 공산당이 싫어요."라고 외쳤던 이승복 어린이 이야기가 사실이었거나, 순진한 어린이의 말실수였거나 관계없이 냉전 시대에 '대중 영웅'으로서 이용된 것만은 사실이다. 히틀러의 나치가 만든 대중 영웅 '호르스트 베셀' 같은 경우도 완전 조작되었다는 주장이 있듯이, 대중 영웅들은 누군가의 어떤 목적을 위해 조작되어 이용되는 경우가 적지 않았다.

그렇다면 대중들은 우매한가? 영웅을 원하는 것은 대중 심리의 한 현상이다. 대중들이 연예계나 스포츠계의 스타들에 열광하는 것도 마찬가지다. 그러나 대중들은 그들의 스타성 혹은 영웅성만 보려 할 뿐 그들도 평범한 인간이라는 것을 믿으려 하지 않는다. 독재자들은 이러한 대중 심리를 잘 이용하여 대중을 효과적으로 지배해 왔다.

기출문제 둘러보기

2005 서강대 정시 |

다음 제시문에는 개인의 실존과 대중(군중)의 익명성에 관한 관점들이 나타나 있다. 이를 바탕으로 오늘날 한국 사회의 문제점을 구체적인 사례를 들어 비판적 관점에서 논술하시오.

제시문 (가) 〈생략〉 우리는 '그들'이 즐기는 것처럼 즐기며 좋아한다. 우리는 '그들'이 보고 판단하는 것처럼 읽고 보며 문학과 예술에 대해서 판단한다. 그런가 하면 우리는 또한 '그들'이 그렇게 하듯이 '군중'으로부터 물러서기도 한다. '그들'이 격분하는 것에는 우리도 '격분한다.' '그들'은 어떤 특정한 사람들이 아니고, 비록 총계로서는 아니더라도 모두인데, 이 '그들'이 일상성의 존재 양식을 지정해 주고 있다.

—마르틴 하이데거, 《존재와 시간》에서

제시문 (나) 그 시절에는 덕목과 덕목 사이에도 대립이 있었고, 싸움이 있었습니다. 미와 선의 대립은 일상으로 있는 것이고, 충과 효, 정의와 정직도 일치되지 않는 경우가 보통으로 있는 일이었습니다. 일례로, 정의의 대열에 끼어 있는 사람이 어떤 경우 정직하게 움직이면 그 대열에 해가 되는 수가 있습니다. 그렇다고 해서 부정직하게 움직인다면 그 부정직은 정의와 배치되는 것이기 때문에, 정의와 배치되는 것을 가지고 정의를 위한다는 것은 성립되지 않는 일이어야 할 것입니다. 〈생략〉

—장용학, 《원형의 전설》에서

제시문 (다) 아래로부터의 정치 참여를 유도하는 대중 독재의 실험성은 고

정된 권력 체제가 아닌 움직이는 정치적 과정으로서 대중 독재를 이해할 때 비로소 포착된다. 대중 독재의 정치적 실험은 물론 대중의 다양성을 인정하는 것과는 거리가 멀다. 대중의 자발적 정치 참여는 이질적이고 다양한 대중을 단일하고 규율화된 집단으로 만들려는 권력의 욕구를 충족시키는 한에서만 인정된다.

그 틀을 벗어나는 대중은 '민족의 적', '인민의 적'이라는 이름으로 재단되며 참여의 기회를 박탈당한다. 대중 독재 체제의 뚜렷한 특징인 억압과 테러는 사실상 정치 참여의 기회를 박탈당하고 배제된 이들 소수의 '아웃사이더'에 대한 주류 다수의 동의에 입각한 것이었다. 1930년대 대중 독재 체제에 대한 동시대인들의 증언에서 폭력이나 테러보다는 파시스트 정치의 종교적 차원이 더 자주 운위된다는 사실은 이 점에서 매우 흥미롭다. 〈생략〉

—임지현, 《대중 독재의 지형도 그리기》에서

제시문 (라) 군중 내부에서 일어나는 가장 중요한 사건은 '방전'(구속 상태로부터의 해방, 에너지의 폭발과 방출)이다. 방전이 일어나기 전의 군중은 본질적으로 군중이 아니다. 방전이 있어야만 비로소 군중이 생성된다. 방전의 순간에 군중의 모든 구성은 그들 사이의 차이를 제거하고 평등을 느끼게 된다.

여기서 차이란 주로 외부로부터 주어진 것들, 즉 계급, 신분, 재산 따위의 차이를 말한다. 개별적 존재로서의 인간은 항상 이런 차이를 의식한다. 이 차이는 개개인들에게 중압감을 주고 그들이 상호 고립되도록 강요한다. 인간은 일정하고 안전한 위치에 고고하게 선 채, 온갖 몸짓으로 마치 자신이 남들과 거리를 유지할 권리를 가진 것처럼 주장한다.

〈생략〉 사람들은 갑자기 평등감을 느끼지만 그들이 실제로 평등한 것은 아닐뿐더러 영원히 평등해질 수도 없다. 그들은 결국 각자의 집으로 돌아가 각자의 침대에 누울 것이며, 각자의 소유물을 지니며, 자신의 이름을 결코 버리려 하지 않을 것이다. 그들은 자신들에게 딸려 있는 권속을 버리지 않는다. 그들은 가족을 이탈하지 않는다.

—엘리아스 카네티, 《군중과 권력》에서

대중, 반역을 시작하다

대중은 본래 어떤 계급이 아니다. 개성이 없고, 파편화된 개인들을 지칭한다. 대중은 특정한 목적이 없고, 특별한 의미가 없는 평균적인 사람들의 집합일 뿐이다. 그런데 이 대중이 20세기에 들어서 역사의 주연으로 등장했다. 아무 생각 없는 몰개성적인 존재인 대중이 역사의 주연으로 등장한 이 사건을 스페인의 철학자 오르테가 이 가세트는 《대중의 반역》이란 말로 표현하였다. 사람들은 오르테가의 이 책이 20세기의 특징을 대변한다고 믿고 있다. 즉 20세기는 대중이 역사를 주도한 시대라는 것이다.

오르테가의 표현에 따르면 원래 "대중적인 인간은 목표 없이 살면서 바람에 표류하는 인간이다." 하지만 아무런 의식이 없이 살아가는 '평균인'이던 대중이 잠에서 깨어나 역사의 주체로 등장한 것은 가히 '대중의 반역'이라고 할 만하다. 이전 세기는 소수의 영웅이 이끌어 갔다면, 20세기 이후는 대중이 이끌어 가는 시대다. 20세기에도 과거와 같이 소수의 엘리트들이 있었지만 대중의 선택을 받고, 지지를 얻지 못하면 시대를 이끌어 갈 수는 없게 되었다. 탁월한 소수를 대중이 과거처럼 무조건 받아들이지는 않기 때문이다. 우수한 소수에게 자신의 삶을 무조건 맡기지도 않기 때문이다. 대중은 이제 그 소수를 선택하고 거부하기도 한다. '대중의 반역'

이 시작된 것이다.

그러나 오르테가는 이러한 '대중의 반역'에 대해 매우 부정적이다. 대중이 갑자기 유식해진 것도 아니고, 여전히 대중은 우매하며 즉흥적이고, 역사 의식도 없다는 것이다. 대중은 칼라일이 말하는 '영웅의 숭배'를 통해 전진해야만 아름다운 미래를 만들 수 있다는 것이다.

대중이 반역을 시작한 것은 그만큼 과거의 '영웅'들이 대중을 무시했으며, 대중의 힘을 깨닫지 못했기 때문이었을 것이다. 그러나 아름다운 미래를 건설하기 위해서 '영웅'과 대중이 서로를 무시해서는 안 된다. 혁명이 성공하려면 혁명을 이끄는 지도자가 있어야 하듯이 대중을 이끌어 갈 대중 영웅 역시 필요하다. 소수의 영웅들과 다수의 대중들이 힘을 모아야 한다.

대중은 결코 더 이상 우매하지도 않고 즉흥적이지도 않다. 대중이 지도자를 선택한다. 그리고 대중은 대중의 힘을 무시하는 지도자를 결코 용서하지 않는다. 결국 선거를 통해서 그를 끌어내리고 만다. 대중은 더 이상 참지 않는다.

19 국법은 반드시 지켜져야 하는가?

순자(荀子)는 성악설(性惡說)을 주장하였다.
《순자(荀子)》 '성악(性惡)' 편은
'인간의 본성은 악하다.
인간이 선한 것은 위(僞)다.
(人之性惡, 其善者僞也)' 라는 말로 시작된다.
여기서 '위(僞)'라는 것은
후천적인 노력을 말한다.
이어서 '사람은 이익을 좋아하는 본성을 타고난다.
(今人之性, 生而有好利焉)' 고 말하고 있다.
'이 본성에 따라 살아가면
결국 싸우고 강탈할 뿐 사양함이 없게 된다.
또한 태어나면서부터 남을 미워하고,
시기하여, 본성에 따라 살아가면
결국 남을 해칠 뿐 진실됨과 믿음이 없게 된다.
(順是, 故爭奪生而辭讓亡焉,
生而有疾惡焉, 順是, 故殘賊生而忠信亡焉)' 고 하여
인간은 근본적으로
'이기적'이라고 설명하고 있다.

법은 왜, 필요한가?

중국 전국 시대의 사상가인 한비자(韓非子)는 순자의 제자로 '성악설'을 그의 사상의 근본으로 삼았다. 그가 세운 법가 사상은 '인간은 철저히 이기적인 동물'이라는 생각을 바탕으로 하고 있다. 한비자에 의하면, 부모와 자식의 관계도 사랑 그 이상의 무엇인가가 있다 한다. 그 관계 뒤에는 인간의 이기적 본성이 숨어 있다는 것이다. 아들이 태어나면 반가워하고, 딸이 태어나면 실망하거나 심지어 죽일지도 모르는데, 그 이유는 부모가 나중에 편할 것을 생각하여 장기적 이익을 계산하기 때문이라는 것이다. 이렇게 부모와 자식의 관계에서까지 이해 타산적인 계산을 하고, 이에 따라 아들과 딸을 다르게 대한다고 하는데, 다른 일이야 더 말할 것이 있겠는가. 하인이 주인을 위하여 일하는 것도, 그가 충실하기 때문이 아니라 일에 대한 보수를 받기 때문이다. 마찬가지로 주인이 하인을 잘 대우하는 것은, 그가 친절하기 때문이 아니라 하인이 열심히 일하기를 바라기 때문이다. 즉 그들은 서로 이용 가치를 생각하고, 서로 자기의 이익만을 도모한다는 것이다. 결국 인간은 근본적으로 이기적 동물이라는 것이다.

한비자는 인간의 이기심을 통제하기 위해서 엄격한 법이 필요하다고 생각했다. 엄격한 법을 세우고, 만약 그것을 어기면 엄하게 처벌하여야 한다고 주장했다. 한비자가 법가 사상을 주장할 당시는 '전국 칠웅'이라 하여 일곱 개의 제후국이 힘을 겨루던 전국 시대(B.C. 403~B.C. 221)였기 때문에 인간 본성을 '선(善)'으로 생각하여 도덕과 자연을 중시하던 유가 사상보다 훨씬 현실적인 사상으로 받아들여졌다. 특히 한나라의 한비자가 쓴 책을 진시황제가 보고 더 일찍이 못 만난 것에 후회하고 그 법리를 받아들였다고 한다. 법가 사상을 받아들여 강력한 법을 세운 진시황제는 군대를 앞세워 중국을 통일하게 된다.

프랑스의 계몽주의 법사상가인 몽테스키외는 그의 저서 《페르시아 인의 편지》에서 법의 필요성을 하나의 예화를 통해 보여 주었다.

옛날 아라비아에 트로글로다이트라는 작은 부족이 있었다. 그들은 아주 사악하고 잔인하여 어떠한 공정성이나 정의의 원칙도 없었다 한다. 그들의 왕은 부족의 타고난 사악함을 고치기 위하여 사람들을 엄하게 다스렸다. 그러자 사람들은 음모를 꾸며 왕을 죽이고 왕족들까지도 모두 없애 버렸다. 그러고 나서 새로 행정관을 뽑았다가 그것도 부담스러워 그를 죽이고 말았다. 그들은 완전 자유를 얻었다.

가뭄이 들어 산악 지대의 농사가 실패한 반면 수로(水路)가 있는 낮은 지역은 풍년이 들었다. 하지만 낮은 지역 사람들이 곡식 나누기를 거부하는 바람에 산악 지대 사람들은 굶어 죽어 갔다. 다음해에는 비가 많이 왔다. 그래서 높은 지대에는 풍년이 들었다. 하지만 낮은 지역 사람들은 수해를 입어 곡식을 수확하지 못했다. 낮은 지역 사람들의 절반이 굶주려 죽어 갔지만 높은 지역 사람들은 그들을 거들떠보지도 않았다.

한 시민에게 아름다운 부인이 있었다. 그는 힘이 센 이웃에게 아내를 빼앗겼다. 그는 심판관을 찾아가 하소연하였지만 귀찮게 하지 말라는 소리만 듣고 돌아와야 했다. 그는 냉담하여 돌아오는 길에 아름다운 젊은 여자를 만나게 되었다. 그 여자가 그 심판관의 아내라는 사실을 알고 그는 그녀를 납치해서 집으로 데려갔다.

한 지역에 몹쓸 병이 창궐했다. 이웃 나라의 유능한 의사가 와서 모든 환자의 병을 치료해 주었다. 병이 다 지나간 후에 의사는 환자들의 집을 돌며 치료비를 요구했지만 거절당하였다. 의사는 빈손으로 자기 나라에 돌아갈 수밖에 없었다. 오래지 않아 같은 병이 더 심한 기세로 그 지역을 휩쓸었다. 부족 사람들은 그 의사를 찾아가 병 고쳐 주기를 빌었다. 하지만 의사는 '신의 정당한 분노를 어기고 당신들을 치료한다면 나는 신을 거역하게 될 것입니다.'라는 말을 하고 거절하였다.

이 이야기 속에 나오는 트로글로다이트 부족은 가상의 종족이다. 이 부족의 이야기는 순자가 말한 인간 본성이 '악'하다는 것을 증명하고 있다. 그리고 근본적으로 이기적이라는 것을 증명하고 있다. 이러한 이기적 본성의 인간을 선하게 만드는 일은 노력에 의해서만 가능하다. 그러한 노력이 바로 '법'을 세우는 일인 것이다.

악법도 법인가?

법가 사상을 받아들인 진나라는 강력한 군대를 앞세워 중국 최초의 통일 국가를 건설하게 된다. 진시황은 법에 의한 지배를 강조하였다. 그리고 법가를 비판하는 일체의 사상을 허용하지 않았기 때문에 분서갱유(焚書坑儒)를 시행하는 등 엄격한 법질서를 세워 나갔다. '분서갱유'란 사적인 학문으로 정치를 비판하는 일체의 행동을 본원적으로 봉쇄하기 위하여 진기 이외의 사서는 모두 불태운 사건을 말한다. 감히 《시》, 《서》를 논한 자는 기시(棄市)에 처하고, 옛것을 들먹이며 현실 정치를 비방한 자는 족형(族刑)에 처하는 등 엄격한 사상 통제를 하였다. 결국, 너무 엄격한 법으로 인해서 백성들의 반발을 사게 된다. 진나라는 결국 농민 봉기와 항우와 유방의 봉기 등으로 2대 황제 호해에 이어, 3대 황제 자영의 대에 멸망하게 된다.

법이 국가 존립의 기반이 되기도 했지만 진나라의 경우 멸망의 화근이 되기도 했다는 것은 시사하는 바가 크다. 법은 필요하지만 그 법이 '악법'이어서는 안 된다.

고대 그리스의 철학자 소크라테스(Socrates)가 '악법도 법이다.'라고 했던 것은 비록 그것이 악법이라도 개정되기 전까지는 지켜져야 한다는 의미일 것이다. 이 유명한 말은 '법의 안정성'을 뒷받침하는 근거로 지금까지도 많이 애용되어 왔다. 그러나 소크라테스는 그런 말을 한 적이 없다는 주장이 학계에서 나왔다. 강정인 교수는 《소크라테스, 악법도 법인가》에서 객관적으로 따져 보았을 때도 소크라테스는 그런 말을 한 적이 없고, 그가 독배를 마신 것은 법을 지키기 위해서가 아니었다는 것이다.

소크라테스는 시민들과 많은 대화를 했다고 전해진다. 당시 지배층은 소크라테스를 위험한 사람으로 생각했다. 그가 체제를 부정한다고 믿었기 때문이다. 결국 소크라테스는 사회를 혼란에 빠뜨리고 젊은이들을 타락시킨다는 명목으로 재판에 회부되었다. 그는 재판에서 무죄 석방을 위해 변론하기보다는 자신이 옳다고 믿는 바를 주장하였다. 그 결과 그는 사형을 언도 받았다. 그의 친구 크리톤이 감옥으로 찾아와 탈옥을 권유하였지만 이를 거절하고, 독배를 마시고 죽었다. 소크라테스가 죽음을 자청한 것을 사람들은 소크라테스가 법의 판결을 존중하였기 때문이라고 생각했다. 법의 정의에 상관없이 법의 결정은 마땅히 존중되어야 한다는 것이다. 이것이 '악법도 법이다.'라는 말을 했다는 상황론적 주장이다.

하지만 강정인 교수는 그가 지키려 한 것은 법이 아니라 법보다 상위의 '진실'이었다는 것이다. 만약 자신이 탈옥을 한다면 자신의 철학을 스스로 부정하는 것이 되기 때문에 죽음을 선택했다는 것이다. 오히려 악법을 지키기 위해서가 아니라, 자신의 철학이 옳다는 강한 의지를 죽음을 통해 보여 줌으로써 법을 개정하자는 입장으로 보는 것이 옳다는 것이다. 소크라테스가 하고 있는 말은, 악법도 법이니 반드시 지켜야 한다가 아니라, 잘못된 법은 마땅히 바로 고쳐야 한다는 것일 터이다.

강 교수는 시민 불복종 이론을 논할 때, 소크라테스의 사례가 19

세기 미국의 사상가 헨리 소로의 일화와 함께 논의되고 있다는 점과, 1960년대 인권 운동가였던 마틴 루터 킹 목사가 자신의 시민 불복종 운동을 정당화하며 소크라테스를 이용하고 있다는 점도, 소크라테스가 '악법'을 옹호한 사람이 아니라, 죽음으로써 '악법'에 대해 저항한 인물임이 증명된다고 했다.

악법은 안 지켜도 되는가?

시민 혹은 노동자들이 자신의 의사를 집단적으로 표현해야 할 때 법적으로 무슨 문제가 있을까? 적을 찬양, 고무하는 등의 의사 표현이라서 국가 보안법 위반이 아니라면 법에 저촉될 일이 없지 않을까? 왜냐하면 우리나라 헌법 제 21조에는 '모든 국민은 언론·출판의 자유와 집회·결사의 자유를 가진다.'고 하였으며, 제 33조에는 '근로자는 근로 조건의 향상을 위하여 자주적인 단결권·단체 교섭권 및 단체 행동권을 가진다.'고 하여, 노동 3권이 보장되어 있기 때문이다. 그리고 헌법 제 21조 2항에는 '언론·출판에 대한 허가나 검열과 집회·결사에 대한 허가는 인정되지 아니한다.'고 하여 집회 및 결사 행위가 허가를 받을 사항이 아님을 명시하고 있다. 단, 헌법 제 21조 4항에는 '언론·출판은 타인의 명예나 권리 또는 공중도덕이나 사회 윤리를 침해하여서는 아니 된다.'고 되어 있다. 시민의 집단적 의사 표현이 공중도덕에 어긋나는 점이 있는가? 군중 집회는 차도 혹은 인도를 막아 차량이나 보행자의 통행을 방해할 수 있다. 이는 '도로 교통법'을 위반한 행위에 해당한다. 이때, 시민이나 노동자가 정당한 의사 표현을 하려면 불법을 감행해야 하는가? 아니면 법을 지켜 포기해야 하는가? 더 큰 일을 위해서 사소한 법 조항 정도는 무시해도 되는가?

인권 변호사 박원순은《악법은 법이 아니다》에서 헌법과 국민적 상식에 부합하지 않는 법은 고쳐야 한다고 주장했다. '악법'은 법이 아니라는 것이다. '악법'을 부정하고 있는 것이다. 그렇다면 '악법'은 안 지켜도 된다는 말인가? 실제로 그는 총선 시민 연대 활동을 통해 선거에서 낙선 운동을 전개하였다. 시민들의 호응도나 정치적 영향력은 컸지만 이는 선거법을 위반한 행위다. '국가 보안법'이나 '노동법'이 악법이라고 생각하는 사람들은 이를 지키지 않아도 된다고 생각한다. 그렇다면 이러한 행위들은 정당한가?

독일의 법철학자 구스타프 라트브루흐(Gustav Radbruch)에 따르면, 법의 이념은 정의, 합목적성과 법적 안정성에 있다. 정의는 보편적으로 아리스토텔레스(Aristoteles)의 설명에 따라 배분적 정의 및 평등으로 이해한다. 합목적성은 법이 일정한 목적에 부합하여야 한다는 뜻이다. 대부분의 국가는 공공 복리를 지향하고 있으므로 합목적성은 공공 복리에의 적합성이라고 할 수 있다. 법적 안정성은 사람들이 법을 믿고 안정된 생활을 할 수 있어야 한다는 뜻이다. 법적 안정성을 위해서는 법이 명확하여야 하고, 쉽게 변경되지 않아야 하며, 실제로 시행되어야 하고, 일반인의 의식에 부합하여야 한다.

얼마 전에 친일파 이완용의 후손이 서울 서대문구 북아현동 일대의 땅을 되찾겠다고 소송을 냈다. 그 소송의 판결은 어찌되었을까? 사유 재산권은 매국노에게도 인정되는 것일까? 법과 민족 정기를 바로 세우는 일 중에서 무엇이 더 중요한 일인가? 이완용의 증손자는 1993년부터 선조의 땅을 되찾겠다고 소송을 해 왔다. 그 당시 그 증손자는 여주군 북내면 일대의 땅을 반환해 달라는 소송에서 승소하였다. 이후 서울 서대문구 북아현동 땅(시가 30억 원대)을 돌려 달라는 2심 소송에서 다시 승소하였다. 법원이 사유 재산권을 인정한 것이다. 이 사건을 맡은 재판장은 '이완용의 증손자가 재산을 돌려받는 것은 민족 정의의 관념에 어긋날 수 있지만, 법률상 근거 없이 사유 재산을 빼앗아서는 안 된다.'고 판시하였다.

법적 정의 차원에서 식민지 시대에 우리 민족에게 고통을 주고 친일 행위에 의해 취득하였을 토지를 그의 후손에게 돌려준다는 것은 뭔가 법이 잘못되어도 한참 잘못되었다는 생각이 들게 한다. 하지만 이를 법적 안정성에서 바라보는 사람들은 세월이 흐른 뒤 마음에 들지 않는다고 해서 사유 재산을 국가에서 마음대로 빼앗아 간다면 국민이 법 테두리 안에서 안정되게 살아갈 수 있겠느냐고 반문한다.

최근 들어 친일파의 재산을 환수해야 한다는 취지에서 범정부 차원의 모임을 만들고 준비를 한다고 한다. 하지만 50여 년이 지난 일을 소급하여 법 적용을 한다는 일이 쉽지는 않아 보인다. 법의 정의와 안정성이 충돌하였을 때, 그 판단이 쉽지 않음을 보여 주는 사례다.

시민들이여, 법을 지키지 마라

정당한 절차에 의해 민주적으로 제정한 법은 지켜야 한다. 그러나 그 법이 독재의 수단 혹은 식민 지배를 위해 비민주적으로 제정된 것이라면 어떻게 해야 하는가? 한편, 세월이 흘러 그 법의 의미가 달라졌을 경우에는 또 어떻게 해야 하는가? 이렇듯 법이 적용되는 시대적 환경이 다르기 때문에 '국법은 반드시 지켜져야 하는가?' 라는 질문에 하나의 답을 내놓기는 쉬운 일이 아니다.

이옥순이 《위대한 영혼, 간디》에 소개한 일화는 법이라고 해서 어떠한 경우라도 지켜야 하는 것은 아니라는 것을 잘 보여 준다.

인도에서 시행되는 소금법은 인도인이 소금을 만들지 못하게 하는 법률이었다. 정부는 영국에서 수입하는 소금에 50%의 높은 세금을 매겼다. 따라서 가난한 농민들은 소금을 구하기 어려웠고, 간디는 소금법 폐지를 주장했다. 그러나 소금세가 큰 수입이었던 정부는 간디의 요구를 받아들이지 않았다. 이에 간디는 '시민 불복종 운동' 을 선언하였다. 전 국민에게 소금법을 어기라고 말하고, 경찰이 붙잡으면 비폭력적인 방식으로 대하라고 선언한 것이다.

법을 어겼을 뿐만 아니라 법을 어기라고 선동한 간디를 정의롭지 못한 사람이라고 할 수 있을까? 그렇지 않다. 일제 강점기에 법을 어기고 일제에 저항한 많은 독립투사들을 정의롭지 못하다고 할 사람은 없다. 이렇듯 정의는 법보다 더 위에 있다고 할 수 있다.

간디와 마틴 루터 킹 목사의 '시민 불복종' 운동에 큰 영향을 미친 헨리 데이빗 소로우(Henry David Thoreau)는 그의 저서《시민의 불복종》에서 "나는 누구에게 강요받기 위하여 이 세상에 태어난 것은 아니다. 나는 내 방식대로 숨을 쉬고 내 방식대로 살아갈 것이다."라고 선언하였다. 그는 정부는 정의의 편에 서 있기 때문이 아니라 가장 힘이 세기 때문에 국민을 지배하고 있다고 생각했다. 그는 국민이기 이전에 인간이어야 한다고 생각했으며 법보다 정의가 우선이라고 생각했다. 따라서 정부의 법에 의한 지배를 받아들일 수가 없었다. '정부'는 그 법을 가지고 예수를 십자가에 매달았으며, 코페르니쿠스와 루터를 파문했고, 조지 워싱턴과 프랭클린을 '반역자'라고 불렀다. 따라서 시민이 그에 대해 '불복종'을 선언하고 '치료'를 위해 저항하는 것은 당연하다고 생각했다.

그의 사상은 오늘날의 시민운동, 곧 흑인에 대해 차별적인 법률, 인권을 침해하는 법률, 시민의 정치 참여를 지나치게 제한하는 선거법 등에 대한 시민 불복종 운동 등에 많은 영향을 주었다. 시민들의 정치 참여가 활발한 현대 사회에서 그러한 활동으로 인권 침해 요소들이 많이 사라졌다.

시민 불복종 운동에 부정적인 사람들은 정당한 절차에 의해 개선할 수 있는데도 불법적인 행동을 해 사회 질서를 파괴하고 혼란에 빠뜨린다고 비판한다. 따라서 시민 불복종 운동은 개인의 이익이 아니라 '양심'이 그 판단의 기준이어야 하며, 정당한 절차로 개선 불가능한 상황이어야 하고, 시민 다수의 동의를 얻은 것이어야만 한다.

기출문제 둘러보기

2007 한국외대 수시 1학기 |

제시문 (가)와 제시문 (나)의 요지를 응용하여 제시문 (다)의 사회 역사적 의미를 현대적 관점에서 논술하시오.

제시문 (가) 〈생략〉 이렇게 편의성과 효율성이 제고된 정보 사회가 반드시 장밋빛 미래를 보장하는 것은 아니다. 디지털 정보의 경우 제공자와 사용자의 익명성으로 인해 오용되거나 남용될 가능성은 언제나 존재하며, 그런 일은 실제로도 빈번히 일어나고 있다. 그리고 정보를 독점적으로 장악한 자가 특정한 목적에 이를 악용할 위험 역시 상존한다. 같은 물이라도 뱀이 마시면 독이 되고 소가 마시면 우유가 되는 것처럼, 정보의 활용에도 양면성이 있음을 잊지 말자.

제시문 (나) 현대를 대표하는 지성인 가운데 한 사람인 장 프랑수아 리오타르에 따르면, 플라톤 이후 과학의 정당화 문제는 권력의 정당화 문제와 불가분의 관계에 놓인다. 이를테면 '무엇이 (과학적으로) 참인가'를 결정하는 문제는 '무엇이 (도덕적으로) 옳은가'를 결정하는 문제와 더 이상 무관하지 않다. 과학과 윤리학, 과학과 정치학을 분리해서 생각할 수 없는 이유도 여기에 있다. 우리 시대의 권력은 그 어느 시대의 권력보다 더 집요하게 과학적 지식, 나아가 정보 일반을 소유하고 관리하고 싶어한다. 특히 미국의 9.11 테러 사건 이후 이런 욕망은 더욱 강렬해지고 있다. 리오타르의 말을 빌리자면, 정보화 시대에서 '지식에 관한 물음'은 필연적으로 '지배에 관한 물음'으로 귀결된다. 요컨대 오늘날 지식과 정보가 떠안은 진리와 윤리라는 이중의 짐은 점점 더 무거워지고 있다.

제시문 (다) 대통령 각하, 마침내 드레퓌스가 군사 법정에 섰습니다. 재판은 완전 비공개로 진행되었습니다. 적에게 국경을 열어 독일 황제를 노트르담 성당까지 안내한 반역자라 하더라도 이보다 더 쉬쉬하며 재판을 하지는 않았을 겁니다. 국민들은 대경실색한 채 온갖 풍문이 떠도는 이 무시무시한 드레퓌스의 배신 행위에 대해 수군거렸습니다. 물론 그들은 국가의 조치를 존중했습니다. 그들은 그 어떤 가혹한 형벌도 충분치 않다고 생각했습니다. 그런데 저 비밀의 방에서 조심조심 묻어야만 했던 그 말할 수 없는 것들, 전(全)유럽을 화염에 휩싸이게 할 수도 있다던 그 위험한 것들은 과연 진실이었을까요? 아닙니다! 기상천외한 삼류 소설을 실화로 만들기 위해 국방부는 모든 것을 날조했습니다. 군사 법정에서 낭독된 기소장을 주의 깊게 살펴보면, 이 사실은 금방 드러납니다. 아! 이 얼마나 어처구니없는 기소장인지요! 이런 기소장으로 한 인간에게 유죄 판결이 내려진다면, 그것이야말로 불의의 극치입니다. 〈생략〉 대통령 각하, 저는 드레퓌스를 부당하게 법정에 세운 국방부 장관, 참모총장, 참모차장, 기타 사건 관련자들을 공개적으로 고발합니다. 〈생략〉

—에밀 졸라,

《나는 고발한다—대통령 펠릭스 포르 씨에게 보내는 편지》

법과 도덕 중 무엇이 더 중요한가?

어떤 정치인이 TV에 나와 대담하면서 "헌법을 읽어 보세요. 헌법대로만 하면 됩니다."라고 말하는 것을 보았다. 맞는 말이다. 헌법은 시민의 이상적 삶을 담고 있다.

'법은 도덕의 최소한'이라는 말이 있다. 결국 법도 도덕의 일부라고 볼 수 있다. 그런 점에서 법과 도덕은 일치하고 있다. 다시 말하면 법은 도덕에 어긋나서는 안 된다는 명제가 성립할 것이다. 하지만 현실적으로는 법이 도덕과 일치하지 않고 오히려 충돌하는 경우도 많다. 그리고 법률 중에는 특정 계급이나 집단의 이익을 보장하면서 다수에게 해를 끼치는 경우도 꽤 있다. 또한 '국가 보안법'이나 '사립 학교법'처럼 끊임없이 사회적 갈등을 일으키고 있는 법도 있다.

법은 사회 법칙으로서 사회 규범이다. 사회 규범에는 법 이외에도 관습·도덕·종교 등이 있다. 그런데 관습·도덕·종교 등은 그 위반의 경우에도 자율적·심리적 강제를 받을 뿐이나, 법은 그 위반의 경우에 타율적·물리적 강제를 통하여 원하는 상태와 결과를 실현하는 강제 규범이다. 또한 법은 국가 내에 존재하는 다른 어떠한 사회의 강제 규범보다도 우월한 국가 규범이다.

법은 강제적 규범이기 때문에 그것을 위반하였을 때는 처벌이 따른다. 그렇다면 법과 도덕이 충돌하였을 경우, 비도덕적이라는 비난을 받더라도 처벌을 받지 않기 위해서 법을 지켜야 한다는 말이 된다. 가끔 종교적 신념 때문에 법을 어겨야 하는 경우도 있다. 이들 역시 법적 처벌을 받지 않으려면 종교적 신념, 혹은 양심에 어긋나는 행동을 해야 한다는 말이 된다.

단 한 분밖에 안 계시는 어머니가 지금 위독하다는 소식을 전해 들은 사람이 차를 운전하고 가는데, 정지 신호인 빨간 신호등이 켜졌다고 하자. 이 사람은 어머니의 임종(臨終)에 가지 못하는 불효를 저질러야 할 것인가, 아니면 도로 교통법을 위반하고 차를 운전하여 계속 가야 하는가? 이 사람이 법정에 서게 되었다고 했을 때, 그는 유죄인가? 무죄인가?

이 운전자는 벌금이 무서워 한 분밖에 없는 어머니가 위독하시다 하는데, 그깟 교통 신호가 대수냐고 반문할지 모른다. 그러나 그것이 그렇게 단순한 문제는 아니다. 우리 옛말에 '이유 없는 무덤 없다.'는 말이 있듯이 불법에는 다 그만한 이유가 있을 것이다. 각자 이유가 있는 사람들이 사회에서 법을 지키지 않는다고 할 때, 그 사회가 평화로울 수 있는가? 반대로 모두가 아무리 사소한 법이라도 지키면서 불편함을 참는다고 할 때, 그 사회는 정의롭다고 할 수 있는가? 어머니가 돌아가셔도 교통 신호를 지켜야 하고, 죄를 지은 아버지를 경찰서에 신고해야 하고, 성폭행 당한 소녀의 아버지가 죄인에게 이성적으로 대해야 하고, 병역 면제를 받기 위해 이중 국적을 가져도 상관없고, 남이야 얼어 죽든 말든 상관하지 않는 그런 곳이어야 그 사회가 정의로운 사회인가? 법과 도덕이 충돌하였을 때에도 반드시 법을 지켜야 하는가?

우리나라에서 채택하고 있지는 않지만 '착한 사마리아 인 법'이란 것이 있다. 성경에 나오는 착한 사마리아 인 이야기에서 나온 것이다. 길에 쓰러져 있는 사람을 도와주었다는 착한 사마리아 인은 도덕적으로 칭찬 받을 만한 일을 했다. 그런데 길에 쓰러져 있는 사람을 도와주지 않아 그 사람이 죽었다면 그냥 지나친 사람을 처벌해야 하지 않을까? 그 경우 법적으로 문제될 것은 없지만 그냥 지나쳐 사람을 죽게 한 도덕적 책임이 있다. 그러한 도덕적 책임까지도 법적으로 처벌하여야 한다는 것이 '착한 사마리아 인 법'이다. 역설적으로, 그러한 법이 필요하다는 것이 현대 법치주의 사회의 비극은 아닐까?

20 돈이 삶의 질을 결정하는가?

누구나 다 어려서 구슬치기나
딱지치기를 해 본 경험이 있을 것이다.
어떤 날은 딱지를 많이 잃고는
그 분함에 잠을 못 이루기도 했을 것이다.
구슬 하나가 하수구에 빠지는 바람에
찾으려고 더러운 물이 흐르는
하수구 바닥을 손으로
더듬기도 했을 것이다.
동네에서 딱지가 제일 많을 만큼 따면
세상을 얻은 것처럼 흐뭇하고,
남부러울 것이 없기 마련이다.
목에 힘이 들어가는 것은 당연하다.
동네 아이들은 딱지 한 장이라도
더 얻으려고 안달이 난다.
그러다가 공부 안 한다고 부모님께
딱지나 구슬을 다 빼앗기고 거기다가 매까지
맞는다면 밥도 안 먹고 울기만 했을 것이다.
그 순간만큼은 부모님이 적이 된다.

어린 시절 딱지나 구슬은 내게 무엇이었을까?

어른이 되어 보니 요새 아이들도 구슬치기나 딱지치기를 한다는 것이 신기하다. 옛날보다 구슬이나 딱지가 고급스러워졌다는 것과, 엿장수에게 폐품을 주고서 받았던 딱지를 이제 문방구점에서 폼 나게 돈을 주고 산다는 것만 달라졌을 뿐이다. 우리들의 부모가 그랬던 것처럼, 쓸데없는 일에 시간 낭비한다고 딱지를 빼앗으면 금방 닭똥 같은 눈물을 흘려댄다. 그 순간만큼은 아빠를 적으로 생각할 것이다. 세상에서 가장 나쁜 엄마라고 미워할 것이다. 돈을 주면서 가지라고 해도 싫다고 할 지저분해진 딱지와 구슬에 그때는 왜 그렇게 집착했을까?

어른이 되어서는 집착하는 것이 따로 있다. 딱지나 구슬 대신 돈, 집, 토지, 주식, 좋은 직장, 좋은 옷 등에 집착하게 된다. 대상이 다를 뿐이지 누구든지 집착하는 것은 있다. 나이가 들면서 경험적으로 딱지나 구슬보다는 '돈'이 중요하다는 것을 깨닫게 된다. 그리고 '돈'이 얼마나 벌기 힘들고 쓰기는 쉬운 것인지를 잘 알고 있다. 그래서 노인이 되면 돈에 인색하기 마련이다.

부유하지 못한 사람들은 스스로를 위로하기 위해 부유로 인한 불행에 대해 터무니없는 말을 해대곤 한다. 부자들은 서로 싸우면서 불행하게 살고 있다고 생각한다. 하지만 사람들은 딱지를 많이 가진 아이가 행복했던 것처럼 부유해질수록 그만큼 행복해진다는 것을 본능적으로 알고 있다. 부유한 사람들은 막대한 영향력을 행사한다. 부유한 사람은 정치적 영향력 역시 아무도 모르게 돈으로 살 수 있다.

미국 상원의원의 절반 이상이 인구 1% 이내의 부유층들이다. 누군가 이득이 있으면 손해 보는 이가 있다는 '제로섬 사회' 이론을 제창한 레스터 C. 서로우는《부의 구축(構築)》에서 '선거 자금의 필요성으로 말미암아 부를 소유하지 못한 정치가가 부패할 수밖에 없는 시대에는 부자가 유일하게 정직한 사람들이다. 그들은 자신의 선거 자금을 마련하기 위해 영혼을 팔 필요가 없기 때문이다.'라고 말했다. 부자가 세상을 움직이며 도덕적이기까지 하다는 논리이다.

부는(富)는 매우 우량한 권력의 수단이다. 미래학자인 앨빈 토플러는《권력이동》에서 '두둑한 돈지갑은 훨씬 더 융통성이 있다. 부는 단지 협박을 하거나 처벌을 내리는 대신 정교하게 등급을 매긴 현물의 보상을 제공해 준다. 따라서 부는 물리력보다 훨씬 더 융통성이 있어 중품질의 권력을 만들어 낸다.'고 했다. '돈'은 '폭력'과 달리 사람을 매수할 수 있기 때문에 내가 못 가진 '폭력'이라는 수단까지도 가질 수 있다. '돈'을 주겠다고 하면 자신의 영혼이라도 팔겠다는 자들이 세상에는 널려 있기 때문이다. 부자는 그 자들을 시켜 뭐든지 할 수 있다. 즉 부자들은 세상을 움직일 영향력을 '돈'으로 살 수 있다.

'돈'에 집착하는 또 다른 이유는 안락한 생활, 편안한 생활을 얻기 위해서일 것이다. 단칸 사글세방에서 라면을 끓여 먹으며 궁색하게 사는 것보다 고급 아파트에서 좋은 옷을 입고 맛있는 음식을 배불리 먹으며 사는 것이 질 높은 삶이라고 생각하기 때문이다. 결국 질 높은 삶을 영위하기 위해서는 돈이 필요하다. 그래서 어른들은 아이들이 거들떠보지도 않는 것들에 집착하며 살고 있다. 아이들은 쳐다보지도 않을 것들에 대해 집착하면서 말이다.

진정한 '무소유'는 무엇인가

김수환 추기경은 '책이 아무리 무소유를 말해도 이 책만큼은 소유하고 싶다.'라고 말했다. 이 말에서 법정 스님의《무소유》라는 책의 가치를 가늠해 볼 수 있다. 법정 스님은〈무소유〉라는 글을 통해 소유의 의미가 무엇인가를 깨우쳐 주었다. '인간의 역사는 소유사(所有史)처럼 느껴진다. 보다 많은 자기네 몫을 위해 끊임없이 싸우고 있다. 소유욕에는 한정도 없고 휴일도 없다. 그저 하나라도 더 많이 갖고자 하는 일념으로 출렁거리고 있다. 물건만으로는 성에 차지 않아 사람까지 소유하려 든다.'고 했다.

법정 스님은 살다 보니 '내 몫'이란 것이 생겼다면서, 난초 두 분을 기르게 된 사연을 소개했다. 그런데 정성스레 난초를 기르다 보니 다른 일을 제대로 할 수가 없었다. 지독한 집착이었다. 그래서 3년간 두고 기른 난초를 친구에게 선뜻 안겨주고 말았다. 매우 홀가

분했다고 한다. 그리고 '집착이 괴로움'이란 것을 깨달았으며 집착에서 벗어나야겠다는 결심을 했다고 한다.

우리는 여행길에 나섰다가 우연히 사찰에서 스님이 차를 타고 다니고, 휴대 전화 사용하는 것을 목격했을 때, 스님이 부자라고 생각하게 된다. 그리고 후회하는 마음으로 그곳을 돌아선다. 법정 스님은 하루에 한 가지씩 버려야겠다고 스스로 다짐했다고 하는데, 그렇다면 우리가 입고 있는 옷도 버려야 하고, 심지어는 내 몸까지 버려야 완전한 무소유를 이뤘다고 할 수 있지 않을까?

하지만 무소유가 그런 의미라면 석가모니 부처 역시 옷도 걸치지 않고, 맨발로 걸어 다녔을까? 무소유는 결국 자신의 몸을 버리라는 의미는 아닐 것이다. 탐욕을 내어 분에 넘치게 가지려 하고, 내놓지 않으려는 마음이 없는 상태일 것이다. 아마도 석가모니 부처가 지금 살았다면 자동차를 타고 다니지 않았을까? 휴대 전화 한 개쯤은 가지고 다니지 않았을까? 마음속은 탐욕으로 가득차 있으면서 소유한 물질이 없다고 해서 '무소유'라고 말할 수는 없을 것이다.

법정 스님은 〈미리 쓰는 유서〉에서 '내가 죽을 때에는 가진 것이 없을 것이므로 무엇을 누구에게 전한다는 번거로운 일도 없을 것이다. 본래무일물(本來無一物)은 우리들 사문의 소유 관념'이라고 했다. 사실 생을 마칠 때, 현세에서 소유한 물질을 다음 생애까지 가지고 갈 수는 없는 일이다. 이미 작고한 시인 이형기 역시 미리 쓴 유언장에서 '무소유' 한 마디밖에 쓸 것이 없다고 했다. 인간은 빈손으로 와서 빈손으로 떠나는 존재이다.

무소유는 물질적인 것보다는 정신적으로 무엇인가를 탐내지 않고, 집착하지 않는 마음 자세를 의미한다고 보아야 할 것이다. '만약 인간의 역사가 소유사에서 무소유사로 그 방향을 바꾼다면 어떻게 될까.'라는 법정 스님의 말씀이 현실이 되었으면 싶다.

이곡은 〈차마설(借馬說)〉에서 '사람이 가지고 있는 것이 어느 것이나 빌리지 아니한 것이 없다. 임금은 백성으로부터 힘을 빌려서 높고 부귀한 자리를 가졌고, 신하는 임금으로부터 권세를 빌려 은총과 귀함을 누리며, 아들을 아비로부터, 지어미는 지아비로부터, 비복(婢僕)은 상전으로부터 힘과 권세를 빌려서 가지고 있다.'고 하면서, '그 빌린 바가 또한 깊고 많아서 대개는 자기 소유로 하고 끝내 반성할 줄 모르고 있으니, 어찌 미혹(迷惑)한 일이 아니겠는가?'라 하였다. 알고 보면 자기 소유인 것이 하나도 없고, 세상을 떠날 때는 다 주인에게 돌려주고 빈손으로 가는 것이 인생사일 것이다.

사흘 굶어 남의 집 담장 안 넘을 군자가 없는가?

맹자(孟子)는 "항산(恒産)이 있어야 항심(恒心)이 있다."고 말했다. '항산'이란 살아갈 수 있는 일정한 재산이나 생업(生業)을 말한다. '항심'이란 불변하는 일정한 양심을 말한다. 고요하고 평안한 마음으로 평정심이라고도 할 수 있다. 사흘 굶어(항산이 없음) 남의 집 담장 안 넘을(항심이 없음) 군자가 있겠는가. 1997년 외환 위기 때, 동네 가게에서 자식 분유를 훔치려다 잡힌 아버지 이야기라든지, 보험금을 타기 위해 아들 손가락을 자른 비정한 아버지 이야기는 항산이 없을 때 항심을 유지하기가 얼마나 어려운가를 잘 보여준다. 그런데 맹자는 《맹자》의 〈양혜왕(梁惠王)〉편에서 '항산이 없더라도 항심을 가질 수 있는 것은 오직 군자만이 할 수 있거니와, 일반 백성들은 항산이 없으면 그 때문에 항심을 가지지 못하는 것이다.'라고 했다. 또한 '만일 항심이 없어 밖으로부터의 유혹에 마음이 흔들린다면 방탕, 편벽, 사악, 사치 등으로 못할 짓이 없게 된다. 그러므로 이같이 백성들이 죄에 빠진 다음에 뒤따라가서 그들을 처벌한다면, 그것은 백성들을 그물을 쳐서 잡는 것이다. 어찌 어진 사람이 임금의 자리에 있으면서 인민들을 그물 쳐서 잡는 일을 하겠는가?'라고 했다.

만약 소유의 의미가 생존을 위한 최소한의 '항산'을 말하는 것이라면 누구든지 가져야 할 최소한의 물질일 것이다. 정부 역시 국민이 항산이 없어 유혹을 받지 않도록 복지 정책을 펴야 할 것이다. 맹자는 항산이 없더라도 항심을 가질 수 있는 것은 오직 군자라 했지만, 범부의 경우 당장 처자식이 굶어 죽어 가는 데 항심을 가진다는 것은 어려운 일이다.

하지만 보통의 경우 '있는 사람이 더한다.'라는 말을 자주 하듯이, 생존을 위한 '항산'이 있으면서도 '항심'을 지키지 못하고 비양심적인 행동을 자주 하는 사람이 많다.

결국, 항산이 없어도 항심을 가질 수 있는 군자가 있듯이, 항산이 있어도 항심을 가질 수 없는 범인도 있는 것이다. 결국 항심은 항산의 여부에 있지 아니하고 마음에 달려 있는 것이다. 즉 사흘 굶어 남의 집 담장 안 넘을 군자도 있는 것이고, 단 한 끼라도 굶어본 적은 없어도 남의 집 담장을 넘는 범부도 있는 것이다. 그들의 차이는 마음에 달려 있는 것이다.

소유냐 삶이냐

우리가 무엇인가를 소유하지 않고 살 수 있을까? 생존을 위해서 '돈'(물질)을 소유하는 것은 당연한 일이다. 심지어 우리는 소유가 인생의 목표처럼 여기지는 시대에 살고 있다. 이런 시대에 나 혼자 무소유를 외치면서 살 수는 없는 일이기도 하다. 하지만 인생의 위대한 스승들은, 소유냐 존재냐의 선택에 있어 존재를 버리면서까지 소유를 갈망한다면 인간 발전의 최고 단계에 이를 수 없다고 가르치고 있다.

소유 양식과 존재 양식의 차이를 설명하고 존재 양식의 중요성을 설명한 이는 에리히 프롬(Erich Fromm)이다. 그는 그의 저서 《소유냐 삶이냐》에서 소유 양식과 존재 양식의 근본적인 차이를 분석하고, 왜 소유 양식으로 살게 될 때 인간은 행복하지 못하게 되는지와, 왜 인간은 존재 양식으로 살아야 행복한지에 대해 설명하였다. 즉 인간이 어떻게 살아야 인간답게 사는 것인지를 그는 말하고 있다.

현대인들은 재산을 얻고 이익을 얻기 위해 온 힘을 기울이고 있다. 다시 말해 존재 양식은 찾아볼 수 없고, 소유 양식으로 살아가는 것이 가장 자연스러운 생존 양식이며, 유일한 생존 양식으로 여기고 있다. 물론 생존하기 위해서는 사유 재산과 이윤, 그리고 힘이 필요하다. 아무리 가난한 사람이라도 이것들은 필요하다. 그러나 현대인들은 소유 양식적인 삶을 생존의 조건으로 생각하는 것이 아니라 자기 인생의 최고 목표로 삼는다. 심지어는 사람을 소유의 대상으로 인식하기까지 한다.

길거리에 핀 꽃을 보면 그것을 꺾어다 자신의 집에 심어 두고 혼자만 보고 싶은 마음이 생긴다. 그러나 그러한 행위는 꽃에 대한 사랑이 아니고 물질에 대한 소유욕에 불과한 것이다. 그리고 존재에 대한 파괴 행위이다.

'나는 무엇을 가지고 있다'는 문장은 주체인 '나'가 대상인 '무엇'을 소유하고 있다는 의미인데, 이 경우 주체와 객체가 모두 영속적일 때 의미가 있는 것이다. '나'가 영속적인가? '무엇'이 영속적인가? 프롬은 이에 대해 '내가 모든 것을 소유하고 있는 것처럼 보일지라도 실제로는 아무것도 소유하고 있지 않다. 내가 어떤 물체를 보유·소유·지배한다는 것은 사는 과정에서의 한순간에 불과하기 때문이다.'라고 말했다. 소유라는 것은 일시적이고 순간적인 현상이다. 사실은 아무것도 소유할 수 없는 것이 소유의 본질이다.

그렇다면 존재 양식은 무엇이며, 그 본질은 무엇인가? 존재 양식의 삶은 자신을 텅 비게 하고, 가난하게 함으로써 달성된다고 한다. 물론 이것만큼 어려운 것이 없다. 자신이 가진 것을 다 버린다는 것은 그동안 소유 양식으로 살아온 이들에게는 껍질을 벗고 세상에 처음 나오려는 병아리와 같이 두려운 일이다. 찰스 디킨스의 《크리스마스 캐럴》에 나오는 스크루지 영감은 탐욕스러워서 많은 것을 소유하게 된 사람이다. 그는 깨달음을 얻고 나서 자신이 소유한 것을 다른 사람에게 나눠 주고 탐욕을 버린다. 비로소 자신의 존재 가치를 얻게 되고 행복을 찾게 된다. 매우 교훈적이다. 스크루지가 탐욕으로 가득 차 소유 양식으로 살 때는 주변에 친구도 없고, 늘 고독하게 살아간다. 그 고독이 죽음보다 두려운 것이라는 사실은 나이가 들면서 누구나 깨닫게 되는 공포이다.

인간은 그런 무력감과 고독을 벗어나고자 더욱 많은 것을 소유하고자 애쓴다. 소유를 통해 자신감을 얻고 자신을 커 보이게 하려는 것이다. 하지만 소유욕에는 끝이 없기 때문에 영원히 그 고독에서 벗어날 수 없는 것이다. 역으로 스크루지 영감처럼 자신이 소유한 것을 버릴 때, 인간은 그 고독의 굴레에서 벗어날 수 있다. 탐욕을 버리고 '무소유'를 통해 진정한 자아를 찾고 자유를 누릴 수 있을 때, 존재 양식의 삶이 이루어진다.

기출문제 둘러보기

2000 이화여대 정시 |

오늘날 돈은 단순한 교환 수단이나 재화 축적 수단 이상의 복합적 의미를 가지고 있다. 아래의 제시문들을 논의의 근거로 삼아 현대 사회에서 돈이 지니는 의미를 개인이 추구해야 할 삶의 질과 관련시켜 논술하시오.

제시문 (가) 바다에 나갈 때 나는 한낱 선원으로서 나간다. 그래서 돛대 앞이나 갑판 아래, 또는 제일 높은 마스트의 꼭대기에서 궂은일을 도맡아 한다. 물론 무슨 일이든지 명령을 받아야 하는 신세이니, 5월의 초원에 뛰노는 메뚜기처럼 이 마스트에서 저 마스트로 바삐 뛰어다녀야만 한다. 이것은 확실히 괴로운 일이다. 특히 지방 명문가에서 태어난 사람이라면 더욱 자존심이 상할 것이다. 배를 타는 일로 생계를 유지하기 직전까지 어느 시골 학교에서 교사로 으쓱대며 아무리 몸집 큰 학생이라도 두려워 쩔쩔매도록 한 경험이 있다면 교사에서 선원으로의 변신은 참으로 참담하기 그지없으리라. 세네카나 스토아학파 식의 높은 수양을 쌓지 않고선 적당히 코웃음을 치며 참는다는 것은 불가능한 일이라고 나는 경고하련다. 그러나 시간이 지나면 이런 마음도 차츰 사그라든다. 〈생략〉

—허먼 멜빌, 《모비 딕》

제시문 (나) 가난은 일정한 화폐 경제 단계에서만 지극히 순수하고 특수한 형태로 나타난다. 아직 화폐 경제에 의해 매개되지 않은 자연적인 조건하에서 그리고 농업 생산물이 상품으로 등장하지 않는 경우에는 개인의 절대적인 궁핍이라고 하는 것은 매우 드물다. 20세기 초까지만 해도 러시아는 화폐 경제의 영향이 미약한 지역에서는 개인적인 궁핍이 존재하지 않는다고 자랑스럽게 말하였다. 가난은 하나의 일반적인 현상으로서, 사람들은 화폐에 의존하지 않고서도 최소한의 필수품을 쉽게 얻을 수 있었기 때문이다.

〈생략〉 "프란시스코파 수도사들은 가난 가운데서 안전과 사랑, 자유를 발견하였다. 이 새로운 사도들이 필사의 노력을 다해 이 귀중한 보배를 보전하려고 했다는 것은 이상한 일이 아니다. 가난에 대한 그들의 숭배심은 거의 무한한 것이었다. 그들은 불타는 열정으로 그들의 애인에게 날마다 새로이 구혼했던 것이다."

이와 같이 가난은 적극적인 소유물이 되었다. 가난은 영혼의 구원이라는 신성한 재화의 획득을 매개했고 다른 한편으로 경멸적이고 세속적인 재화를 얻기 위해 돈이 수행하는 것과 똑같은 역할을 수행했다. 〈생략〉 프란시스코파 수도사들은 '아무것도 갖고 있지 않으나 모든 것을 소유한 사람'이라고 불렸다.

—게오르그 짐멜, 《돈의 철학》

제시문 (다) 부유하지 못한 사람들은 스스로를 위로하기 위해 부(富)가 가져오는 불행에 대하여 터무니없는 이야기를 꾸며 낸다. 마이다스는 자신의 딸을 황금으로 변하게 했고, 모든 것이 손대는 족족 황금으로 바뀌는 바람에 음식조차 먹지 못했다고 하면서 말이다. 그러나 부자가 불행하지 않다는 사실을 사람들은 본능적으로 알고 있고 그것은 최근의 사회과학적 조사에서도 확인되고 있다. 부유해질수록 그만큼 행복해진다는 것이다.

부는 많은 소비재를 구매할 능력을 부여하지만, 오히려 그보다 훨씬 더 중요한 사실은 사람들에게 하고자 하는 일을 할 수 있는 능력을 제공해 준다는 점이다. 부유한 사람은 다른 사람을 고용하거나 해고하고, 승진시키거나 좌천시킬 수 있으며, 사업을 시작하거나 그만둘 수도 있고, 사업체를 이 곳에서 저 곳으로 옮길 수도 있다. 부유한 사람은 주위의 물적·인적 환경을 통제할 수 있다. 반면에 부유하지 못한 사람은 주위의 환경에 순응해야 한다. 〈생략〉

—레스터 C. 서로우, 《부의 구축(構築)》

삶의 질을 결정하는 것은 무엇인가?

이제 소유의 시대는 종말을 고하게 되었다고 주장하는 사람이 있다. 제레미 리프킨(Jeremy Rifkin)은 《소유의 종말》에서 이제 소유 중심의 자본주의 시대는 그 종말을 고했다고 말한다. 이제 네트워크 시대에 사는 우리는 전혀 다른 방식의 이익을 추구한다는 것이다. 네트워크 시대는 소유의 시대가 아니고 '접속'의 시대라고 한다. 접속하지 못한다는 것은 '고립'을 의미하는 것이기 때문에, 인간 관계가 상품화되는 접속의 시대에는 더 이상 통할 수 없는 자본주의적 발상일 뿐이다.

새로운 시대에는 새로운 인간형이 등장한다. 새로운 세대의 젊은이들은 변화무쌍한 새로운 시대에 매우 잘 적응해 나간다. 전자상거래와 사이버 스페이스 세계에서 이뤄지는 사업과 문화에 아무런 거부감이 없다. 미니 홈피나 블러그를 통해 자신을 표현하고, 인간 관계를 맺어 가며, 그 속에서 펼쳐지는 사교 활동에도 적극적으로 참여한다. 그들은 이전에는 전혀 존재하지 않았던 사이버 공동체 문화를 형성해 나간다. 그들의 문화는, 기성세대가 소유를 목적으로 살아가던 자본주의적 문화와는 완전히 질적으로 다른 것이다. 이념의 시대는 끝났다. 그들의 정신 세계는 노동이 아니라 유희에 기울어져 있다. 그들에게는 접속이 생활의 가장 중요한 일부다. 어디서든지, 휴대 전화로 문자를 주고받고, 네트워크에 접속하여 통신을 하는 그들은 사이버 세계에서 이뤄지는 문화의 주체들이다. 그들이 가장 두려워하는 것은 소유욕을 채우지 못했거나 타인으로부터 간섭 받는 것이 아니라, 접속을 못해 고립되는 것이다. 이들은 이전의 세대와는 전혀 다른 새로운 인간형이다.

새로운 시대에는 더 이상 '돈'(자본)이 삶의 질을 좌우하지 않는다. 소유하지 않아도 즐길 수 있는 시대다. 사이버 세계 안에서 사는 사람들은 새로운 자아를 만들어 대리 만족하면서 살아갈 수 있다. 그리고 그들은 그 세계 안에서 영원히 나오지 않고 살 수 있을지도 모른다. 그러므로 인간 로봇과 함께 살아가게 될지도 모르는 새로운 시대에는 새로운 자아 정체성 확립이 필요하다. 이제 소유를 목적으로 하는 인간형은 물러가고, 인간 관계가 상품화되는 접속의 시대에 지식으로 무장한 새로운 인간형이 그 시대를 주도해 나갈 것이다. 앨빈 토플러 역시 《권력이동》에서 새로운 시대의 권력은 자본이 아니라 바로 '지식'과 '정보'라고 했던 것처럼, 새로운 시대에서 삶의 질은 '인간 관계'와 '정보'의 생산, 가공, 처리 능력이 좌우하게 될 것이다.

찾아보기

한국의 교양을 읽는다 4-사회편

지은이 | 강호영

1판 1쇄 발행일 2006년 11월 27일
1판 4쇄 발행일 2011년 4월 25일

발행인 | 김학원
편집인 | 선완규
경영인 | 이상용
편집장 | 위원석 정미영 최세정 황서현
기획 | 나희영 임은선 박인철 김은영 박정선 김희은 김서연 정다이
디자인 | 김태형 유주현
마케팅 | 이한주 하석진 김창규
저자 · 독자 서비스 | 조다영 함주미(humanist@humanistbooks.com)
스캔 · 본문 출력 | 이희수 com.
조판 | 새일기획
용지 | 화인페이퍼
인쇄 | 청아문화사
제본 | 정민제본

발행처 | (주)휴머니스트 출판그룹
출판등록 제313-2007-000007호(2007년 1월 5일)
주소 | (121-894) 서울시 마포구 서교동 389-8, 9호 동현빌딩 3층
전화 | 02-335-4422 팩스 | 02-334-3427
홈페이지 | www.humanistbooks.com

ISBN 978-89-5862-165-2 03100

만든 사람들

기획 위원 | 강호영 김보일 우한기 이상준
책임 기획 | 황서현(hsh2001@humanistbooks.com) 이재민 유은경
책임 편집 | 강봉구
표지·본문 디자인 | AGI 윤현이 박주용